Der Autor

Christian Jacq, geboren 1947, ist promovierter Ägyptologe und Gründer des «Institut Ramsès» (Paris), das sich der Erhaltung gefährdeter Baudenkmäler der Antike widmet. Als einer der besten Kenner alter Geschichte wurde er von der Académie française ausgezeichnet und schrieb neben Beiträgen zur Fachliteratur zahlreiche erfolgreiche historische Romane. Mit seiner fünfbändigen Ramses-Biographie, die im Wunderlich Verlag erschien, gelang ihm auf Anhieb der Sprung an die Spitze der französischen Bestsellerlisten.

Als Taschenbuch liegen die Romane *Der Ägypter* (Wunderlich Taschenbuch Nr. 26027), *Der lange Weg nach Ägypten* (rororo Nr. 22227), *Die letzten Tage von Philae* (rororo Nr. 22228) und *Der Mönch und der Meister* (rororo Nr. 22430) vor sowie die fünfbändige Ramses-Romanbiographie *Der Sohn des Lichts* (rororo Nr. 22471), *Der Tempel der Ewigkeit* (rororo Nr. 22472), *Die Schlacht von Kadesch* (rororo Nr. 22473), *Die Herrin von Abu Simbel* (rororo Nr. 22474) und *Im Schatten der Akazie* (rororo Nr. 22475).

Im Sachbuch bereits erschienen: *Die Pharaonen – Große Herrscher des alten Ägypten* (rororo Nr. 60757), *Als Ramses über die Liebe sprach – Leben im alten Ägypten* (rororo 60756).

Christian Jacq

NOFRETETE UND ECHNATON

Ein Herrscherpaar im Glanz der Sonne

Deutsch von Riek Walther

Rowohlt Taschenbuch Verlag

3. Auflage August 2009

Deutsche Erstausgabe
Veröffentlicht im Rowohlt Taschenbuch Verlag,
Reinbek bei Hamburg, April 2000

Die Originalausgabe erschien 1990 unter dem Titel
Néfertiti et Akhénaton bei Librairie Académique Perrin, Paris

Die Abbildungen des Bildtafelteils stammen aus
Description photographique de l'Egypte (© Institut Ramsès, Paris)
Lektorat Angelika Mette
Redaktion Katharina Naumann
Umschlaggestaltung Walter Hellmann
Satz Stempel Garamond PostScript (PageOne)
Gesamtherstellung CPI – Clausen & Bosse, Leck
Printed in Germany
ISBN 978 3 499 60758 5

INHALT

1 Das Geheimnis Echnaton

Am 17. November des Jahres 1714 besichtigt der Jesuit Pater Claude Sicard Tuna el-Gebel in Mittelägypten, gut zweihundert Kilometer südlich von Kairo. Der Ort ist beeindruckend, bezaubernd. Der blaue Himmel, die Wüste, die warmen Farben eines milden Herbstes schaffen eine einzigartige Atmosphäre. Tuna el-Gebel, eine Totenstadt, eine Welt der Stille und des tiefen Friedens, in der nur Gräber aus griechisch-römischer Zeit erhalten sind, ist seit langem dem Wind und wenigen arabischen Familien überlassen, die hier wohnen.

Vor Claude Sicard liegt eine Wüstenfläche, gesäumt von einem Hügelzug. Doch etwas weckt seine Aufmerksamkeit: ein Stein mit Gravuren, der in der Sonne glänzt. Der Jesuit tritt näher heran. Es handelt sich um ein ungewöhnliches Werk aus der Zeit des alten Ägypten. Seine Ästhetik ist anders als alles, was er bisher gesehen hat. Die Personen, ein König, eine Königin und eine Prinzessin, zeigen an Körpern und Köpfen seltsame Verformungen. Sie bringen einer Sonnenscheibe, deren Strahlen in Händen enden, Opfergaben dar.

Claude Sicard war sich dessen nicht bewußt, doch er stand vor einem wichtigen Dokument aus der Regierungszeit des Pharaos Echnaton und seiner Gemahlin Nofretete. Was er da betrachtete, war eine der «Grenzstelen» von Achetaton, der vom Herrscherpaar neu gegründeten Hauptstadt.

Die dem Sonnengott Aton geweihte Stadt lag allerdings auf der anderen Nilseite, am Ostufer, siebenundsechzig Kilometer südlich der Stadt el-Minja und vierzig Kilometer von der Nekropole Beni Hassan entfernt, an einem Ort namens El-Amarna*.

Diese Gegenden Mittelägyptens, die nur selten besichtigt werden, weil sie relativ schwer zugänglich sind, zählen zu den großartigsten Landschaften der Erde. Sie zeigen die ganze Vielfalt der geographischen Lebenswelt Ägyptens, den nährenden Nil, seine wildreichen Inseln, die bebauten Felder und die Wüstenfelsen mit den Häusern der Ewigkeit, aus denen all jene, die vor dem Jenseitsgericht als Gerechte anerkannt worden sind, den Ausblick auf das ruhige und beschauliche Flußtal genießen können.

Auch El-Amarna bietet einen großartigen Anblick. «Dieses riesige Bergrund, das sich am Nilufer auftut», so beschreibt Bernard Pierre die Stätte, «diese zerfurchte Wüste, die sich im Inneren des Amphitheaters erstreckt, dieser Palmenhain von kräftigem Grün, der sich mehrere Kilometer am Fluß entlangzieht und hinter dem sich Lehmziegeldörfer verbergen, all das bildet eine der reinsten und schönsten Landschaften, die Ägypten zu bieten hat.»

El-Amarna wirkt wie eine abgeschlossene Welt, umgeben von unwegsamen, nur von einigen Wadis durchschnittenen Höhenzügen. Der einzige, lebenswichtige Zugang dieser abgeschlossenen Stätte ist der Nil. Der Fluß ist noch heute der Hauptverkehrsweg, auf dem zahlreiche Schiffe Menschen, Vieh, Lebensmittel und Materialien aller Art transportieren. Nicht weit davon lagen die Alabasterbrüche zu Hatnub, et-

* Achetaton ist der ägyptische Name der Stadt, El-Amarna ihr arabischer Name, oft ungenau «Tell el-Amarna» genannt oder abgekürzt Amarna, daher die Bezeichnungen «Amarnazeit», «Amarnakunst», «Amarnareligion».

was nördlich am anderen Nilufer die heilige Stadt des Gottes Thot, Hermopolis.

Von oben gesehen erinnern Lage und Aufbau der Stätte an die Hieroglyphe , die zwei Hügel darstellt, zwischen denen die Sonne aufgeht. Gelesen wird sie als *Achet*, «Lichtort». Sie bildet das erste Element des ägyptischen Namens der Stadt Achetaton, «Lichtort des Gottes Aton». Die Übereinstimmung ist zu augenfällig, als daß sie dem Zufall zugeschrieben werden könnte. Die alten Ägypter waren stets bestrebt, zwischen dem jeweiligen Sakralbau, den sie errichten wollten, und dem ausgewählten Ort eine grundlegende Harmonie herzustellen. In diesem Fall handelte es sich nicht nur um ein einzelnes Gebäude sondern um eine ganze Stadt, ja mehr noch, um die dem Sonnenkult geweihte Hauptstadt Ägyptens. Das Territorium dieser Stadt mußte also symbolisch wie geographisch mit der religiösen Vorstellung jenes «Lichtortes» übereinstimmen, dem jedwedes Leben entstammte. Das gesamte Gebiet von El-Amarna entspricht daher einer Hieroglyphe, einem Gotteswort, und muß auch als solches verstanden werden.

Wer El-Amarna heute besichtigen will, erlebt jedoch eine bittere Enttäuschung. Er erwartet die Tempel, Paläste und Villen der berühmten Hauptstadt eines Herrscherpaares, dessen Ruhm die Jahrhunderte überdauerte und dessen Schicksal uns noch heute ebenso faszinierend wie rätselhaft scheint. Doch die heilige Stadt von Nofretete und Echnaton existiert nicht mehr. Sie ist beinahe vollständig verschwunden. Ihre spärlichen Überreste sind nur für Spezialisten von Interesse. Hier herrschen Wüste, Stille und Tod. Die weite Ebene, die sich zwischen dem Nil und den Bergen erstreckt, ist leer und ausgedörrt.

Auch Nofretete und Echnaton wurden gewissermaßen aus

der Geschichte ausgelöscht, denn der «Ketzerkönig» Echnaton taucht in den Königslisten der alten Ägypter nicht auf. Sicards Entdeckung blieb also lange Zeit ohne Folgen. Auch Jean-François Champollion, der in den Jahren 1828 und 1829 Ägypten bereiste, erkannte Echnatons Spuren nicht. Erst Mitte des 19. Jahrhunderts formulierten Wissenschaftler eine präzise Hypothese: Der seltsame Monarch sollte während der XVIII. Dynastie regiert haben, zwischen Amenophis III. und Haremhab.

Ende des 19. Jahrhunderts schließlich wurden in El-Amarna und Karnak Grabungen durchgeführt, die es ermöglichten, Echnatons Regierungszeit genauer festzulegen. Sie förderten reichhaltiges Dokumentationsmaterial zutage, auf dessen Basis das Abenteuer Echnaton schließlich rekonstruiert werden konnte. Im Jahre 1891 begann der Engländer Petrie mit Ausgrabungen an der Stätte des einstigen Achetaton. Es gelang, die Grundrisse einiger Gebäude sichtbar zu machen und die wichtigsten Stadtteile zu lokalisieren. Von der zerstörten Stadt aus führten Pfade zu den Grenzstelen und den im Fels angelegten Gräbern. Darin fanden sich Darstellungen und Inschriften, die sich trotz ihres mäßigen Erhaltungszustandes als höchst aufschlußreich erwiesen. Bis in unsere Zeit führte man daraufhin zahlreiche Grabungen durch, um dieser verwüsteten Stätte jeden noch so kleinen Hinweis auf die Zeit der Pharaonen zu entreißen.

Die Geschichte von Echnaton und Nofretete ist dennoch nicht leicht zu schreiben. Sichere Eckdaten gibt es kaum. Wir kennen die Dauer der Regierungszeit des Echnaton: siebzehn Jahre. Doch wie alt war der König, als er den Thron bestieg? Wie es scheint, war er mindestens sechzehn, höchstens aber vierundzwanzig Jahre alt.

Die Datierung der Regierungszeit ist noch immer strittig: 1377 bis 1360 v. Chr. nach Redford; 1364 bis 1347 v. Chr.

nach Trigger und seinen Mitarbeitern, den Verfassern einer vor kurzem erschienenen Sozialgeschichte des alten Ägypten; ca. 1353 bis ca. 1336 v. Chr. nach Yoyotte und Vernus in ihrem Übersichtswerk über die Pharaonen. Belassen wir es bei diesen drei Hypothesen.

Die Ägypter selbst kannten keine fortlaufende Chronologie. Wenn ein König den Thron bestieg, begann die Zeitrechnung von neuem mit dem Jahr 1. Überdies wurde der Nachfolger oft zunächst zum Mitregenten ernannt, so daß sich die Regierungszeiten überschnitten. Vor der Spätzeit fehlt es uns also an Anhaltspunkten zur Aufstellung einer verbindlichen Chronologie. So ist es trotz zahlreicher Untersuchungen zu diesem Thema unmöglich, Echnatons Regierungszeit genauer als etwa in der Mitte (eher etwas früher) des 14. vorchristlichen Jahrhunderts festzulegen. Daher werden wir, wenn wir seine Regierungszeit beschreiben, der ägyptischen Methode folgen, also einem Zeitablauf vom Jahre 1 bis zum Jahre 17.

Es wird so viel über Echnaton und Nofretete geschrieben und gesprochen, daß leicht der Eindruck entsteht, die Forschungslage sei ausgezeichnet und die Basis zweifelsfrei belegt. Die Wirklichkeit sieht jedoch ganz anders aus. Dieses Buch ist unser zweites Werk über dieses Thema, und einige der vor nur zwölf Jahren aufgestellten Urteile und Folgerungen mußten aufgrund neuerer Forschungsergebnisse vollkommen revidiert werden.

Wer waren Nofretete und Echnaton wirklich? Lehnten sie sich gegen die Amunpriester auf? Waren sie Revolutionäre? Wollten sie eine neue Religion und eine neue Gesellschaftsform erschaffen? Waren sie die ersten Verfechter des Monotheismus?

Die Forschungsgrundlage bilden Texte aus dem religiösen, administrativen und diplomatischen Bereich sowie verschiedene Kunstwerke von der Kolossalstatue des Königs bis hin zu Skizzen auf Kalksteinscherben. Häufig gibt uns dieses fragmentarische Material nur Rätsel auf, manchmal ermöglicht es uns aber durchaus, einige unstrittige und präzise Fakten aufzustellen. Dennoch wäre es unredlich, zu verschweigen, daß jede Rekonstruktion des Lebens von Nofretete und Echnaton auch von der persönlichen Anschauung des Forschers abhängig ist und daß an vielen Punkten Fragen offen bleiben. Vergessen wir nicht, daß es im alten Ägypten, anders als in Griechenland oder Rom, keine Historiker gab. Die nackten Tatsachen, die Datierungen, die Geburts- oder Todestage der Könige waren für die alten Ägypter nicht von Interesse. Sie begriffen die Geschichte als rituelles Fest, nicht als Abfolge von Ereignissen. Die «Kriegsberichte» des Pharaos etwa waren in allen Epochen stets nach ein und demselben Modell aufgebaut, denn sie symbolisierten den Sieg der Ordnung über das Chaos. Manche dieser «Kriege» fanden aller Wahrscheinlichkeit nach niemals statt. Erst in der stärker in der materiellen Welt verhafteten ägyptischen Spätzeit tauchten mehr konkrete Details auf. In der XVIII. Dynastie war das jedoch noch nicht der Fall. Außerdem richtete Echnaton seine Regierungszeit gänzlich auf die religiöse Reform aus, die in Texten und Darstellungen hauptsächlich thematisiert wird. In Ägypten war stets das Heilige der zentrale Wert. Das sollte bei keiner historischen Interpretation vergessen werden. So gesehen hat das Herrscherpaar sein Ziel voll und ganz erreicht. Der Bereich, über den wir am meisten wissen und den wir am besten beschreiben können, ist nämlich gerade die von Echnaton neugeschaffene Aton-Religion.

In der Ägyptologie sind Wunder niemals ausgeschlossen. So wurden erst vor kurzem aus einigen Pylonen des Tempels zu Karnak, vorwiegend aus dem von Haremhab errichteten neunten Pylon, Tausende kleiner Kalk- und Sandsteinblöcke geborgen, die als Füllmaterial verwendet worden waren. Viele dieser durchschnittlich 52 × 26 cm großen sogenannten Talatat-Blöcke sind reliefiert und stammen aus den ersten Regierungsjahren Echnatons, die uns nicht weniger Rätsel aufgeben als die letzten. Ihre Untersuchung, die bei weitem noch nicht abgeschlossen ist, erlaubt bereits einige Schlüsse darüber, wie Echnaton und Nofretete ihre Regierung organisiert hatten. In Karnak wurden mehr als fünfundvierzigtausend dieser kleinen Blöcke gefunden, Teile eines gigantischen Puzzles, von dem bisher nur ein sehr kleiner Teil rekonstruiert werden konnte, da den ersten Entdeckern der Talatat-Blöcke bedauerliche Fehler unterlaufen waren.

Erst wenn man eines Tages die Mumien von Nofretete und Echnaton oder Texte und Darstellungen aus Echnatons letzten Regierungsjahren entdeckt, müssen wir uns vielleicht nicht mehr mit dem zufriedengeben, was die Zeit und die Menschen verschont haben.

Dieses Buch will die Errungenschaften der Forschung beleuchten, ohne den zahlreichen ungelösten Problemen auszuweichen. Sicherlich wird es ebenso viele Fragen aufwerfen, wie es Antworten liefert. Die Akte «Nofretete und Echnaton» ist jedoch ausdrucksstark und reichhaltig genug, um die Zeit eines Paares wieder aufleben zu lassen, das sich ganz in den Dienst des Sonnengottes gestellt hatte.

2 Echnaton in der Wissenschaft

Seit ihrem Auftauchen in der Geschichte wecken Echnaton und Nofretete bei Wissenschaftlern wie bei Laien die gegensätzlichsten Empfindungen. Philip Glass, ein Vertreter der sogenannten experimentellen Musik, schrieb eine Oper über Echnaton, in der er den Ägypter mit Einstein und Gandhi verglich und als Revolutionär darstellte, der eine ideale Stadt schuf und unsere Weltanschauung in Frage stellte. Auch Arthur Weigall sah in Echnaton vor allem die positiven Züge: «Echnaton hat uns vor dreitausend Jahren beispielhaft vor Augen geführt, was ein Gatte, ein Vater, ein Ehrenmann ist, was ein Dichter empfindet, was ein Prediger lehrt, ein Künstler erstrebt, ein Weiser glaubt und ein Philosoph denkt. Wie alle großen Meister opferte er seinen Prinzipien alles; leider hat sein Leben gezeigt, daß diese Prinzipien nicht realisierbar waren.»

Viele betonen das liebevolle, gütige und sanfte Wesen des Königs. H. de Campigny führt es auf ein Erlebnis in Echnatons Kindheit zurück: «Mit acht Jahren sah Echnaton, wie Soldaten vor seinem Vater, dem Pharao Amenophis III.*, entsprechend der blutigen Tradition jener Epoche, die

* Die korrekte Umschrift ist Amenhotep; aus technischen Gründen mußten wir im vorliegenden Werk die überholte Umschrift beibehalten.

Hände aufhäuften, die den besiegten und im Kampf gefallenen Feinden abgeschlagen worden waren. Dieser Anblick erschütterte den Jungen, und der charakteristische Geruch setzte ihm so zu, daß ihm übel wurde. Wenn er später von dieser Kindheitserinnerung erzählte, pflegte er zu gestehen, daß allein schon der Gedanke an Krieg in ihm die Erinnerung an diesen Leichengeruch wachrief.» Diese Aussage könnte von großer Bedeutsamkeit sein, wäre sie nicht frei erfunden. Soweit wir wissen, wird diese These durch kein ägyptisches Dokument gestützt.

Für den Amerikaner Breasted war Echnaton «ein von Göttlichkeit berauschter Mann, dessen Geist mit außerordentlicher Sensibilität und Intelligenz auf die Manifestationen Gottes in ihm selbst reagierte ... ein Geist, der die Kraft besaß, Ideen zu verbreiten, die den Rahmen des Verständnisses seiner Epoche und auch der nachfolgenden Zeiten sprengten.»

Weigall, Verfasser eines Buches über Echnaton, nennt den mystischen König «den ersten Menschen, dem sich Gott selbst offenbart hat als Quelle universeller, beständiger Liebe und vorbehaltloser Güte».

So könnte man in den Chor der Loblieder auf den König und auf die Amarnazeit einfallen. Allerdings müssen wir einräumen, daß diese Stimmen oft eher naiv-romantisch geprägt sind und die verfügbare Dokumentation meist völlig außer acht lassen.

Die Anti-Echnaton-Strömung ist dagegen weitaus mächtiger und fundierter, und einige Gelehrte lassen sich regelrecht zu einer Art Rachefeldzug hinreißen. Für den französischen Ägyptologen Lefébure war Echnaton eine als Mann verkleidete Frau, und zwar Asencheres, Tochter eines Königs namens Horus, von dem allerdings bisher keine Spur gefunden wurde. Mariette, einer der Pioniere der französischen Ägyptologie, sah den ketzerischen Pharao gar als kastrierten Gefangenen, den die ägyptischen Truppen aus dem Sudan mitgebracht hatten. Nachdem er über verschlungene Wege an die Macht gelangt war, soll der Unglückliche schließlich wahnsinnig geworden sein.

Für D. B. Redford, den Verfasser des jüngsten «wissenschaftlichen» Werkes über Echnaton und Nofretete, war Echnaton allenfalls ein Dichter. Mit mangelnder Intelligenz ausgestattet, selbstverliebt, ohne jedes Verständnis für die internationale Politik, faul und über einen korrupten Hofstaat regierend, sei Echnaton ein totalitärer Herrscher gewesen, der die persönliche Freiheit abgelehnt, eine universelle Macht verfochten und absolute Unterwerfung verlangt habe. Im Eifer des Gefechtes erklärt Redford, Echnaton sei ohne Zweifel verrückt gewesen, denn schließlich habe der König sämtliche rituellen Zeremonien in der Sonne durchführen lassen, und die sei doch in Ägypten von März bis November unerträglich.*

Claude Traunecker, Verfasser vorzüglicher Arbeiten über die Amarnazeit, bezeichnet Echnatons Geschichte als «jämmerliche Niederlage». Einige Ägyptologen beschuldigen den Pharao sogar, für die Dekadenz und den Niedergang des ramessidischen Ägypten verantwortlich zu sein – dreihundert Jahre nach seinem Tod!

Da diese Anti-Echnaton-Stimmung jeder ernstzunehmenden Grundlage entbehrt, suchten die Gegner des Königs nach unstrittigen Argumenten: War Echnaton möglicherweise schwer krank? Die Vermischung ägyptischen und asia-

* In Anbetracht der mangelnden Gewöhnung unseres Gelehrten an die Strahlen des Sonnengottes sei daran erinnert, daß es im alten Ägypten Sonnenschirme und Baldachine gab, wie sie übrigens auch in den Grabszenen von El-Amarna dargestellt sind.

tischen Blutes habe dem Pharao geschadet, erklärte man, und er sei ebenso degeneriert wie kultiviert gewesen: Schließlich fielen bei den Abbildungen des Königs sogleich sein seltsam verformter Schädel, seine zu vollen Lippen, sein zu breites Becken, sein aufgetriebener Leib ins Auge.

Der französische Ägyptologe Alexandre Moret liefert uns folgende niederschmetternde Beschreibung: «Amenophis IV.* war ein Heranwachsender mittlerer Größe mit schmächtigem Knochenbau, runden und weiblichen Formen. Die Bildhauer seiner Zeit haben uns diesen androgynen Körper naturgetreu wiedergegeben, dessen vorstehende Brüste, breite Hüften und gewölbte Schenkel unstimmig und krankhaft wirken. Der Kopf befremdet nicht weniger durch seine langgestreckt ovale Form, die schrägstehenden Augen, die lange, schmale Nase, die hervorspringende Unterlippe und den länglichen, fliehenden Schädel; der Kopf neigt sich, als wäre der Hals zu schwach, ihn zu tragen.»

Der deutsche Ägyptologe Erman fällt ein endgültiges Urteil: «Der junge König, der auch körperlich, wie seine Bilder zeigen, krankhaft war, war gewiß ein unruhiger Geist, und von Anfang an betrieb er seine Reform mit einem Übereifer, der ihr nur schaden konnte.» **

Die modernen Gelehrten waren gründlich. Sie zogen sogar Mediziner zu Rate, um Echnatons mutmaßliche Krankheit mit möglichst großer Sicherheit zu identifizieren. Es soll sich um die «Fröhlichsche Krankheit» (Dystrophia adiposo-genitalis) handeln, die der englische Ägyptologe Aldred folgendermaßen schildert: «Bei männlichen Patienten, die an dieser Störung leiden, zeigt sich Korpulenz oft in der gleichen Weise

* Vgl. «Die neue Hauptstadt», S. 75.

** Zitiert nach: Adolf Erman, «Die Religion der Ägypter», Berlin 1934, S. 114 (A.d.Ü.).

wie bei Echnaton. Ihre Genitalien bleiben unterentwickelt und können so in Fettpolster eingebettet sein, daß man sie nicht mehr bemerkt. Die Fettleibigkeit mag einen unterschiedlichen Grad erreichen, doch stets verteilt sich das Fett in der Brust-, Bauch-, Scham-, Schenkel- und Gesäßpartie, wie es für den weiblichen Habitus typisch ist.» * Es findet kein Stimmbruch statt; die Genitalien bleiben auf der infantilen Entwicklungsstufe stehen, der Kranke ist zeugungsunfähig und zeigt oft eine deutliche Aversion gegen Kinder.

Bei aller unbestreitbaren Genialität soll Echnaton also ein kranker Mensch gewesen sein, dessen übersteigertes Seelenleben sich durch mystische Visionen Ausdruck verschaffte. Mit anderen Worten, er war ein romantischer und leidenschaftlicher Mensch, der von Zeit zu Zeit sein düsteres Leiden überwand und sich in eine Religiosität flüchtete, die allmählich fanatische Züge annahm.

Echnatons Mumie ist bis heute nicht gefunden worden. Die medizinischen Diagnosen basieren also ausschließlich auf der Analyse der Darstellungen des Königs, die von ägyptischen Künstlern entsprechend den Anweisungen des Pharaos angefertigt wurden.

Vergessen wir jedoch nicht, daß die auffälligen Körpermerkmale des Königs auf den überlieferten Dokumenten auch bei anderen Personen zu sehen sind, wenn auch mitunter in schwächerer Ausprägung: bei seiner Gemahlin Nofretete, bei Familienmitgliedern, bei Würdenträgern des Hofes und sogar bei einfachen Beamten.

Daß Echnatons gesamter Hofstaat von einer regelrechten Epidemie heimgesucht wurde und daß sich die Fröhlichsche

* Zitiert nach: Cyril Aldred, «Echnaton. Gott und Pharao Ägyptens», Bergisch Gladbach 1968, S. 146f (A.d.Ü.).

Krankheit mit schwindelerregender Schnelligkeit ausbreitete (was schon rein medizinisch kaum möglich ist, da es sich um eine hormonelle Störung handelt), ist unwahrscheinlich. Sinnvoller ist es, andere Möglichkeiten in Betracht zu ziehen und etwa davon auszugehen, daß die Künstler auf Anweisung des Königs bewußt symbolische Gestaltungen gewählt haben, die uns nur deshalb so seltsam scheinen, weil wir ihre Bedeutung nicht verstehen.

Die Bemerkungen von Jean Servier scheinen hier sehr vernünftig: «Die angelsächsischen Ägyptologen beklagen den krankhaften Aspekt des Amenophis IV. und seine schwächliche Konstitution. Er habe ein feines, aber sinnliches Gesicht, so sagen sie, hängende Schultern, zu breite Hüften für einen Mann und bereits Bauch! Außerdem bringe er den Angelegenheiten des Reiches keinerlei Interesse entgegen. Für ihre französischen Kollegen ist der Prinz ein feinsinniger, doch in seine Träume eingesponnener Idealist, dem es an Weitsicht fehlt, was folgerichtig seinen Sturz nach sich ziehen mußte. Keinem scheint das gelassene Gesicht des Herrschers aufgefallen zu sein, wie umspielt vom sanften Abglanz endlich gefundener Gewißheiten. Keiner ist auf den Gedanken gekommen, daß Amenophis' IV. Sandsteinbüste, die einst in Karnak stand, einen Weg aufzeigt, den viele Jahrhunderte später die gräko-buddhistische Kunst wieder einschlagen wird. Vielleicht geht es ja gar nicht darum, ob ein Pharao des 14. Jahrhunderts vor unserer Zeit einen guten Kricketspieler abgegeben hätte, in der Mannschaft von Cambridge oder Oxford hätte mitrudern können oder aber in den Reihen der Minister einer der französischen Republiken am rechten Platz gewesen wäre.»

Lobreden und Kritik zeugen gleichermaßen von der Verwirrung der wissenschaftlichen Welt angesichts der Amarnazeit.

Die angeführten Erklärungen vereinfachen eine zweifellos komplexe Wirklichkeit und lassen vor allem den ägyptischen Kontext außer acht. Nofretete und Echnaton kann man offenbar nicht vor dem Hintergrund unseres modernen Verständnisses von Politik und Religion beurteilen.

Mit den verfügbaren historischen Mosaiksteinen und ohne die zahlreichen weißen Flecken im Gesamtbild zu beschönigen, die aufgrund unserer Informationslücken noch bestehen, wollen wir nun versuchen, den Geist jener zu Recht als außergewöhnlich betrachteten Epoche und jener zunächst so seltsam wirkenden Regierungszeit zu begreifen.

3 Echnatons Vater und die thebanische Kultur

Die Geburt eines Königssohnes

Der künftige Echnaton wurde vermutlich im Palast von Malkata am thebanischen Westufer geboren. Auf das «vermutlich» können wir nicht verzichten, denn dieses Ereignis wird in keinem Text erwähnt. Die körperliche Geburt interessierte die Verfasser der Annalen nicht; es zählte allein die Krönung als sakraler Akt.

Der von Amenophis III. gebaute Malkata-Palast diente der Königsfamilie als Residenz. Auffällig ist, daß er am Westufer des Nils lag und nicht am Ostufer, an dem die dem Gott Amun geweihte Tempelstadt Karnak aufragte. Amenophis III. scheint sich bewußt vom Einflußbereich der Amunpriester entfernt zu haben, um einen prachtvollen Palast an jenem Ufer zu bewohnen, an dem die Göttin des «Schönen Westens» die Seelen empfing, die ins Jenseits reisten.

Dennoch wirkte hier nichts traurig oder streng, ganz im Gegenteil: Blumenprächtige Gärten umgaben den Palast zu Malkata, der, nach den erhaltenen Überresten zu schließen, einen bezaubernden Anblick geboten haben muß. Alles hatte Luxus und Charme. Das extrem fein ausgearbeitete Dekor besang die Herrlichkeiten der Natur. Wandmalereien und verzierte Bodenbeläge zeigten Vögel, Fische, Pflanzen, sie lobten die Schönheit der Schöpfung.

Als Echnaton geboren wurde, war der Thron seinem älteren Bruder versprochen. Abgesehen davon war der König in keiner Weise verpflichtet, seinen Nachfolger aus der eigenen Familie, aus der Schicht der Adligen oder der hohen Würdenträger zu wählen.

Amenophis' III. zweiter Sohn verbrachte eine beschauliche Kindheit in diesem traumhaften Palast, in dem er Gelegenheit erhielt, die irdische Manifestation des Schöpfers in der Herrlichkeit der Natur zunächst zu betrachten, dann zu begreifen. Amenophis III. regierte über ein unermeßlich reiches Ägypten, das eine regelrechte Glanzzeit durchlebte. Der König profitierte vom Erbe mächtiger Monarchen, die das «Neue Reich» begründet hatten, das das Land der Pharaonen zur bedeutendsten Macht der Mittelmeerwelt und zum «Leuchtfeuer der Zivilisation» machte. Der Ruhm der «Zwei Länder» Ober- und Unterägypten war immens. Die innenpolitische Lage war stabil, und auf dieser Basis erfuhr auch das künstlerische Schaffen einen deutlichen Aufschwung. Die kluge Wirtschaftsführung hatte Ägypten zu Wohlstand und Reichtum verholfen, und auch das religiöse Gedankengut war von außerordentlicher Tiefe. Es inspirierte Architekten, Maler und Bildhauer, die oft so vollendete Werke schufen, als hätte sie die Hand eines Gottes geleitet. Die heiligen Zeremonien erreichten ein Höchstmaß an Prunk, die Empfänge bei Hofe waren von raffinierter Eleganz geprägt.

Dennoch hat Amenophis III. bei vielen Ägyptologen einen schlechten Ruf. Er gilt als Verkörperung des orientalischen Despoten, als lasziv, genußsüchtig und faul. Angeblich gierte der König nach materiellen Genüssen, hatte nur seine Zerstreuung im Sinn und verbrachte die meiste Zeit damit, zu essen oder großartige Jagden zu organisieren, deren Kosten immens gewesen sein sollen.

Doch auch diese wenig vorteilhafte Beschreibung basiert nicht auf soliden Grundlagen. So weiß man etwa inzwischen, daß die Löwenjagden rituellen Charakter hatten: Der König-Jäger kämpfte darum, die chaotischen Kräfte zu beherrschen und «das wilde Tier», also die Welt der Instinkte, zu bändigen.

Amenophis' III. Hofstaat war kein Auffangbecken für gescheiterte Lebemänner. Im Gegenteil: Es herrschte hier eine Würde, die dem bedeutendsten Land der Welt angemessen war; Theologie und Symbolik standen auch im Alltag im Vordergrund.

Um Amenophis III. scharten sich so außergewöhnlich begabte Männer wie der Baumeister Amenhotep, Sohn des Hapu, die Architekten Suti und Hor und der Vorsteher der Kornspeicher, Beki, die sich alle auch als große Denker erwiesen haben. Stelen und Statuen zeugen von ihren spirituellen Erfahrungen. Unter Amenophis III. erreichten nicht nur die sakralen Texte ihre volle Blüte. Das großartige architektonische Programm machte seine Regierungszeit auch zu einem Höhepunkt der Menschheitsgeschichte. Denken wir nur an den dritten Pylon in Karnak, an den Südpalast in Medinet Habu, an den Tempel zu Soleb im Sudan, an den Totentempel am Westufer (von dem nur die Memnonkolosse erhalten sind) und schließlich an eines der Meisterwerke der ägyptischen Architektur, den Tempel zu Luxor.

Überall herrscht die gleiche Reinheit der Form. Überall zeigt sich eine anmutige Kraft, die der Zeit nicht mehr unterworfen ist. Diese Kunst spiegelt eine harmonische Regierung wider.

Die Aussenpolitik Amenophis' III.

Die Kultur des Neuen Reiches basierte im wesentlichen auf der Einstellung der Pharaonen zur Außenwelt und zu den wichtigsten Nachbarländern, von denen einige eine potentielle Bedrohung darstellten.

Theben hatte sich zum Symbol für Ägyptens Macht und Unabhängigkeit entwickelt. Von Theben ging auch die Befreiungsbewegung aus, die die ägyptischen Streitkräfte darin bestärkte, die Hyksos-Besatzer zu vertreiben. Die Furcht vor einer Invasion aus dem Norden bestand jedoch weiter. Könige wie Thutmosis III. oder Amenophis II. führten Feldzüge bis nach Asien und stellten in Militärparaden die perfekte Organisation der ägyptischen Armee zur Schau, um möglichen Unruhestiftern zu demonstrieren, daß der Pharao keinerlei Übergriffe dulden würde.

Unter Amenophis III. war Ägypten ein souveräner Staat, dessen Streitkräfte so mächtig waren, daß kein Land einen Angriff wagen konnte, nicht einmal Babylonien oder Mitanni, die von «großen Königen» regiert wurden. Die Doktrin der ägyptischen Außenpolitik lautete seit Beginn des Neuen Reiches unverändert: Der Asiate ist der Angreifer, Ägypten wird sich lediglich verteidigen. Ägyptens Territorium war heiliger Boden innerhalb geographischer Grenzen, die aus dem Saum des Deltas im Norden und dem ersten Katarakt im Süden bestanden. Zum besseren Schutz des Landes schuf man «Pufferzonen», die unter ägyptischem Protektorat standen. Im Süden galt Nubien bereits regelrecht als ägyptische Provinz, die der Pharao mit eiserner Faust unter Kontrolle hielt. Im Norden bestand der Schutzkorridor aus einem Mosaik kleiner Fürstentümer, die allerdings wesentlich schwieriger zu überwachen waren. Von dort konnte jederzeit wieder Gefahr drohen.

Die religiösen Texte erläutern, daß der Gott Amun es dem Pharao gestattete, über die Fremdländer zu herrschen. Aus theologischer Sicht waren diese Ägypten unterworfen. Wenn ihre Bewohner sich auflehnten, brachen sie das Gesetz und wurden zum «Greuel des göttlichen Lichts».

Gegen 1380 v. Chr. erstreckte sich das ägyptische Imperium von der syrischen Küste bis zum Orontes und von Nubien bis zum dritten Katarakt; mit Mitanni und Babylonien stand man in gutem Einvernehmen.

In seinem Briefwechsel mit dem babylonischen König Tuschratta verwendete Amenophis III. nicht das Ägyptische, sondern die babylonische Sprache. Das war zum einen eine feinsinnige Geste der Höflichkeit, zum anderen entsprach es den religiösen Regeln: Da die Hieroglyphen als Götterworte betrachtet wurden, waren sie dem «internen» Gebrauch der Ägypter vorbehalten und durften in diplomatischer Korrespondenz von profanem Charakter nicht benutzt werden.

Amenophis III. ging geschickt auf seine Verhandlungspartner ein: Bei den Vorbereitungen zur Vermählung seiner Tochter mit dem König von Babylonien richtete er sich nach babylonischem Recht statt nach ägyptischem.

Gewalt und Unterdrückung schienen ihm keine geeigneten Mittel, um den Frieden in den ihm unterstehenden Staaten aufrechtzuerhalten; er zog eine diskrete Form der Überwachung vor und ließ den Völkern ihren Glauben und ihre Gebräuche.

Eine wichtige Tatsache sei hier unterstrichen: Amenophis' III. Außenpolitik war geprägt durch zahlreiche religiöse und soziale Kontakte zwischen Ägypten und den Nachbarländern. Es gab einen regelrechten «Götteraustausch», eine mitunter brüderliche Begegnung von Ideologien, die sich mehr oder minder gut ergänzten. So lernten Völker und Glaubensrichtungen, sich zu begegnen, ohne sich zu bekämpfen.

Ägypten öffnete sich der Welt, die Welt öffnete sich Ägypten. Dieser besondere Zeitgeist sollte auch zur Entstehung der Atonreligion beitragen.

Bei allen glänzenden Erfolgen, die seine Regierungszeit prägten, sah sich Amenophis III. doch mit einem schwerwiegenden Problem konfrontiert: die zunehmende militärische Macht der Hethiter. Im Jahre 1370 v. Chr. ergriff König Suppiluliuma die Verantwortung für das Volk der Hethiter; unverzüglich verstärkte er seine Truppen, denn mit Verständigungspolitik hatte er nichts im Sinn.

Suppiluliuma war von leidenschaftlichem Eroberungsdrang beseelt und hegte große Pläne für sein Land. Sein Ziel war eine starke Nation, die er in die Lage versetzen wollte, eine Politik der territorialen Eroberung zu führen. Warum sollten die Hethiter das Gleichgewicht der Welt nicht zu ihren Gunsten verändern?

Der Hethiterkönig zögerte nicht lange, bevor er zuschlug. Er war sich seiner Stärke so sicher, daß er den Pharao ganz offen provozierte, indem er das traditionell mit Ägypten verbündete Land Mitanni eroberte.

Nun wäre von Ägypten eine unmittelbare und heftige Reaktion zu erwarten gewesen. Doch Amenophis III. griff nicht direkt ein. Er lehnte blutige Konflikte ab und zog es vor, einen Nichtangriffspakt mit den Hethitern zu schließen. Dieses Abkommen beinhaltete, daß die festgesetzten Grenzen künftig von beiden Völkern respektiert werden mußten und daß weitere Militäraktionen zu unterbleiben hatten.

Ägyptens Verbündete waren bestürzt. Weshalb hatten die ägyptischen Streitkräfte die hethitische Gefahr nicht im Keim erstickt? Die syrischen Fürsten blieben Amenophis III. treu, doch der König von Babylonien war beunruhigt und zog es vor, sich Suppiluliuma anzunähern – möglicherweise würde bald dessen Volk die Welt regieren.

Einige Lokalfürsten wollten sich nicht für eine der Großmächte entscheiden und spielten ein doppeltes Spiel; sie bekräftigten ihre unerschütterliche Treue zu Ägypten, ohne sich jedoch gegen die Intrigen der Hethiter zu verwahren.

In einer Situation, die sich zum Schlechteren entwickelte und zunehmend undurchschaubar wurde, bewahrte ein Mann seine Hellsichtigkeit: Ribaddi, der Herrscher von Byblos. Er fühlte sich dem Denken und der Kultur Ägyptens eng verbunden, und so deckte er die Machenschaften der Hethiter auf: Sie vermieden zwar vertragsgemäß die offene Konfrontation, dafür waren sie um so geschickter darin, zu bestechen, Informanten einzuschleusen, geheime Bündnisse zu schließen und Unfrieden zu stiften.

Nun war Amenophis III. gebührend gewarnt, doch noch immer ergriff er keine strengen Maßnahmen. Wahrscheinlich verließ er sich darauf, daß die Hethiter es nicht wagen würden, gewisse Grenzen zu überschreiten, und daß sich ihre Kriegsgelüste, durch Ägyptens Prestige gedämpft, auf einige punktuelle Vorstöße beschränken würden.

Diese außenpolitischen Ereignisse betrafen den jungen Echnaton unmittelbar. Er erlebte ihr Vorstadium und ihre Entwicklung ebenso mit wie die allmählichen Veränderungen der politischen Situation seines Landes. Noch war er jedoch lediglich Beobachter und wußte nicht, daß Ägyptens Verhältnis zu den Nachbarländern einst schwer auf seinem eigenen Schicksal lasten würde.

Amenophis III. sah sich nicht nur mit diesen diplomatischen Problemen konfrontiert. Auch im Land selbst entstand ein Konfliktherd.

Unter Amenophis III. schlug Ägyptens Herz in der gigantischen, prachtvollen Stadt Theben. Ihr Reichtum war sagenhaft, denn es hatte die Kriegstribute, die große Eroberer vor Amenophis III. aus den Fremdländern mitgebracht hatten, gewinnbringend verwaltet.

Theben, ein bedeutendes religiöses Zentrum mit herrlichen Tempelanlagen, steuerte nicht nur das spirituelle Leben Ägyptens; es regierte auch die Wirtschaft des Landes. Die kosmopolitische Stadt empfing Händler aus den Fremdländern, begünstigte den Warenaustausch und trug Tag für Tag zur materiellen Blüte der «Zwei Länder» bei. Memphis und Heliopolis, die einstigen Hauptstädte, die im religiösen Bereich noch immer eine gewisse Bedeutung bewahrten, verblaßten neben dem herrlichen Theben, das sämtliche Pharaonen der XVIII. Dynastie großzügig verschönerten.

Doch mit dem Reichtum wuchs auch die Gier nach Macht. Ein latentes Problem nahm allmählich beunruhigende Ausmaße an: Theben war die heilige Stadt des Gottes Amun, des «Verborgenen». Diese im Alten und Mittleren Reich ursprünglich zweitrangige Gottheit hatte sich im Neuen Reich zum Staatsgott entwickelt. Der Hohepriester des Amun, der den Willen des Gottes ausführte, herrschte über eine streng hierarchisch aufgebaute Priesterkaste, deren Oberschicht sich aus «Gottesvätern» und «Propheten des Amun» zusammensetzte.

Diese Würdenträger verfügten über eigenen Besitz und über beträchtlichen Reichtum in Form von Ländereien, Rohstoffen aller Art und Vieh. Ihr Vermögen wurde von einem umfangreichen Personal verwaltet, zu dem Schreiber, Arbeiter und Bauern gehörten.

Bei der Amtseinsetzung des Hohenpriesters sprach der Pharao folgende Worte: «Du bist der Hohepriester des Amun, seine Schätze und seine Krieger unterstehen deinem Siegel. Du bist das Oberhaupt seines Tempels.»

Während der Regierungszeit Thutmosis' I. (1506–1494 v. Chr.) scheinen sich die Amunpriester noch ausschließlich um religiöse Belange gekümmert zu haben. Der König, dessen Befehle nicht hinterfragt wurden, legte Wert darauf, die Staatspolitik alleine zu führen. Die Verwaltung lag in seiner Hand, und er vertraute nur seinen engsten Mitarbeitern. So gab es keinerlei Unstimmigkeiten zwischen dem König und dem Hohenpriester des Amun.

Die thebanische Priesterschaft begnügte sich jedoch nicht mit ihrer Rolle im Hintergrund. Ihr Einfluß nahm zu, und durch einen klugen Schachzug gelang es ihr schließlich, ihren Zuständigkeitsbereich auf spektakuläre Weise zu erweitern: Sie benutzte das Orakel des Amun, um einen König zu ernennen. Bei einer Zeremonie in Karnak verneigte sich die Statue des Gottes vor einem jungen Mann, der dadurch zum Pharao wurde: Thutmosis III.

Die Tragweite dieses Ereignisses war groß. Die Priesterschaft des Amun drängte nachdrücklich auf die politische Bühne. Die Priester verließen den rein religiösen Bereich und schienen fest entschlossen, direkt auf das politische Geschick des Landes einzuwirken.

Der Hohepriester Hapuseneb schließlich vergrößerte den weltlichen Einfluß der thebanischen Priesterschaft weiter. Er trug den Titel «Leiter aller Arbeiten», der ihn zum Oberhaupt sämtlicher Priesterschaften Ägyptens machte. Als Vorsteher aller Tempel kontrollierte er das Geistesleben im ganzen Land und sorgte dafür, daß die thebanische Ideologie weite Verbreitung fand.

Hapuseneb verhielt sich wie ein Monarch. Da König Thutmosis III. ihm nicht genügend Ergebenheit bekundete, drängte er ihn vom Thron. Statt seiner ernannte Hapuseneb Hatschepsut zur Königin, die ihrem Gönner zeit seines Lebens Achtung und Vertrauen entgegenbringen sollte.

Durch ihren Hohenpriester nahm die Priesterschaft des Amun Einfluß auf die Regierung Ägyptens: Sie erschuf und sie stürzte Könige.

Thutmosis III. gelang es, den Thron zurückzuerobern. Nun könnte man erwarten, daß der junge Herrscher, der vorübergehend von der Macht verdrängt worden war, Vergeltung übte. Doch dies hätte bedeutet, in Kategorien der Gegenwartspolitik zu denken. Der König mußte sein Amt nicht mit dem Hohenpriester teilen, er mußte ihn nicht einmal zu Rate ziehen. Er ernannte diesen hohen Würdenträger wie jeden anderen auch. Thutmosis III. setzte also lediglich einen seiner Freunde an die Spitze der thebanischen Priesterschaft: Mencheperreseneb.

Thutmosis III. war ein begnadeter Menschenführer. Wichtige Posten besetzte er umsichtig. Seine Außenpolitik war spektakulär. Er begab sich häufig in die Fremdländer und unterstellte zahlreiche Territorien der ägyptischen Oberhoheit. Von seinen Feldzügen brachte er Reichtümer mit, deren Verwaltung er dem Hohenpriester des Amun anvertraute.

So unterstand die Staatsführung wieder ausschließlich dem Pharao, während Theben und seine Priester ihren Glanz und ihren Reichtum anwachsen sahen.

Um 1445 v. Chr. wurde Meri zum Hohenpriester des Amun ernannt. Inzwischen entsprach dieses Amt dem eines Betriebsleiters. Gänzlich von Verwaltungsaufgaben vereinnahmt, war Meri der Leiter des «Doppelten Goldhauses», des «Doppelten Silberhauses», Vorsteher der Felder, Vorsteher der Speicherhäuser des Amun, Vorsteher der Herden des Amun. Damit war der bedeutendste und höchste Beamte des Reiches im Grunde ein Verwalter.

Nach Meris Tod ernannte Thutmosis IV. (1412–1402 v. Chr.) einen von ihm gewählten Mann zum Hohenpriester des Amun: Amenemhet. Dieser Sohn eines Handwerkermeisters, der mit der Herstellung von Sandalen im Tempel des Aton beauftragt war, war zu der Zeit bereits in den Sechzigern.

Nach einer langen Laufbahn im Dienst seines Gottes hatte der neue Hohepriester jeden persönlichen Ehrgeiz bereits abgelegt. Er widmete sich der Theologie und der Ausübung des Kultes. Für ihn war der Pharao, wie es Ägyptens Regel wollte, der höchste Gebieter des Reiches, dessen Anweisungen sich der Hohepriester des Amun selbstverständlich zu beugen hatte.

Zu Beginn seiner Regierungszeit bewahrte Amenophis III. seine Autorität über alle Religionen und Priesterschaften. Auch die thebanischen Priester, deren Kollegium das größte Ägyptens war, unterstanden seiner Befehlsgewalt.

Von einer Stele erfahren wir, daß der Hohepriester Ptahmose vom «Gebieter des Doppelten Landes [dem Pharao] ernannt wurde, um die Pläne Ägyptens zu erfüllen», und daß er «Leiter aller Arbeiten des Königs» war. Wie sahen seine täglichen Aufgaben aus? Konnte der Hohepriester des Amun eigenmächtig Entscheidungen treffen oder sich gar der Macht des Königs widersetzen?

Zu Amenophis' III. Zeit mit Sicherheit nicht. Der Monarch hatte ohne weiteres die Möglichkeit, den Hohenpriester zum Gehorsam zu zwingen. Viel später in der ägyptischen Geschichte würde jedoch ein Hoherpriester des Amun der politischen Versuchung vollends erliegen und sich in Theben zum König krönen lassen.

In der Epoche, die uns beschäftigt, lag die Regierung des Landes einzig und allein in den Händen des Königs. Es wäre übertrieben zu behaupten, die Priesterschaft des Amun habe bereits einen Staat im Staate gebildet. Dennoch kann man nicht abstreiten, daß einige Priester weltliche Macht begehrten und daß die Vorrangstellung des Staatsgottes Amun ihnen einen privilegierten Status verlieh.

Kein Text erwähnt offene Konflikte zwischen dem Pharao und der thebanischen Priesterschaft. Der König Ägyptens war schließlich ein Gottkönig. Das Wohlergehen des Landes hing unmittelbar von seiner symbolischen und metaphysischen Person ab. Wie alle anderen Staatsorgane war ihm auch die Priesterschaft des Amun theologisch und real untergeben. Nur die Schwäche eines Monarchen konnte dieses Verhältnis modifizieren und persönlichen Ambitionen Tür und Tor öffnen.

4 Echnatons Mutter Teje

Beinahe alle Forscher richten ihr Augenmerk zunächst auf Echnatons auffälliges Äußeres und versuchen, seine schokkierenden Deformationen rational zu erklären. Oft berufen sie sich auf eine nicht-ägyptische Herkunft Echnatons.

Diese Theorie scheint eine Bestätigung zu finden, wenn man die Porträts von Echnatons Mutter, Königin Teje*, aufmerksam studiert.

Für einige Gelehrte hat sie eindeutig die Physiognomie einer Ausländerin, möglicherweise einer Semitin. Häufig wird die Königin mit ernstem Gesicht und harter, beinahe abweisender Miene dargestellt. Der Betrachter empfindet sie als eine Frau, die genau weiß, was sie will, eine eigene Meinung hat und über einen eisernen Willen verfügt. Teje hat nichts gemein mit jenen liebreizenden Damen, deren Schönheit von den Malern und Zeichnern der XVIII. Dynastie so vollendet festgehalten wurde. Nichts an ihr deutet auf den Wunsch hin, zu gefallen oder durch charmante Weiblichkeit zu beeinflussen.

Die fremdländische Herkunft Königin Tejes ist allerdings nicht bewiesen. Belegt ist, daß sie die Tochter von Juja und

* Für diesen Namen haben sich verschiedene Schreibweisen eingebürgert: Tiji, Teye etc.

Tuja* war, einem Paar, das religiöse Ämter innehatte und, ein wichtiger Umstand, nicht königlicher Abstammung war. «Der Name ihres Vaters ist Juja», so lautet der Gedenktext auf einem zu ihrer Vermählung ausgegebenen Skarabäus, «der Name ihrer Mutter ist Tuja. Teje ist die Gemahlin des mächtigen Königs Amenophis III., dessen Südgrenze in Kurja [Sudan] und dessen Nordgrenze in Naharina [Irak] ist.»

Der Vater der Königin, Juja, trug den seltenen Titel «Gottesvater» und war Priester des Gottes Min. Neben diesen religiösen Würden hatte Juja als Aufseher der königlichen Streitwagen und Pferde auch militärische Verantwortung inne. Die Königinmutter Tuja war «Oberste Haremsdame des Min» und «Oberste Haremsdame des Amun», zwei bedeutende Ämter, die ihr einen hohen Rang verliehen.

Tuja, die auch den poetischen Titel «Königliche Zierde» trug, war mit Sicherheit gebürtige Ägypterin. Durch ihre religiösen Ämter hatte sie Zugang zu den Privatgemächern des Palastes und damit engen Kontakt zu den höchsten Persönlichkeiten bei Hofe; auch die Regeln der Etikette beherrschte sie vollendet.

Über Juja wurde gemutmaßt, er sei möglicherweise ein syrischer Fürst, der in Ägypten aufgewachsen sei. Eine neue, sensationelle Hypothese setzt Juja sogar mit dem biblischen Joseph gleich. Er habe sich in seiner neuen Heimat gut eingefügt und eine hochstehende Gemahlin gefunden, die ihm endgültig Zutritt zu den Kreisen der Würdenträger verschafft habe. Nach neueren Analysen wird diese These jedoch eher entkräftet. Ihnen zufolge soll Juja aus der Stadt Achmim in Oberägypten stammen und eine brillante religiöse und administrative Laufbahn in einem rein ägyptischen Umfeld absolviert haben.

* Andere Schreibweisen: Tuia, Tuyu etc.

Es kann also unstrittig gefolgert werden, daß Teje ägyptischer Herkunft war und einer adligen Familie angehörte, die bei Hofe gut eingeführt war und beim König in hohem Ansehen stand.

Zumindest für unsere Begriffe ist Amenophis' III. Vermählung mit Teje ein sensationelles Ereignis. Statt eine Frau königlichen Geblüts zu ehelichen, erwählte der große König ein junges Mädchen als Königin, das zwar nicht von niederem Rang war, jedoch noch nicht einmal aus des Königs engstem Umkreis stammte. Tejes Eltern wurden mit Reichtümern überhäuft und als bedeutende Persönlichkeiten geehrt. Für sie war des Pharaos Entscheidung eine wahre Segnung, die ihnen Wohlstand und Ansehen bescherte.

Doch weshalb wählte der Pharao seine Königin aus einer Familie, die nicht mit der Krone verbunden war? Einige Ägyptologen erklären diese ungewöhnliche Entscheidung damit, daß Juja und Tuja lediglich Tejes Adoptiveltern gewesen seien. Ihre wahren Eltern seien aus adligem Geschlecht. Warum jedoch sollten mögliche Adelstitel der künftigen Königin verschwiegen worden sein?

Eine andere Hypothese deutet diese Heirat als bewußte Herausforderung an den Hohenpriester des Amun, als eine Art Skandal, einen Bruch mit den althergebrachten Regeln. Auch diese eher romantische Vorstellung entbehrt jeder Grundlage. Der Pharao war keiner Priesterschaft des Landes Rechenschaft über seine Entscheidungen schuldig. Indem Amenophis III. eine Frau relativ bescheidener Herkunft ehelichte, handelte er zwar dem ungeschriebenen Gesetz zuwider, das es einem König empfahl, sich mit einer Frau königlicher Abstammung zu vereinigen. Durch ihre Hochzeit wurde Teje jedoch zur uneingeschränkten Herrscherin. Eines ihrer Kinder sollte der legitime Thronerbe sein.

Teje wurde zur «Großen Erbin, Tochter des Königs,

Schwester des Königs und königlichen Gemahlin» ernannt und mit allen Machtbefugnissen und Pflichten, die dieses Amt an der Spitze des Staates, an der Seite des Pharaos mit sich brachte, als Königin anerkannt.

Teje war keine unbedeutende Königin, die sich diskret im Schatten ihres allmächtigen Gatten hielt, sondern eine herausragende Gestalt der ägyptischen Geschichte. Von Beginn ihrer «Regierungszeit» an erwies sich Teje als eine Führungspersönlichkeit, die aktiv an den wichtigen politischen Entscheidungsprozessen beteiligt war und diese mitunter sogar in Gang setzte.

Sie nahm an allen offiziellen Zeremonien, an allen Festlichkeiten teil und begleitete ihren Gemahl bei seinen Reisen durch das Land. Ein überraschendes Detail: Teje war auch bei öffentlichen Auftritten, bei denen der ägyptische Hof seine Pracht demonstrierte, stets an der Seite des Königs präsent.

Grundsätzlich gab es in Ägypten niemals misogyne Tendenzen, und die Aktivitäten der Frau waren durchaus nicht auf den häuslichen Bereich beschränkt. Frauen konnten wichtige Ämter innehaben, und ihre gesellschaftliche Stellung war oft sehr hoch. Es sind sogar zahlreiche edle Damen belegt, die die Regierungsgeschäfte des Landes entscheidend beeinflußten. Thebanische Königinnen waren es, die jene Befreiungsbewegung ins Leben riefen, die zunächst die Hyksos vertrieb und dann in die Gründung des Neuen Reiches mündete. Auch Teje gehörte in die Reihe dieser Frauen. Sie war Amenophis' III. Gefährtin und bewältigte die Staatsangelegenheiten mit unbestrittener Tüchtigkeit. Die Macht der Königin manifestierte sich besonders augenfällig, als sie sich im Sudan einen Tempel errichten ließ: In der Rolle der «Baumeisterin» glorifizierte sie ihre Königswürde ganz traditionell durch den Bau eines Tempels.

Uns ist ein spektakulärer Beleg für den Einfluß und die

Kompetenz der Königin erhalten. König Tuschratta von Mitanni sandte dem neuen Herrscher Amenophis IV. einen Brief, in dem folgende erstaunliche Mitteilung zu lesen war: «Alle Worte, die ich mit deinem Vater gewechselt habe, kennt deine Mutter Teje. Niemand kennt sie außer ihr, und von ihr kannst du sie erfahren ... Seit dem Beginn meines Königtums, so lange, wie Amenophis III., dein Vater, zu schreiben fortfuhr, schrieb er unaufhörlich über den Frieden. Es gab nichts anderes, über das er mir ständig schrieb. Teje ... kennt alle Worte deines Vaters, die er mir fortwährend geschrieben hat. Deine Mutter Teje mußt du über alles befragen, was diese Worte betrifft» (Amarna-Briefe EA 28 und 29).

Deutlicher könnte man kaum ausdrücken, daß Königin Teje mit den wichtigsten «Akten» vertraut war und in einigen Fällen diese schwere Verantwortung sogar allein trug.

Die Geheimnisse, die sie verwahrte, teilte Teje mit ihrem Sohn Echnaton. Sie erläuterte dem Pharao die innenpolitische Lage Ägyptens und den Stand der internationalen Beziehungen entsprechend ihrer Sichtweise. Echnaton waren diese Dinge zwar nicht neu, und vermutlich hatte er sich bereits eine eigene Meinung gebildet, doch seine Mutter lieferte ihm wertvolle «Zusatzinformationen».

Damit trug Königin Teje entscheidend zur Heranbildung von Echnatons politischer Denkweise bei. Sie hatte konkrete Vorstellungen von der Zukunft ihres Landes. Vor allem wollte sie verhindern, daß Ägypten sich in sich selbst zurückzog. Die «Zwei Länder» waren reich, die Kultur war blühender denn je, die Götter überschütteten das Volk, das sie verehrte, mit ihren Wohltaten. Doch die Königin gab sich nicht mit diesem Glück zufrieden, seine Grundlagen schienen ihr allzu zerbrechlich. Sie schätzte die geistige Offenheit und wirkte auf eine wirtschaftliche und auch religiöse Expansion hin. Sie machte Ägypten zugänglich für Einflüsse von außen und versuchte, einen kosmopolitischen Staat zu schaffen, in dem die Völker einander kennenlernten, ohne miteinander zu verschmelzen. Besonders der Austausch von Handelswaren ermöglichte es, Gemeinsamkeiten und Verständnismöglichkeiten zwischen den verschiedenen Nachbarländern aufzuzeigen, wobei Ägypten stets der Mittelpunkt der Welt und der Hort des Lichtes blieb.

Im religiösen Bereich leistete Teje einen wichtigen Beitrag zur Entwicklung des Gedankengutes ihrer Zeit. Auch ihr Bruder Anen erfüllte bedeutende Aufgaben: Von einer Statuette, die im Museum zu Turin aufbewahrt wird, erfahren wir, daß er «Großer der Sehenden» in Heliopolis und «Zweiter Prophet des Amun» war. Diese beiden Ämter verliehen Anen einen recht außergewöhnlichen Status; zum einen war er in die allmächtige thebanische Hierarchie eingegliedert und kannte dank seiner Stellung deren Mechanismen. Zum anderen gehörte er der Priesterschaft von Heliopolis an, die durch die wachsende Macht der Amunpriester in den Hintergrund gedrängt wurde.

Durch diese familiäre Beziehung konnte Teje die Entwicklung der beiden Religionsgemeinschaften verfolgen. Sie bewunderte die Grundsätze der in Heliopolis verwurzelten Sonnentheologie und wachte aufmerksam über das Anwachsen des thebanischen Ehrgeizes.

Vermutlich hatte Königin Teje an allen neuralgischen Punkten der ägyptischen Gesellschaft Informanten eingesetzt; unter ihnen war Anen eine der Schlüsselpersönlichkeiten seiner Zeit.

Teje selbst befürwortete jenes Religionsverständnis, in dem die Gottheit sich direkt in Gestalt der Sonne manifestierte. Sie begünstigte die Priesterschaft der alten heiligen Stadt Heliopolis, um ein Gleichgewicht wiederherzustellen, das sich zugunsten der Amunpriester verschoben hatte; dabei strebte sie jedoch keinesfalls danach, ihnen ihre Vorrangstellung völlig abzusprechen.

Dieser subtile und beschränkte Ausgleich verlief ohne jeden offenen Konflikt. Indem Königin Teje bei einer Zeremonie ein Schiff namens «Herrlichkeit des Aton» bestieg, bekundete sie den Höflingen ihre Vorliebe für die Sonnenmystik. Der Gott Aton nahm so offiziell die Gunst des Herrscherpaares entgegen. Das hätte kaum das Mißfallen der Amunpriester erregen können, denn es handelte sich dabei lediglich um ein unbedeutendes Ereignis, das die theologische und spirituelle Rolle bestätigte, die der Königin Ägyptens seit jeher zugeordnet wurde.

Sie war stets eine Verkörperung der *Maat*, der Weltenordnung, der zeitlosen Regel, der alle Menschen unterstellt sind. Sie war auch Hathor, die Himmelsgöttin, das Auge der Sonne, die kosmische Kraft, in der jeder Frau die Auferstehung zuteil wurde. Teje schuf noch keine «Aton-Religion». Allerdings war bereits die Tendenz spürbar, uraltes Gedankengut zu fördern, übrigens in vollem Einvernehmen mit ihrem Gemahl Amenophis III.

Der junge Echnaton konnte vom veränderten religiösen Klima des Königshofes nicht unberührt bleiben. Die mächtigen Persönlichkeiten seiner Eltern prägten die Entwicklung seines eigenen Wesens, vor allem von dem Zeitpunkt an, in dem ein unerwartetes Ereignis seine Zukunft in neue Bahnen lenkte: der Tod seines älteren Bruders.

Amenophis III. und Teje hielten ihren zweiten Sohn für fähig, den Thron Ägyptens zu besteigen. Er sollte den Namen Amenophis IV. annehmen und seine Regierungszeit damit nach dem Vorbild seines Vaters dem Gott Amun weihen.

5 Die Entstehung des Atonkultes und die Erziehung eines Königs

Das Heilige war immer die Grundlage der ägyptischen Kultur. Seine verschiedenen Ausdrucksformen waren von zentraler Bedeutung. Jeder Pharao stellte seine Regierungszeit unter ein heiliges «Programm», das einen bestimmten Aspekt des Göttlichen besonders hervorhob.

Echnatons gesamtes Denken sollte um den Gott Aton kreisen. Von dessen Existenz hatte er während seiner Erziehung im Palast erfahren. War Aton eine «Erfindung» der Zeit Amenophis' III., oder war er bereits im traditionellen ägyptischen Pantheon vertreten?

Pharao Amenophis II., dessen Regierungszeit Mitte des 15. Jahrhunderts v. Chr. begann und etwa fünfundzwanzig Jahre dauerte, wurde in Memphis, der heiligen Stadt des Gottes Ptah, geboren. In sein Protokoll nahm er den Titel «Gott-Regent von Heliopolis» auf und verlieh damit seinem Interesse an der ehemaligen Hauptstadt Ägyptens Ausdruck. Heliopolis war das älteste theologische Zentrum des Landes, die Stadt, in der die Weisheit zum erstenmal Gestalt angenommen hatte.

Amenophis II. war dieser uralten Tradition sehr verbunden und beschloß, ihr zu neuem Aufschwung zu verhelfen. Also ließ er die Steinbrüche zu Tura wieder in Betrieb nehmen und eröffnete Baustellen in Memphis und Heliopolis, um die beiden Städte mit neuen Monumenten zu schmücken. Auf diese Weise wollte er ein Gegengewicht zur Allmacht des Amun und seiner Anhänger herstellen. Für Amenophis II. war nicht Amun der oberste aller Götter, sondern die göttliche «Dreiheit» Amun-Re-Atum, und dieser einzige Gott in drei Personifizierungen «weckte im Herzen des Königs den Gedanken, so zu handeln, daß Ägypten ihm diene».*

In einer großen Hymne an Amun wurde dieser angerufen als Schöpfer der Menschheit, der Tiere, des Lebensbaumes und des Weidelandes, das das Vieh ernährt. Diese Verbindung zwischen dem Schöpferprinzip und der Natur wurde in den Hymnen an Aton wieder aufgenommen, der sich also bestimmte Charakteristiken des Amun aneignete.

Thutmosis IV., der Nachfolger von Amenophis II., erlebte in der Wüste ein merkwürdiges Abenteuer. Nach einem Jagdtag war er im Schatten des Sphinx eingeschlafen, und dieser versprach ihm in einem prophetischen Traum, seine Thronbesteigung zu begünstigen, wenn er ihn vom Wüstensand befreie. Thutmosis IV. hielt Wort und wurde daraufhin nicht vom Gott Amun inthronisiert, sondern vom Sphinx selbst, der eng mit der Religion von Heliopolis verbunden war.

Durch die Wahl des Namens «Der Heliopolis läutert und Re erfreut» baute Thutmosis IV. eine gewisse Distanz zu den Amunpriestern auf. Dieses religiöse Ideal blieb keine bloße Theorie, sondern wurde in Verwaltungsmaßnahmen konkret umgesetzt: Der Hohepriester des Amun mußte seine Oberhoheit über sämtliche Priesterschaften Ägyptens abtreten

* In Nubien, weitab von den großen Zentren Ägyptens, stand der Falkengott Harachte gleichberechtigt neben dem Gott Amun. Der künftige Echnaton widmete zu Beginn seiner Regierungszeit Harachte seine besondere Verehrung, um das Kommen des Aton vorzubereiten.

und auch das Wesirat aufgeben. In den offiziellen Texten erkannte Thutmosis IV. jedoch noch an, daß Amun ihm die militärischen Siege verleihe und den Ruhm des Landes mehre.

Diese Beispiele von Amenophis II. und Thutmosis IV. belegen, daß es auch vor Echnatons Regierungszeit bereits Bestrebungen gab, ein Gleichgewicht zwischen den verschiedenen ägyptischen Religionen herzustellen und der reichen Priesterschaft Thebens nicht die absolute Oberhoheit zu überlassen. Amenophis III. forcierte diese Entwicklung vor allem im Bereich des religiösen Gedankengutes. Er betonte die Bedeutung des uranfänglichen Schöpfergottes Atum und den symbolischen Reichtum der Sonnenreligion.

Dieses Gedankengut war ein fruchtbarer Nährboden für Veränderungen. Aton war schließlich keine Neuerfindung innerhalb der ägyptischen Religion. Schon unter Thutmosis I. wurde Aton als Schöpfermacht betrachtet, die mehr war als lediglich die äußere Gestalt der Sonne: Wenn der Pharao starb, erhob sich seine unvergängliche Seele gen Himmel und vereinigte sich mit der Sonnenscheibe Aton, um in alle Ewigkeit über der Erde zu leuchten. «Er stieg auf in den Himmel», berichtet ein Text über den Pharao Amenemhet I., «und vereinte sich mit der Scheibe, der Leib des Gottes wurde eins mit Dem, der ihn erschuf.»

Später wurde Aton als der Leib des Re begriffen. Rechmire, «Der kundig ist wie die Sonne», verglich sogar seinen König Amenophis III. mit dem Gott Aton, «wenn er sich selbst enthüllt». Aton verband sich untrennbar mit der Person des Pharaos, und somit wuchs sein Ruhm unweigerlich.

Bereits unter Thutmosis IV. war die Existenz der Aton-Religion nachzuweisen. Unter Amenophis III. gab es einen «Verwalter im Hause des Aton», und man weiß, daß der Gott direkt in Theben verehrt wurde. In Heliopolis und Memphis gab es Priesterschaften des Aton, die nach und nach die Elemente der alten kosmischen Religion wieder aktualisierten.

Es ist offensichtlich, daß Echnaton den Aufbau und die Symbole seiner religiösen Reform aus altem ägyptischem Gedankengut entlehnte. Thutmosis IV. und Amenophis III., Großvater und Vater Echnatons, standen in engerer Beziehung zur göttlichen Sonne als die vorhergehenden Pharaonen. Thutmosis IV. benannte die Sonnenscheibe auf einem Gedenkskarabäus als jene Macht, die ihm in der Schlacht zum Sieg verholfen hat: «Die Fürsten von Naharina bringen ihre Geschenke und betrachten den König, wenn er aus seinem Palast tritt, sie lauschen seiner Stimme wie jener des Sohnes der *Nut* [Himmelsgöttin]. Er trägt seinen Bogen in der Hand als Erbe des *Schu* [Luftgott, leuchtende Luft]. Wenn er zum Kampf schreitet und dabei Aton vor sich hat, zerstört er die Gebirge und zertrampelt die Fremdländer» (französische Übersetzung Doresse). Die Hofdichtung nannte den König die «Scheibe in ihrer Lichtregion». Der Königspalast war das «Haus der Scheibe». Amenophis III. erhielt den Namen «Er-ist-die-blendende-Scheibe». Der Name Aton hielt Einzug in die Benennung einer Truppendivision und des königlichen Schiffes.

Eine Vielzahl von Indizien weist in die gleiche Richtung: Der Gott Aton manifestierte seine Gegenwart im religiösen Denken der Epoche des Amenophis III.

Echnatons Lehrjahre

Kein Dokument belegt die These, daß der künftige Echnaton wie viele Königssöhne zumindest teilweise in Memphis erzogen wurde. Dennoch hielt er sich sehr wahrscheinlich dort auf, denn die große Stadt, die auch «Waage der Zwei Länder» genannt wurde, war zu seiner Zeit noch immer ein bedeutendes wirtschaftliches und religiöses Zentrum. Nicht weit davon lag Heliopolis, die heilige Stadt des Sonnengottes seit uranfänglicher Zeit.

Re, Horus-der-Lichtregion (Harachte), Schu, Aton waren durchweg Sonnengottheiten, die zur Gedankenwelt des jungen Mannes gehörten, durchweg metaphysische Gestalten, die seine Aufmerksamkeit über die offizielle Religion des Amun, des Reichsgottes und Gebieters von Karnak, hinausführten.

Schon der Palast zu Malkata war für den Heranwachsenden eine Offenbarung. Er entdeckte das Heilige in der Natur und in den künstlerischen Darstellungen. Der Weg des Gottes lag sichtbar vor seinen Augen, an den Wänden, an denen begnadete Maler die Fauna und Flora in ihrer zeitlosen Schönheit verewigt hatten.

Der junge Mann studierte die heiligen Texte der ägyptischen Tradition, die reich waren an vielfältigen spirituellen Erfahrungen. Wie jeder künftige König wurde er in die heiligen Wissenschaften eingeweiht und mußte die Hieroglyphen vollständig beherrschen. Nach dem Gesetz der *Maat* mußte ein Pharao Gelehrter und Weiser zugleich sein.

Eine bedeutende Persönlichkeit scheint auf Echnatons Erziehung großen Einfluß genommen zu haben: Amenhotep, Sohn des Hapu. Dieser berühmte Gelehrte, der eine lange und außergewöhnliche Laufbahn im Dienst Ägyptens durchlief und nach seinem Tod zum Gott wurde, war ein begnadeter Architekt und ein bewährter Verwalter, dem Amenophis III. volles Vertrauen schenkte. Der König gewährte seinem Freund eine außergewöhnliche Ehre: Er gestattete ihm, sich einen eigenen Totentempel zu erbauen.

Amenhotep, Sohn des Hapu, leitete die Streitkräfte und die Schreiber und war vor allem «Vorsteher aller Arbeiten des

Königs». Der Oberste Baumeister wurde als regelrechter Herold der Gottheit betrachtet, als Mensch, der die Absichten des Schöpfers zu begreifen und umzusetzen vermochte. Wegen dieser Begabung und seiner untadeligen Lebensführung erreichte er das heilige Alter von einhundertundzehn Jahren, das die ägyptische Überlieferung das Alter der Weisen nennt.

Amenhotep, Sohn des Hapu, war die Verkörperung des vollkommenen Menschen, in dem sich eine wache Spiritualität und die Fähigkeit zu schöpferischem Tun vereinten. Welch ein Glück für den jungen Prinzen, mit diesem Weisen unter den Weisen sprechen zu können, der das Herz des Steines ebenso kannte wie das der Menschen! Während langer Abendstunden unterhielten sich der künftige König und der Baumeister in der von Düften erfüllten Stille der Palastgärten über das Heilige, sprachen von der Himmelskuh Hathor, von Anubis, dem Schakal und Weltenreiniger, von Horus, dem uranfänglichen Licht. All diese Götter zeugten vom Einzigen, von der Schöpfermacht, die in jedem Augenblick das Universum neu erschuf und die tausend Gesichter der Götter annahm. Amenhotep, Sohn des Hapu, lehrte den Königssohn, sein Leben zu erbauen, wie man einen Tempel baut.

Der künftige Echnaton wurde auch von anderen Erziehern unterwiesen, denn am Hofe Amenophis' III. gab es viele herausragende Persönlichkeiten. Als Beleg führen wir einen der schönsten Texte der Vor-Amarnazeit an, eine Hymne, die von den Brüdern Suti und Hor ersonnen wurde, zwei Architekten, die durch einen seltsamen Zufall die Namen der berühmtesten Götterbrüder der ägyptischen Mythologie tragen. Suti und Hor beaufsichtigten die Bauten des Amun und hatten damit eines der höchsten Staatsämter inne. Der Text ihrer Grabstele rühmt jedoch nicht, wie zu erwarten wäre, den Gott Amun, wie ihn die Thebaner begriffen, sondern einen ungewöhnlichen Sonnen-Amun, der Echnatons Gott sehr nahe stand. Hier seien einige Passagen angeführt, die den künftigen König sicher sehr angesprochen haben:

«Gruß an Amun, wenn er sich erhebt als Horus am östlichen Horizont, vom Leiter der Arbeiten Suti und vom Leiter der Arbeiten Hor; Ehrerbietung dir, der du der vollendete Re eines jeden Tages bist ... das reinste Gold kommt deinem Glanz nicht gleich. Als Steinhauer, der sich selbst behauen hat, hast du deinen eigenen Leib erschaffen, oh, Bildhauer, der nie behauen wurde ... Alle Augen sehen dank dir, sie hören auf zu sehen, wenn deine Majestät sich zur Ruhe begibt. Du setzt die Wesen in Bewegung, deine Strahlen erschaffen den Morgen, sie öffnen die Augen, die erwachen ... einziger Herrscher, der du tagtäglich die äußersten Grenzen der Erde erreichst ...» (französische Übersetzung A. Varille).

Die Sonnenscheibe wurde definiert als «Der, der jeden erschafft» und erhielt damit den Status eines Weltenschöpfers. Rufen wir uns noch einmal ins Gedächtnis: Suti und Hor waren Diener des Amun. Die traditionelle Amun-Religion und die neue Aton-Religion in radikalem Gegensatz zueinander zu sehen wäre also eine völlige Fehleinschätzung.

Amenophis III. und Aton

Alle Indizien sprechen für eine vollkommene Übereinstimmung zwischen Amenophis III. und seinem Sohn, nicht nur im geistigen und emotionalen Bereich, sondern auch in den Ansichten über die Staatsführung. Amenophis III. legte das Fundament zur späteren Politik seines Sohnes, indem er darauf hinwirkte, daß Aton und der alte Sonnenkult sich offiziell mit wachsendem Nachdruck behaupteten.

Zu einigen Anlässen entfernte sich Amenophis III. von Theben und Amun, so etwa bei einer der wichtigsten Zeremonien im Leben eines Pharaos, dem «Sedfest». Die mehrere Tage dauernden Feierlichkeiten bestanden aus einer Abfolge von Riten, deren Ziel es war, die magische Macht des Königs zu erneuern, die sich während der zurückliegenden Regierungsjahre verbraucht hatte. Alle Gottheiten Ägyptens versammelten sich, um an der Wiedererweckung des Pharaos mitzuwirken.

Amenophis wählte das ferne Soleb im Sudan als Rahmen für sein «Sedfest». Dort hatte sein Oberster Baumeister Amenhotep, Sohn des Hapu, einen wunderbaren Tempel errichtet, der durchaus mit dem Tempel zu Luxor vergleichbar war. Dieser Tempel wurde dem Königspaar und der magischen Verjüngung des Pharaos geweiht.

Rufen wir uns ins Gedächtnis, daß der Königspalast am linken thebanischen Ufer Aton gewidmet war. Echnaton sollte den Namen dieser Residenz, «Das Haus des Pharaos ist die Herrlichkeit des Aton», für seinen Palast in der Sonnenstadt übernehmen. Der Name hatte für einen Ägypter große Bedeutung, denn er definierte die innerste Natur des Wesens oder des Gegenstandes, den er bezeichnete. Amenophis III. hatte sein tägliches Leben also unter den Schutz des Gottes Aton gestellt und bekundete ihm damit die Verbundenheit der Königsfamilie.

In diesem Zusammenhang ist auch eine idyllische Szene zu verstehen, deren religiöser Hintergrund offensichtlich ist. Amenophis III. hatte in der Nähe seines Palastes einen Vergnügungssee anlegen lassen. Zur Einweihung dieses Sees beim «Fest der Öffnung der Bassins» bestieg der König mit seiner Gemahlin Teje ein prachtvolles Schiff, das als erstes über den See fahren sollte. Dieses Schiff trug, wie bereits erwähnt, den Namen «Herrlichkeit des Aton» oder «Aton ist strahlend». Der ägyptische Text schildert das Ereignis wie folgt:

«Seine Majestät befahl, daß ein See gegraben wurde
Für die Große königliche Gemahlin Teje
– Sie lebe –
In seiner Domäne ‹Der den Abend vertreibt›.
Er war dreitausendsiebenhundert Ellen lang
Und siebenhundert Ellen breit.
Am sechzehnten Tag des dritten Monats
Feierte Seine Majestät das Fest der Eröffnung des Sees.
Seine Majestät fuhr darauf umher
Im königlichen Schiff ‹Aton glänzt›.»

So bewirkte Amenophis III. nach und nach Veränderungen, die für die religiöse Mentalität seiner Zeit immer bedeutsamer wurden. Das Licht des Gottes Aton begann sich zu manifestieren.

6 Die geteilte Macht

Zu den politischen Institutionen des alten Ägypten gehörte die sogenannte «Mitregentschaft», also die über mehr oder minder lange Zeit bestehende Teilung der Macht zwischen einem alternden Pharao und dem von ihm gewählten Nachfolger. Zahlreiche Beispiele dafür sind belegt, und die Frage ist berechtigt, ob es sich möglicherweise sogar um eine grundsätzliche Gepflogenheit handelte, die den Vorteil hatte, daß der regierende König den künftigen Herrscher «praktisch» ausbilden und ihm seinen Erfahrungsschatz übermitteln konnte.

Zwei nicht miteinander konkurrierende Pharaonen teilten sich über einige Monate oder Jahre die Verantwortung. Der Nachfolger wurde stets als «Sohn» bezeichnet, was jedoch nicht unbedingt wörtlich zu nehmen ist. In mehreren Fällen der Mitregentschaft handelte es sich um einen «Sohn im Geiste», der durchaus nicht der Königsfamilie entstammen mußte.

Amenophis IV., der künftige Echnaton, wurde rituell gekrönt und als König Ägyptens anerkannt. Die Frage, ob sein Vater Amenophis III. zu diesem Zeitpunkt bereits verstorben war oder noch lebte, ist Gegenstand endloser Debatten unter den Ägyptologen. Einige vertreten die These, Amenophis IV. sei erst nach dem Tod seines Vaters gekrönt worden, und streiten jede Möglichkeit einer Mitregentschaft vehement ab. So etwa Redford, der anführt, daß Amenophis IV. auf den Monumenten seines Vaters nicht in Erscheinung tritt und daß überhaupt nur eine einzige Erwähnung seiner Existenz als Prinz belegt ist, nämlich eine Inschrift auf einem Weinkrug, der in den Ruinen des Palastes zu Malkata gefunden wurde. Die einzige Gewißheit: Teje, die Gemahlin Amenophis' III. und Mutter des Echnaton, überlebte ihren Gatten um mindestens zwölf Jahre, war also an der Seite ihres Sohnes präsent und konnte Einfluß auf ihn ausüben, dessen Tragweite allerdings schwer abzuschätzen ist. Man könnte also allenfalls von einer «Mitregentschaft» im weitesten Sinne zwischen Mutter und Sohn sprechen.

Dem gegenüber stehen einige Argumente für die Mitregentschaft. Im British Museum wird eine Stele aus einem Gebäude in El-Amarna aufbewahrt, die Amenophis III. und Teje vor einem mit Speisen beladenen Opfertisch sitzend zeigt. Über ihnen ist der Gott Aton mit seinen Strahlen zu sehen, der dem König das Hieroglyphenzeichen für «Leben» reicht. Der König ist müde, gebeugt, alt. Ein Arm liegt schlaff auf seinem Knie. Wenn man davon ausgeht, daß hier Amenophis III. zu seinen Lebzeiten dargestellt ist, würde das Dokument beweisen, daß die Mitregentschaft mindestens neun Jahre gedauert hat. Die Szene belegt zumindest, daß Amenophis III. und Teje an der Zelebrierung des neuen Kultes teilnahmen.

Ein noch stichhaltigeres Indiz ist eine Statuette, die die Namen der beiden Pharaonen und den Namen des Gottes Aton trägt. Aus der Tatsache, daß solche Dokumente nicht vor Echnatons neuntem Regierungsjahr belegt sind, läßt sich nach Meinung einiger Ägyptologen schließen, daß Amenophis III. neun Jahre nach der Krönung seines Sohnes noch lebte.

Als Beleg kann ebenso die Darstellung des Vaters und des Sohnes, beide gekrönt, auf der Ostseite der Nordmole des dritten Pylonen zu Karnak gelten. Aldred vermutet, daß die Jahre 28–30 der Regierungszeit von Amenophis III. dem sechsten Regierungsjahr seines Sohnes entsprechen und daß die gemeinsame Ausübung der Macht mindestens acht Jahre gedauert hat, möglicherweise auch länger.

Als entscheidenden Beweis führen die Befürworter der Mitregentschaft eine Szene auf einem aus Athribis stammenden Steinblock an: Amenophis III. und Amenophis IV. bringen gemeinsam eine Opfergabe an eine Gottheit dar. Aufgrund der Datierung dieser Szene müßte dieser gemeinsame Ritualakt nach dem Regierungsantritt Amenophis' IV. stattgefunden haben.

Eine These vertritt sogar eine zwölfjährige Mitregentschaft und basiert auf einem Brief des Königs Tuschratta, der in den Archiven von Amarna gefunden wurde und von großer Trauer bei Hofe spricht. Er bezieht sich eindeutig auf den Tod von Amenophis III. und auf die zweite, diesmal alleinige Machtübernahme von Echnaton.

Doch gerade dieses wichtige Dokument hat eine Eigenheit, die seine Eindeutigkeit wieder relativiert: Der Beginn des Textes ist zerstört; es ist zu lesen: «...2». Vor dieser 2 muß also eine Zahl ergänzt werden, und diese Zahl kann allerdings nur die 1 sein. Eine 2 zu ergänzen und «Jahr 22» zu lesen ist unmöglich, denn Echnatons Regierungszeit dauerte nicht so lange. Nur «Jahr 2» zu lesen ist wegen der vorhandenen Lücke ebenfalls unmöglich.

Keine Mitregentschaft, zwei Jahre Mitregentschaft, sechs, neun oder zwölf Jahre? Blieb Amenophis III. in Theben, als Echnaton in seiner neuen Hauptstadt regierte? Residierten die beiden Könige gemeinsam in Achetaton? All dies sind Fragen, zu denen uns derzeit die Antworten fehlen.

7 Aton hält Einzug in Karnak

1. bis 3. Regierungsjahr

Amenophis' IV. erstes Regierungsjahr begann standesgemäß mit seiner rituellen Krönung. Bemerkenswert ist, daß die Zeremonie nicht im Tempel zu Karnak stattfand, sondern in Hermonthis, einige Kilometer südlich von Theben. Das war natürlich kein Zufall. Hermonthis war das «Heliopolis des Südens», also die Stadt, die der großen Sonnenstadt im Norden entsprach. Dies war Amenophis' IV. erste Huldigung an den alten Sonnenkult und dessen Priesterschaft.

Wahrscheinlich wurde die Krönungszeremonie von keinem Geringeren als Nofretetes Bruder Anen geleitet, der in Karnak und Hermonthis religiöse Ämter innehatte und dadurch eine Verbindung der beiden Kulte verkörperte.

Amenophis' IV. Regierungsbeginn wies keinen Bruch mit den Traditionen auf. Der Tempel zu Sesebi im Sudan enthält Krypten, die zu einem Sonnentempel gehören; dort ist Echnaton zusammen mit mehreren Göttern zu sehen, ganz nach den Regeln der klassischen Kunst. Andere Darstellungen zeigen uns Echnaton in den traditionellen Posen der ägyptischen Könige.

Wie es ein Text im wunderschönen thebanischen Grab des Cheriuf formuliert, war Echnaton zu diesem Zeitpunkt noch der «Erwählte des Amun-Re». Die Darstellungen zeigen den König bei Opfergaben an Atum, den Gebieter von Heliopolis, und an andere Gottheiten wie die Himmelsherrin Hathor. Nebenbei sei darauf hingewiesen, daß Echnaton diese Szenen, in denen er als «klassischer» Pharao an der Seite seiner Eltern Amenophis III. und Teje dargestellt wird, später nicht zerstören ließ. Fassen wir die Riten zu Ehren des Atum ein wenig genauer ins Auge. Dieser große uranfängliche Schöpfergott war mit der Theologie von Heliopolis verbunden, deren Präsenz sich in Echnatons religiöser Philosophie immer wieder manifestiert.

Traditionell speiste sich die ägyptische Spiritualität aus zwei großen religiösen Zentren, Memphis und Heliopolis, und beide hatten trotz der Vorherrschaft von Theben ihre Bedeutung nicht verloren. Die Pharaonen des Neuen Reiches hielten sich gerne in Memphis auf, einem wichtigen Wirtschaftszentrum und der Stadt des Gottes Ptah, des Schutzherrn der Handwerker. Auch Heliopolis stand noch immer in hohem Ansehen. Die Pharaonen, die als Wegbereiter der Aton-Religion gelten können, stützten sich in zunehmendem Maß auf die Priesterschaft von Heliopolis, um den thebanischen Ehrgeiz zu bremsen.

Auch Echnaton hegte in politischer wie in religiöser Hinsicht eine besondere Vorliebe für Heliopolis. Den Thebanern stand der König eher mißtrauisch gegenüber, und so war er auf eine vorbildliche Religionsgemeinschaft angewiesen. Die Priester von Heliopolis wiederum waren vermutlich sehr interessiert am Sonnenideal des Königs, der sich damit ihrer eigenen Religion annäherte.

Im Gebirge östlich von Amarna wurde ein Grab für Mnevis, den heiligen Stier von Heliopolis, angelegt. Außerdem trug der Hohepriester des Atonkultes den Titel «Großer der Sehenden», also exakt den gleichen Titel wie der Hohepriester von Heliopolis.

Möglicherweise lassen diese Fakten die Folgerung zu, daß

die Aton-Religion in Heliopolis entstanden ist, dem biblischen On, in dem «Mose in aller Weisheit der Ägypter unterrichtet» wurde. Der derzeitige Stand der Forschung ermöglicht jedoch keine endgültige Antwort auf diese Frage. Immerhin steht fest, daß das Gedankengut von Heliopolis Echnaton entscheidend beeinflußte. Der Atonkult kann zumindest teilweise als «Neuauflage» der alten religiösen Praktiken von Heliopolis verstanden werden.

Den Beweis sehen wir in der Vorrangstellung, die Echnaton dem Falkengott Harachte einräumte, dem «Horus der Doppelten Lichtregion», der den schöpferischen Aspekt des Sonnenlichts symbolisierte. Der König wird auch dem Gott Schu größte Achtung entgegenbringen, der leuchtenden Luft, die Leben spendet. Diese Gottheiten gehören zum ältesten Traditionsgut der ägyptischen Religion und kommen schon in den «Pyramidentexten» vor, die die Auferstehung des Königs im Jenseits thematisieren. In Heliopolis wurde Aton unter dem Namen Schu verehrt. Wie van de Walle festgehalten hat, wurde Schus Federkopfschmuck von der Königin und den Prinzessinnen übernommen, die sich damit auf eine uralte Mythologie bezogen. Die Sonnenscheibe, Inkarnation des Gottes Aton, war ein Sinnbild des Lebens in seiner Funktion als Licht. Ihre Strahlen laufen auf den Darstellungen in Händen aus, die das Lebenszeichen *Anch* halten. Diese Symbolik betonte die Wichtigkeit des Gebens und des Opferns. So wurde die traditionelle Philosophie von Heliopolis weitergeführt, die den Schöpfer Atum definierte als den, «Der ist und der nicht ist» und der das, was geschaffen werden sollte, zum Leben erweckte.

Von Heliopolis nach Amarna weist die Entwicklung keinen Bruch auf. Die Grundprinzipien der ägyptischen Kultur blieben unverändert.

Echnaton beschränkte sich nicht darauf, seine Krönung im

«Heliopolis des Südens» vollziehen zu lassen. Er nahm einen sehr ungewöhnlichen Titel an und nannte sich «Erster Prophet des Re-Harachte, der in der Lichtregion jubelt in seinem Namen Schu, der Aton ist». Re-Harachte bewirkte die fortwährende Neuschöpfung des Lebens, Schu war das lebenspendende Sonnenlicht; Aton erschien hier zum erstenmal als synthetisches Konzept, das all diese Aspekte in sich vereinigte.

Diese Lichtgottheit vibrierte und jubelte in der «Lichtregion», unter der das gesamte Universum der Ägypter zu verstehen war. Der Name dieser Schöpfermacht ist auf den Stelen von einer doppelten Kartusche umrahmt, symbolisch für sein himmlisches und sein irdisches Königtum, seine absolute Herrschaft über den Sonnenaufgang und den Sonnenuntergang, über das Erscheinen des Lebens und sein vorübergehendes Verschwinden in der Finsternis.

Amenophis IV. ließ dieser Sonnengottheit, zu deren Hohepriester er sich ernannte, in Karnak bedeutende Monumente errichten. Dies war seine erste Amtshandlung, die einzige, von der heute noch Überreste erhalten sind. Den Texten zufolge waren diese Gebäude beständig wie der Himmel und strahlend wie die Sonnenscheibe.

Nach einer Inschrift in den Steinbrüchen des Gebel Silsileh hatte der König befohlen, die Arbeit von Süden nach Norden voranzutreiben und zahlreiche Arbeiter einzusetzen, um in Karnak den großen *Benben* für Re-Harachte als «Das Leuchten, des in der Scheibe ist» zu erbauen.

Der *Benben* war der Himmelsstein, die erste Anhöhe der Schöpfung, und er bildete das Zentrum des großen Sonnentempels von Heliopolis. Als Bauherr in Karnak orientierte sich Amenophis IV. also am Vorbild jenes uralten Heiligtums. Wie nahe sein erstes architektonisches Werk der Tradition von Heliopolis stand, ob er sinnbildlich für den *Benben*-

Stein einen Obelisken auf einer Basis errichten ließ, wissen wir nicht, denn die Aton-Monumente in Karnak sind zerstört und uns nur in Form kleiner Steinblöcke erhalten, die von späteren Pharaonen abgetragen und in den Pylonen als Füllmaterial verwendet wurden. Durch jeden Obelisken wie auch durch das Pyramidion zelebrierte Ägypten die erneute Geburt des Lichts, die Beständigkeit eines steingewordenen Lichtstrahls, der die göttliche Präsenz auf Erden aufrechterhielt.

Amenophis IV. bekämpfte den Gott Amun nicht. Er führte keine religiöse Fehde gegen die Amunpriester. Doch er verwandelte Karnak in den Tempel des Aton.

Diese Tat war insofern «revolutionär», als sie den göttlichen «Besitzer» eines Tempels auszutauschen schien. Doch tatsächlich wurde Amun nicht aus seinem Haus vertrieben. Er blieb dessen Gebieter, auch wenn zu Beginn der Regierung Amenophis' IV. eine neue Göttergestalt in den Vordergrund der religiösen Bühne trat.

Die Aton-Heiligtümer wurden im Osten von Karnak errichtet, dort, wo die Sonne aufgeht. Ihre Namen sind überliefert. Jeder der vier Tempel trägt eine eigene Benennung: «Die Sonnenscheibe ist gefunden» (*Gem-pa-Aton*); «Das Haus des uranfänglichen Steins (*Hut-benben*), das sich im ‹Die-Sonnenscheibe-ist-gefunden› befindet»; «Standhaft sind die Monumente der Sonnenscheibe in Ewigkeit» (*Rud-menu-n-Aton-r-neheh*), dessen Szenen den König und seinen Hofstaat zeigen, die sich an mit Brot, Wein und Geflügel beladene Opfertische begeben, während Diener dem König und der Sonnenscheibe zujubeln; schließlich noch das Heiligtum namens «Erhöht sind die Monumente der Sonnenscheibe in Ewigkeit» (*Teni-menu-n-Aton-r-neheh*), in dem man Szenen aus dem Palastalltag bewundern konnte. Ausgehend von einem leider lückenhaften Text, schätzt Redford, daß in diesen vier Tempeln etwa sechstausendachthundert Personen tätig waren. Daraus wird deutlich, daß es dem Pharao nicht darum ging, eine kleine, abgeschiedene Kapelle zu Ehren des Gottes Aton zu errichten, sondern daß er innerhalb des riesigen Karnak tatsächlich einen neuen Kult etablieren wollte.

In diesen neuen Tempeln ist zum erstenmal eine Sonnenscheibe dargestellt, deren Strahlen in Händen enden; außerdem wird der Name des Gottes Aton von einer Kartusche umrahmt, jenem Oval, das in Hieroglypheninschriften die Namen der Pharaonen hervorhebt.

Aton wird also zum Götterkönig erhoben und mit dem Pharao selbst identifiziert. Er ist der Herrscher über Himmel und Erde, und sein Symbol ist eine Sonnenscheibe, um die sich eine Schlange ringelt; dieses Reptil trägt das berühmte «Henkelkreuz», das Hieroglyphenzeichen für «Leben», um den Hals. In Ägypten verkörpert die Schlange nicht das Böse; vielmehr ist sie mit der Vorstellung der unaufhörlichen Wandlungen des Lebens verbunden.

Die Szenen, die Echnaton als Illustration für seine Regierungszeit wählte, konnten mit Hilfe der Talatat-Blöcke rekonstruiert werden, jener kleinen Steinblöcke, aus denen die Monumente zusammengesetzt waren. Man sieht darauf etwa den König mit der Blauen Krone auf dem Haupt im Streitwagen umherfahren. Dabei handelt es sich um eine rituelle Handlung, wie es der Text erläutert: «Seine Majestät erscheint im Glanz auf seinem Streitwagen, gleich der Sonnenscheibe mitten am Himmel, erhellend die Zwei Länder.» Die prächtigen Pferde sind mit Federn am Kopfstück herausgeputzt und tragen den heiligen Namen «Von Aton erschaffen».

Auf einem Talatat-Block des zweiten Pylonen bringt der Pharao dem falkenköpfigen Sonnengott ein Pflanzenopfer dar. Der Stil dieser Darstellung weicht hier schon von der traditionellen Ästhetik ab: Gott und König sind gleichermaßen körperbetont und mit aufgetriebenem Bauch gestaltet.

Doch damit noch nicht genug der Seltsamkeiten: Fünf Meter hohe Kolossalstatuen des Pharaos weisen eine seltsame Verformung des Gesichts und einiger Körperpartien auf. Die Gesichtszüge sind langgezogen und aufgeschwemmt. Die Augen sind geschlitzt, die Ohren mit den durchstochenen Ohrläppchen sind überproportional groß, die Nase ist auffallend lang, das Kinn ist kräftig, die Lippen fleischig. Diese Kolossalstatuen waren ursprünglich an die Pfeiler eines der Atontempel in Karnak angelehnt. Amenophis IV. trägt an Handgelenken und Oberarmen Armreifen mit Kartuschen, die die Namen der Gottheit enthalten; in der rechten Hand hält er den Wedel, in der linken das *Heqa*-Zepter. Wie auch die Doppelkrone sind diese Attribute völlig traditionell. Aber nicht nur das Gesicht, sondern auch der Körper des Königs weist überraschende Besonderheiten auf: Brüste, Oberschenkel und Becken sind die einer Frau. Einige dieser Statuen zeigen den Herrscher nackt und ohne Penis.

Offenbar hat Amenophis IV., der hier die Pose des verstorbenen und zum Gott gewordenen Königs angenommen hat, wie Osiris seinen Penis verloren, den die in der Königin verkörperte Isis wiederfinden muß. Theologisch gesehen handelt also Nofretete nach dem Vorbild der Isis und stellt die Zeugungskraft des Königs wieder her. Darum kann die Gottheit in ihrer Gesamtheit nur von einem Paar verkörpert werden.* Der geschlechtslose König ist so ein vollkommenes Symbol dieser göttlichen Einzigartigkeit. Als Mann und Frau

* Nach einer anderen Hypothese wären diese «androgynen» Statuen lediglich unvollendete Werke, auf denen der Bildhauer den Schurz noch nicht angebracht hatte. Doch das ist natürlich keine Erklärung für die weiblichen Attribute, die ohne Zweifel bewußt ausgestaltet sind. Die Betonung der Oberschenkel und die Form des Beckens sind allzu eindeutig.

zugleich stellt er das Einzige Prinzip vor seiner Aufspaltung in zwei Geschlechter dar.

Wie es auch Yoyotte vertritt, sind diese eigenartigen Kolossalstatuen der Ausdruck einer extremen Symbolik, die den König als Abbild des Aton zeigt, also als «Vater und Mutter» der Schöpfung. Sie stellen nicht das Individuum Amenophis IV. dar, sondern einen Gottkönig.

Diese Kolossalstatuen für ein naturgetreues Abbild des Herrschers zu halten wäre nach unserem Verständnis eine absolute Fehlinterpretation. Der König hatte seine Bildhauer angewiesen, eine besondere Ästhetik zu gestalten, die dem neuen Konzept des Aton entsprach, das er in den Mittelpunkt seiner Regierungszeit stellte.

Höchstwahrscheinlich gibt es nur zwei authentische Porträts von Amenophis IV.: Das eine wird im Louvre aufbewahrt und stammt aus der Werkstatt des Bildhauers Thutmosis in El-Amarna; das andere ist im Museum zu Kairo zu sehen. Das erste ist vierundsechzig Zentimeter hoch und gehört zu einer Specksteingruppe. Es zeigt das gelassene Gesicht eines Königs, der seinen Seelenfrieden gefunden hat. Das zweite ist in Kalkstein gehauen und zeigt den Monarchen mit der Blauen Krone auf dem Haupt. Seine innere Sammlung ist mit beeindruckender Intensität wiedergegeben. Neben diesen beiden Werken kann man ohne Zweifel noch eine Gipsmaske anführen, die ebenfalls aus der Werkstatt des Thutmosis stammt.

Bis auf die relativ fleischigen Lippen haben diese Porträts nichts gemeinsam mit den deformierten Gesichtern der Kolossalstatuen von Karnak, die Ausdruck eines neuen theologischen Konzepts waren. Aton, dem zum erstenmal die Verehrung eines Königs zuteil wurde, benötigte auch neue künstlerische Formen.

Das Vorgehen des Königs war stimmig: Ein neuer Gott

hielt in Karnak Einzug, neue Tempel nahmen ihn auf, neue figürliche Darstellungen drückten eine neue Theologie aus, und das Gesamtkonzept schloß die uralten religiösen Traditionen von Heliopolis ein.

So tat Amenophis IV. die ersten Schritte in die « Atonzeit ».

8 Das Jubiläumsfest des Königs und die Rolle der Nofretete

4. und 5. Regierungsjahr

Im vierten Regierungsjahr wurde Mai, der Hohepriester des Amun, von König Amenophis IV. beauftragt, eine Expedition in die Steinbrüche des Wadi Hammamat zu führen. Von dort sollte er einen Steinblock mitbringen, in den eine Königsstatue gehauen werden sollte – höchstwahrscheinlich eine der Darstellungen des Herrschers, die die Theologie des Aton illustrierten.

In diesem vierten Regierungsjahr war der Atonkult bereits hoch entwickelt: neue Tempel, Tausende von Bediensteten, üppig mit Speiseopfern beladene Altäre. Ägyptens Städte erkannten die Oberhoheit Atons an und sandten ihm Edelmetalle, Gewänder, Stoffe, Öl, Wein und Fleisch. Die Tempel entrichteten eine Art heilige Steuer, damit die Verehrung des Gottes, den der Pharao an die Spitze der Götter gesetzt hatte, im heiligen Bezirk von Karnak korrekt vollzogen werden konnte. Diese Abgaben in Form diverser Materialien und Nahrungsmittel waren nicht unbedeutend. Sie drückten aus, daß alle Gottheiten Aton offiziell ihre Huldigung erwiesen.

Dieses Vorgehen war durchaus üblich, und es gab keinerlei Anzeichen für Protest oder Widerstand. Die Amunpriesterschaft erfüllte ihre gewohnten Pflichten wie alle anderen Priesterschaften auch. Die Macht des Königs war uneingeschränkt. Doch es gab eine bedeutende Neuerung: Aton, für den in Karnak eine eigene Liturgie vollzogen wurde, verkörperte sich im Gegensatz zu Göttern wie Anubis, Hathor oder Ptah nicht in einer Statue mit festgelegter Gestalt. Auch die Kolossalstatuen des Königs waren eine symbolische Wiedergabe des Aton.

Es ist oft geschrieben worden, daß Amenophis IV. beschlossen hatte, jedes Abbild des Aton auszumerzen. Das stimmt so jedoch nicht. Zum einen gibt es die erwähnten Kolossalstatuen; zum anderen die beiden «Kartuschen», die den Namen der Gottheit umrahmen; schließlich die Darstellung der Sonne mit ihren Strahlen, die über der Königsfamilie leuchtet und ihr fortwährend die benötigte schöpferische Energie spendet. Wie die anderen, traditionellen Gottheiten, die in ganz Ägypten weiter verehrt wurden, erhielt also auch Aton eine symbolische Gestalt, durch die seine geheime Natur ausgedrückt und übermittelt wurde.

Auch die beiden Kartuschen sind bedeutsam. Aton wurde zum König der Götter, zum Herrscher ohnegleichen, und drückte sein Königtum aus, indem er den Status des Pharaos annahm. Auch hier kam wieder die Sonnentheologie des Alten Reiches zum Tragen, die den Monarchen als einzigen Mittler zwischen dem göttlichen Prinzip und dem ägyptischen Volk verstand.

In seinem vierten Regierungsjahr traf Amenophis IV. eine überraschende Entscheidung: Er wollte sein «Sedfest» feiern, also das magische Ritual zur Erneuerung der königlichen Macht.

Amenophis IV. war noch ein junger Mann und regierte erst seit vier Jahren. Es ist stark zu bezweifeln, daß er bereits unter körperlicher oder geistiger Erschöpfung litt, die ihn dazu zwang, dieses außergewöhnliche Ritual zu vollziehen. Wir glauben eher, daß Amenophis IV. die nächsten Etappen seiner religiösen Reform bereits geplant hatte und einen «Zuschuß» an magischer Kraft benötigte, eine Steigerung seiner schöpferischen Tatkraft. Das Werk, das er im Sinn hatte, verlangte diese metaphysische «Aufladung» seiner Seele durch die Gemeinschaft aller Götter und Göttinnen.

Das gesamte Pantheon wurde also nach Theben geladen. Jede Gottheit verfügte über eine eigene Kapelle, die über eine Treppe zugänglich war. Der König schritt die Stufen empor und brachte jedem der göttlichen Gäste seine Huldigung dar, um von ihnen die Lebenskraft zu erhalten, deren Hüter sie waren.

Wir wissen, wo dieses Jubiläumsfest stattgefunden hat: im Tempel «Aton ist gefunden» im Osten von Karnak. Das rechteckige Gebäude von etwa 130 mal 200 Metern war auf den Sonnenaufgang ausgerichtet. In einem von einem Säulengang umgebenen Hof unter freiem Himmel waren jeweils einander gegenüber Kolossalstatuen des Königs postiert, die abwechselnd die traditionelle Doppelkrone und die beiden hohen Federn des Schu trugen, Symbol der leuchtenden Luft, die es dem Leben ermöglichte, im Universum zu zirkulieren. Wie bereits erläutert, stellten diese Statuen höchstwahrscheinlich den androgynen König dar, der den Vater-Mutter-Aspekt des Aton verkörperte.

Wie auch die anderen Aton-Bauten in Karnak wurde dieser Tempel später von Echnatons Nachfolgern in kleine Steinblöcke zerlegt, die dann in den Pylonen von Karnak als Füllmaterial verwendet wurden. Viele dieser Blöcke zeigen Szenen des «Sedfestes». Daraus kann man schließen, daß die Verjüngung des Königs und die Steigerung seiner Zeugungskraft dort stattgefunden haben; die Rituale standen unter der Herrschaft des Aton, der als der lebendige Gott definiert war, als der große Gott, als der, dem das «Sedfest» angehörte, als Herrscher über Himmel und Erde.

Das «Sedfest» war eine theologische Bestätigung der Krönung. Es bekräftigte die Allmacht des Pharaos. In seiner symbolischen Person konzentrierte sich die Macht sämtlicher Gottheiten.

Außerdem betonte dieses Ritual den heiligen Charakter und die Bedeutung des Königspaares. Die Talatat-Blöcke, die im neunten Pylon von Karnak gefunden wurden, belegen, daß Nofretete und Echnaton bei diesem Fest, dessen Wurzeln bis in die erste Dynastie zurückreichen, die zentrale Rolle spielten. Echnaton verkörperte den Gott Re, Nofretete die Göttin Hathor. Bei der Vereinigung von Re und Hathor erfuhr der Sonnengott eine himmlische Verschmelzung mit der Göttin des Universums, deren Aufgabe es war, die Schöpfung zu enthüllen und ihr Schönheit zu verleihen.

Die Wände dieses Atontempels zeigten mehrere Abbildungen, auf denen König und Königin sich ihre zärtliche Zuneigung bekunden: der Gedanke der Vermählung, der unverbrüchlichen Liebe, die König und Königin vereinte, wurde so betont. Gerade durch das Königspaar wurde ja das göttliche Leben der gesamten Menschheit übermittelt.

Diese Symbolik war nicht neu, doch die Art ihrer Darstellung belegt die Vorliebe des Herrscherpaares für einen größeren Realismus als zuvor üblich. So wird etwa auf einem Talatat-Block das Ehebett gezeigt, das die Strahlen der göttlichen Sonne empfängt. Daneben umarmen sich Amenophis IV. und Nofretete. Der körperliche Liebesakt, gestaltet mit der in der ägyptischen Kunst üblichen Würde, erhält hier heiligen Charakter, weil er vom Königspaar vollzogen wird, das in den Rang einer göttlichen Wesenheit emporgehoben war. Von der Sonne erleuchtet wird übrigens das leere Bett, nicht der fleischliche Aspekt der Darstellung.

Durch das «Sedfest» wuchs dem Herrscherpaar neue Macht zu. «Ausgerüstet» mit der göttlichen Magie, war es nun bereit, zu neuen Taten zu schreiten.

Anläßlich des geschilderten wichtigen Ereignisses in Echnatons viertem Regierungsjahr trat Nofretete zum erstenmal in Erscheinung. Das war mit Sicherheit kein Zufall. Viele assoziieren mit der Amarnazeit vor allem Nofretetes zauberhaftes Lächeln, das durch ihre in Berlin und in Kairo aufbewahrten Büsten weltbekannt geworden ist. Bei allen wichtigen Anlässen hatte der König die Gemahlin an seiner Seite. In den letzten Jahren hat die ägyptologische Forschung die zentrale Rolle dieser Königin aufgedeckt, die vordem bei aller Berühmtheit noch immer über Gebühr im Hintergrund der Geschichte stand.

Nofretete war weitaus mehr als nur Gemahlin und Mutter. Zahlreiche Hinweise lassen den Schluß zu, daß die Königin neben ihrem Gatten der wichtigste «denkende Kopf» der religiösen Reform war und aktiv an der Einführung des Atonkultes mitwirkte.

Wie Hatschepsut und Teje gehört auch Nofretete in jene Reihe außergewöhnlicher Königinnen, die ihre Epoche entscheidend mitgeprägt haben. Sie nahm Einfluß auf den Lauf der Dinge, übte Macht aus und erfüllte ihren «Beruf» als Königin mit beispielhaftem Einsatz.

Nofretetes religiöses Engagement steht außer Zweifel. Sie hielt sich aus der Reform, die ihr Gatte beschloß, nicht heraus, im Gegenteil: Möglicherweise war sie sogar seine Inspiration. Bis zu ihrem Tod sollte man sie bei allen offiziellen Zeremonien zu Ehren des Aton an der Seite des Königs sehen. Als Hohepriesterin des Kultes erfüllte sie täglich ihre religiösen Pflichten.

Texte und zahlreiche Darstellungen betonen die geistige Verbundenheit von König und Königin. War das nur Hofetikette oder ein Zeugnis tiefer Liebe? Die Vermählung zwischen Nofretete und dem Prinzen Amenophis IV. wurde ohne Zweifel auf höchstem Staatsniveau beschlossen. Sie wirkte jedoch ebenso wenig konventionell wie jene zwischen Amenophis III. und Teje, denn eigentlich hätte der künftige König das Ehebündnis mit der Kronprinzessin Sit-Amun schließen müssen. Hatte also die Liebe von Anfang an die entscheidende Rolle gespielt? Fest steht, daß zwischen diesen beiden Menschen tatsächlich ein tiefes Gefühl entstand. Die Künstler von El-Amarna gaben das Glück des Herrscherpaares, dessen Lebensfreude sich auf ein heiliges Ideal gründete, sehr ausdrucksvoll wieder. Seine Liebe war untrennbar mit der Verehrung des Sonnengottes und dem Wissen um sein Strahlen verbunden.

Nofretetes Name bedeutet «Die Schöne ist gekommen», und er nährte lange Zeit die Vermutung, die Königin sei fremdländischer Herkunft.

Man glaubte, die Wahrheit aus einem diplomatischen Ereignis ableiten zu können: Amenophis III. beobachtete die wachsende Macht der Hethiter und sah voraus, daß Ägypten bald bedroht sein würde. Um seine traditionellen Bündnisse zu festigen, sandte er einen Boten nach Mitanni und bat König Tuschratta um die Hand seiner Tochter. Solche diplomatischen Verbindungen waren im alten Orient durchaus üblich, sie kamen einem Pakt zwischen den betroffenen Ländern gleich. Ein gutes Verhältnis zum Land Mitanni war für Ägypten äußerst wichtig.

Tuschratta antwortete wohlwollend auf das Ansuchen des Pharaos und schickte ihm die Prinzessin Taduchepa, die den Hof des Gebieters der Zwei Länder ohne Zwischenfälle erreichte.

Dann verstummen die Quellen. Die fremdländische Prinzessin verschwindet aus den Aufzeichnungen. Einige Ägyptologen sind der Meinung, sie habe einen anderen Namen angenommen: Nofretete. Statt Amenophis III. zu ehelichen, habe sie sich mit dessen Sohn Amenophis IV. vermählt.

Überdies könnte man Nofretetes religiösen Eifer in bezug auf den Atonkult besser erklären, wenn man eine asiatische Herkunft der Königin voraussetzt. Nimmt man an, daß der Gott Aton ebenfalls aus Asien stammte, leuchtet ein, daß Nofretete letztlich für ihre eigene Sache eintrat.

Diese These ist unseres Erachtens jedoch unhaltbar. Es ist sehr unwahrscheinlich, daß Nofretete mit der Asiatin Taduchepa identisch war.

Betrachten wir zunächst Nofretetes Namen. Der Name «Die Schöne ist gekommen» ist seiner Konstruktion nach durch und durch ägyptisch. Fremdländische Prinzessinnen, die nach Ägypten kamen – und das geschah häufig –, behielten gewöhnlich ihren ursprünglichen Namen bei oder nahmen einen «ägyptianisierten» Namen an, der ihre fremdländische Herkunft noch erkennen ließ. Bei Nofretete dagegen handelte es sich um einen traditionell ägyptischen Namen. Damit beweist er eher, daß Nofretete nicht die fremdländische Prinzessin Taduchepa gewesen sein kann.

Auch das Argument, das sich auf Nofretetes erstaunlichen religiösen «Fanatismus» bezieht, ist kaum ernst zu nehmen. Es basiert auf der unzutreffenden Annahme, Aton sei asiatischer Herkunft. In Wirklichkeit wurde er jedoch nicht eingeführt, sondern gehört der ägyptischen Religionstradition an. Nach dem derzeitigen Stand der Forschungen gibt es also keinen eindeutigen Hinweis darauf, daß Nofretete mit der jungen Mitanni-Prinzessin gleichzusetzen ist, die an den Hof Amenophis' III. gesandt wurde. Bleibt noch die Frage nach der Familie von Nofretete, der Ägypterin.

Nach der ersten These wäre Nofretete schlicht und einfach die Tochter des Pharaos Amenophis III. und der Königin

Teje oder des Pharaos und einer seiner Nebenfrauen. Amenophis IV. und Nofretete wären dann Geschwister.

Doch ein ernstzunehmender Einwand läßt uns diese Annahme verwerfen: Nirgends trägt Nofretete den Titel «Tochter des Pharaos», der ihr in diesem Fall zugestanden hätte.

Eine andere, wahrscheinlichere Hypothese geht davon aus, daß Nofretete die Tochter einer bedeutenden Persönlichkeit bei Hofe war. Welcher hohe Würdenträger war der Vater von «Die Schöne ist gekommen»? Vermutlich müssen wir unser Augenmerk auf einen wichtigen Mann richten, den «Gottesvater» Aja. Der Vertraute von Amenophis III. gehörte auch zum engsten Kreis um Echnaton und spielte vor, während und nach der Amarnazeit eine herausragende Rolle. Aja ist ein Paradebeispiel für die «Beständigkeit im Sturm». Er war Aufseher der Streitwagen und Schreiber des Königs. Sein ungewöhnlicher Titel «Gottesvater» könnte neben seiner symbolischen Bedeutung auch darauf hinweisen, daß er der Schwiegervater des Pharaos war.

Ein Detail bleibt jedoch auch hier störend: Die Gemahlin des Aja, deren Name Tuju ist, wird nie eindeutig als Nofretetes Mutter bezeichnet; vielmehr läßt alles darauf schließen, daß sie Nofretetes Amme war.

Um diese Unstimmigkeit zu erklären, müßte man annehmen, daß Nofretetes Mutter, Ajas erste Gemahlin, kurz nach der Geburt des Kindes verstarb und daraufhin Tuju mit der Erziehung des Mädchens betraut wurde. Die Texte betonen geradezu, daß Tuju nicht Nofretetes leibliche Mutter war.

Obgleich uns diese Hypothese plausibel erscheint, vor allem aufgrund der herausragenden Persönlichkeit des Aja, der eine der Schlüsselgestalten dieser Epoche war, müssen wir doch einräumen, daß endgültige Beweise fehlen.

Nofretetes Name hat eine präzise theologische Bedeutung. «Die Schöne» war keine Geringere als die Göttin Hathor, die aus den fernen Regionen «gekommen» war, in denen sie Zuflucht gesucht hatte. Damit Liebe und Harmonie wieder in Ägypten herrschten, mußte der Pharao diese ferne Göttin durch bestimmte Rituale zur Rückkehr bewegen. Wie Claude Traunecker richtig bemerkt, ist «Die Schöne ist gekommen» ein «theologischer Name, den die Königsgemahlin anläßlich des thebanischen Sedfestes erhält», also anläßlich der magischen Regeneration des Königsprinzips.

Nur zufällig sind einige Porträts der Nofretete erhalten. Den Fund der wohl berühmtesten Büste der Königin schildert der französische Ägyptologe Pierre Montet in folgenden Worten: «Als die Grabungsstätte Tell-el-Amarna gegen Sommeranfang des Jahres 1914 vorläufig geschlossen wurde, wurden die Fundstücke und ihr Verzeichnis einem Repräsentanten des Ägyptischen Altertumsdienstes vorgelegt, der begann, die Stücke gerecht aufzuteilen. Zum deutschen Anteil gehörte ein Gipsblock von eher geringem Interesse, der sich in Berlin wundersamerweise in den Kopf einer Königin verwandelte, die eine hohe, kegelförmige Kopfbedeckung trug.* Das Stück war vollendet erhalten und erwies sich als das reizvollste, ja womöglich überhaupt das schönste Stück, das je aus ägyptischem Boden geborgen wurde. Es ist Nefert-ity, die Gemahlin des Echnaton …»

Jeder kennt ihr schönes Gesicht, dessen feine Züge heitere Gelassenheit ausstrahlen. Mit dieser Büste hat eine große Königin Ägyptens tatsächlich Unsterblichkeit erlangt. Was uns wie ein Meisterwerk erscheint, war jedoch nur das Modell

* Zur Zuschreibung dieser Büste an den Bildhauer Thutmosis siehe die Diskussion in: R. Krauss, «Jahrbuch Preussischer Kulturbesitz», Berlin 20, 1983, S. 119–132.

eines Bildhauers, eine unvollendete Arbeit. Nur ein Auge war eingefügt worden. Derartige Arbeitsstücke dienten dem Bildhauermeister als Vorlage, bevor er das endgültige Werk ausführte.

Der im Museum zu Kairo aufbewahrte Kopf der Nofretete ist nicht weniger schön. Er wurde von dem Engländer Pendlebury bei den Ausgrabungen von 1932–1933 in El-Amarna gefunden. Er trägt keine Inschrift, die es gestatten würde, die Königin einwandfrei zu identifizieren. Der Vergleich mit anderen Werken macht die Zuweisung jedoch sehr wahrscheinlich. Dieser Kopf mit seinem wunderbaren Profil und den nicht eingesetzten Augen sollte einer Statue aufgesetzt werden. Der Gesichtsausdruck ist geradezu meditativ. Über die Schönheit hinaus vermittelt er ein vollendetes und getreues Abbild einer gläubigen Atonverehrerin, die im Herzen des himmlischen Lichtes lebte.

Der lange Hals, die gerade und schmale Nase, volle Lippen, ein zierliches Kinn: Nofretete, «Die Schöne», war tatsächlich eine schöne Frau. Diese Porträts zeigen übrigens keine jener vielzitierten «Deformationen» des Amarnastils, die sie auf anderen Darstellungen ebenso wie ihr Gatte aufweist.

Auf einem Relief des offiziellen Grabes des «Gottesvaters» Aja in Amarna sieht man den König, die Königin und drei ihrer Töchter bei der Verleihung von Goldketten. Das Kinn des Pharaos ist übertrieben spitz, doch Nofretete ist vollkommen «klassisch» dargestellt. Ihr Gesicht ist von absoluter Reinheit. Daraus kann man folgern, daß Echnaton für seine Regierungszeit mehrere ästhetische Kanons nebeneinander existieren ließ, und es wäre voreilig, nur den auffälligsten und ungewöhnlichsten gelten zu lassen.

Auf den Reliefs in Karnak trägt Nofretete oft die sogenannte «spitze nubische Perücke», die aus bis zu fünf Schichten von Zöpfen oder Locken besteht.* Ihre Stirn ziert eine doppelte Uräusschlange, sinnbildlich für ihre Herrschaft über die Zwei Länder. Auf einem Architrav, der im neunten Pylon von Karnak gefunden wurde und aus dem Tempel «Aton ist gefunden» stammt, ist zu lesen:

> «Die mit den reinen Händen, die große Gemahlin des Königs, die ihn liebt, Herrin des Doppelten Landes, Nofretete, sie lebe! Geliebt von der großen und lebendigen Sonnenscheibe, die in Freude ist, sie, die im Tempel der Sonnenscheibe im Heliopolis des Südens wohnt.»

In diesem heiligen Gebäude, das Aton zu seiner Wohnstatt genommen hatte, vollzog Nofretete selbst die Riten.

Doch damit noch nicht genug. Mit Hilfe der Talatat-Blöcke konnte ein regelrechter «Säulengang der Nofretete» rekonstruiert werden sowie monumentale Tore, auf denen die Königin dem Sonnengott huldigt, der in Gestalt einer Scheibe dargestellt wurde, von der in Händen endende Strahlen ausgehen. Eine dieser Hände hält der Königin das Henkelkreuz *Anch*, das Hieroglyphenzeichen für «Leben», vor das Gesicht. Die Königin bewegt zwei Sistren über einem Opfertisch.

Auf dieser Darstellung vollzieht Nofretete den wichtigen Akt des Emporhebens der Opfergabe zur göttlichen Sonne alleine. Ihr Gemahl, König Amenophis IV., ist dabei nicht anwesend. Sie trägt den Titel *Nefer-Neferu-Aton*, «Vollkommen ist die Vollkommenheit des Aton», als verkörpere ihre symbolische Person die höchste Realität des Gottes.

Nimmt man alle bekannten Talatat-Blöcke zusammen, so erscheint Nofretete darauf etwa doppelt so häufig wie Ame-

* Zu dieser Haartracht siehe E. K. Werner, «Acta Orientalia» 48, S. 324–331.

nophis IV. Ein Block aus Hermopolis, der im «Museum of Fine Arts» in Boston zu sehen ist, enthüllt ein bemerkenswertes Detail. Er zeigt ein Staatsschiff der Nofretete, also eines jener großen Schiffe, die in den Königsriten Verwendung fanden. Nofretete trägt eine Krone und schwingt mit der einen Hand eine Keule, um den Gegner zu erschlagen, den sie mit der anderen Hand an den Haaren gepackt hält. Diese klassische Szene der ägyptischen Kunst ist normalerweise ausschließlich dem König vorbehalten, niemals sieht man die Königin in dieser kriegerischen Pose!

In dieser rituellen Szene wird Nofretete also offenbar als männlicher Pharao dargestellt. Genauer: Sie wird mit dem zugleich männlichen und weiblichen König gleichgesetzt, der durch das «Feinderschlagen» alle chaotischen und finsteren Kräfte bezwingt, damit das Licht des Gottes Ägypten erhalten bleibt. Die symbolische Keule, die der Pharao schwingt, heißt dementsprechend auch die «Erleuchterin», und ihr Ziel ist es, weniger zu zerstören als vielmehr zu läutern.

Der gleiche rituelle Akt ist auch auf einem Block in Karnak zu sehen. Nofretete erschlägt hier mit ihrer Keule weibliche «Gefangene», die vor ihr knien. Auch hier geht es darum, durch Freisetzung positiver Energien das Licht über die Finsternis siegen zu lassen.

J. H. Harris sieht in den Kolossalstatuen von Karnak, denen das männliche Geschlechtsteil fehlt, eine Darstellung der Nofretete. Als Begründung führt er ihren außergewöhnlichen Königsstatus in Karnak ins Feld.* Seines Erachtens symbolisieren König und Königin das uranfängliche Paar, das am Beginn aller Schöpfung stand, wobei der König den Gott Schu und die Königin die Göttin Tefnut verkörpert.

Die Existenz einer «kolossalen Nofretete» ist umstritten.

* In «Acta Orientalia» 38, 1977, S. 5–10.

Die Hypothese an sich ist nicht unwahrscheinlich, wenn man davon ausgeht, daß Nofretete zu diesem Zeitpunkt bereits als Gottkönig betrachtet wurde. Unabhängig davon, ob diese gigantischen und geschlechtslosen Statuen Amenophis IV. oder Nofretete darstellen, sind sie eine Sichtbarmachung der Aton-Theologie und ihrer Betonung des uranfänglichen Charakters des Sonnengottes als Vater-und-Mutter aller Wesen.

Echnaton ließ in Karnak eine Allee errichten, die von Sphingen gesäumt war, die zur Hälfte die Gesichtszüge von Amenophis IV. trugen, zur anderen Hälfte die von Nofretete. Auch das betont wiederum die Wichtigkeit des Paares: König und Königin ergänzten einander bei der Ausübung der ihnen von Aton verliehenen heiligen Macht und waren untrennbar miteinander verbunden.

Möglicherweise lassen diese Indizien darauf schließen, daß Nofretete keine gewöhnliche Königin war, sondern sich wie ein authentischer Pharao verhielt und die traditionellen Vorrechte eines regierenden Herrschers genoß. Auf den Darstellungen lenkt Nofretete einen Streitwagen, empfängt die Sonnenstrahlen, trägt das Zepter, das die Macht der höchsten Befehlsinstanz symbolisiert, weiht die Opfergaben. Sie wurde als «göttlich» bezeichnet und trat allein vor den Altar des Aton, sie unterhielt also eine direkte theologische Beziehung zu dem Gott und war nicht auf die Anwesenheit ihres Gemahls angewiesen. Auf den «Pfeilern der Nofretete» ist die sistrenspielende Königin benannt als «Jene, die Aton fand», mit anderen Worten, als exaktes Äquivalent des Echnaton.

Einige Ägyptologen halten Nofretete für eine echte Pharaonenkönigin, vergleichbar mit Hatschepsut. Diese Hypothese basiert zwar auf unbestreitbaren Tatsachen, darüber darf aber nicht vergessen werden, daß Nofretete nicht allein regierte. Amenophis IV. war stets an ihrer Seite. Es ist jedoch eindeutig, daß die Königin innerhalb des Paares eine bedeutende und umfangreiche Funktion innehatte. Nofretete war ein wichtiger Bestandteil des Wesens des Pharaos.

9 Die neue Hauptstadt

4. Regierungsjahr

In seinem vierten Regierungsjahr suchte Amenophis IV. bei einer seiner Reisen eine wüstenhafte Stätte in Mittelägypten auf, das künftige El-Amarna. Es ist schwer vorstellbar, daß er spontan von diesem Ort bezaubert gewesen war. Der König kannte sein Land ausgezeichnet, und sicher hatte er seine Wahl bei früheren Reisen oder beim Studium des Flurbuches bereits getroffen.

Karnak wurde für Aton zu eng. Dort mußte der Sonnengott mit Amun und anderen Gottheiten zusammenleben. Wenn eine göttliche Macht zur Staatsgottheit erhoben wurde, war es üblich, ihr eine eigene heilige Stadt zuzuordnen, die der neuen Funktion angemessen war. Dasselbe sollte auch für Aton gelten. Nachdem der König ihm zunächst in Karnak Tempel erbaut hatte, hielt er nun die Zeit für gekommen, eine von jedem Fremdeinfluß unberührte Stätte zu erschaffen, die ganz und gar Aton geweiht sein würde.

Echnaton traf seine Wahl nicht zufällig. Die künftige Atonstadt sollte etwa auf halber Strecke zwischen Theben und Memphis liegen. Sie würde ein Mittelding sein zwischen der großen Stadt des Südens, die den Glanz des Neuen Reiches verkörperte, und der großen Stadt des Nordens, Symbol für den Ruhm des Alten Reiches. Die neue Hauptstadt Ägyptens sollte eine Synthese sein, eine Offenbarung, die über die vorherigen hinauswachsen würde, indem sie diese in sich vereinte.

Am Ostufer, gegenüber der Atonstadt, lag Hermopolis, die alte heilige Stadt des Gottes Thot, des Gebieters über die Hieroglyphen, die Götterworte. Thot, Schutzherr der Schreiber und Verwahrer des heiligen Wissens, war auch ein Mondgott und damit der Wesir und Schreiber der Sonne. Diesseits und jenseits des Flusses bildeten die Sonnen- und die Mondstadt symbolisch die Einheit des Kosmos nach, dessen Licht durch die beiden Gestirne die Erde erreicht. Der Mond war für die Ägypter nichts anderes als die «Sonne der Nacht».

Sonne und Mond waren auch die beiden Augen des Schöpfers, dessen Blick die Welt allmorgendlich neu entstehen ließ. Des Pharaos Ortswahl hatte also metaphysische und symbolische Gründe.

Im vierten Regierungsjahr stattete Amenophis IV. dem Ort, an dem die künftige Hauptstadt entstehen sollte, seinen ersten offiziellen Besuch ab. Er erklärte, daß dort Gräber für die königliche Familie angelegt werden sollten, ebenso für den heiligen Stier von Heliopolis und die Priester des Gottes Aton. Durch diese Maßnahmen verknüpfte der König seine Reform unmittelbar mit den ältesten Religionsformen Ägyptens. Fortan sollte die Verehrung des Sonnengottes den zentralen religiösen Wert seiner Regierungszeit ausmachen.

Aus alledem ist ersichtlich, daß Amenophis IV. mit der Gründung einer neuen Hauptstadt keinen unerwarteten und einschneidenden revolutionären Akt vollzog. Er traf seine Wahl umsichtig, er kündigte sie vorher an, er unternahm vermutlich mehrere Reisen zur gewählten Stätte, bevor er mit der Planung der Bauarbeiten begann. Die weitverbreitete Vorstellung, Amenophis IV. sei ein mystischer Pharao gewesen, der sich einsam und allein feindlichen Amtsträgern und einem mißtrauischen Volk entgegengestellt hätte, ist absurd: Zum einen wäre unter solchen Bedingungen der Bau der heiligen Stadt unmöglich gewesen, zum anderen ist eine derartige Gestalt im Kontext des alten Ägypten mehr als unwahrscheinlich.

Amenophis IV. war König. Die großen Staatsorgane gehorchten ihm. Daß ein König eine neue Hauptstadt erbaute, war nicht außergewöhnlich. Dergleichen war in der Vergangenheit schon mehrfach vorgekommen.

Die Gründung und Gestaltung der Atonstadt wurde also zur zentralen Angelegenheit der Regierungszeit. Sie erforderte eine Veränderung der Wirtschaftspolitik. Wahrscheinlich beendete Amenophis IV. die ständigen Restaurierungsarbeiten an den Bauten von Karnak. Architekten, Bildhauer, Graveure und Zeichner mußten ihre Anstrengungen nun in die Gestaltung einer ganzen Stadt investieren. Das gleiche galt für die Mannschaften spezialisierter Arbeiter.

Ein großer Teil der ursprünglich für Theben bestimmten Einkünfte wurde nun für die neue Hauptstadt verwendet. Der Hof, die Verwaltung, die hohen Beamten, die lebenswichtigen Staatsorgane mußten sich an den Gedanken eines Umzugs gewöhnen.

Aus den erhaltenen Dokumenten erfahren wir, daß der König bei seinem ersten Aufenthalt in El-Amarna unter einem großen Zelt residierte. Sicher wollte er den Beginn der großen Bauarbeiten und die Aktivität der Baumeister persönlich überwachen.

Während des gesamten fünften Regierungsjahres entfaltete sich eine intensive Bautätigkeit. Achetaton, «Lichtort des Aton», begann zu entstehen. Stein für Stein wuchsen Tempel, Paläste und Wohnhäuser.

Unermüdlich reiste der König zwischen Theben und Achetaton hin und her. Der Nil war ein bequemer Verkehrsweg, der eine schnelle Fortbewegung ermöglichte. Vermutlich fand in Theben eine Ratsversammlung nach der anderen statt. Binnen weniger Monate informierte der König die verschiedenen Staatsorgane über seine Entscheidungen. Der wirtschaftliche Transfer erforderte im relativ strengen Rahmen der ägyptischen Verwaltung beträchtlichen Aufwand.

Wahrscheinlich war das auch einer der Gründe dafür, daß Amenophis IV. in seinem fünften Regierungsjahr besonderen Wert darauf legte, als jener bezeichnet zu werden, «Der von der *Maat* lebt». Der König betonte seine Verbindung zu dieser Gottheit immer wieder. Im berühmten, herrlichen Grab des thebanischen Wesirs Ramose, der mit dem König nach Amarna ziehen sollte, ist Amenophis IV. unter einem Baldachin sitzend dargestellt. Hinter ihm steht die Göttin *Maat*, die ihn magnetisiert und ihm Millionen Lebensjahre verleiht.

Maat war die Gebieterin über die Bruderschaft der Götter. Wer ihren Schutz genoß, genoß den Schutz aller Götter. Sie war die Tochter des Re, des göttlichen Lichts, dessen unsterbliche Essenz sie übermittelte. Sie war auch die unumstößliche Regel des Universums, das Ideal der Weisen, die Wahrheit und Gerechtigkeit, die kein Makel jemals besudeln konnte.

Wie jeder Pharao hatte Amenophis IV. bei all seinen Handlungen die Pflicht, *Maat* zu achten und sie zum Leben zu erwecken. Andernfalls würde die gesamte Kultur seines Volkes in Gefahr geraten. Wenn *Maat* nicht mehr über Ägypten herrschte, wäre das Land zum Niedergang verdammt. *Maat* war die ewige Ordnung der Dinge.

Der Beiname «Der von der *Maat* lebt» war normalerweise den Göttern vorbehalten; zeigte Echnaton, indem er ihn für sich beanspruchte, eine Tendenz zum Größenwahn? Keineswegs, denn indem er seinen Status als Gottkönig betonte, bezog er sich einmal mehr auf die Tradition des Alten Reiches und verdeutlichte das überzeitliche Wesen des Pharaos.

Daß Amenophis IV. seine Verbindung zur *Maat* so stark in den Vordergrund stellte, ist vielleicht mit dem Ausmaß der geplanten Reform zu begründen. Er wollte ganz klar ausdrücken, daß er sich der Ordnung der Dinge und der ewigen Regel unterstellte und daß seine Reform nicht der Unordnung entsprang.

Dieser Punkt war in den Augen eines Ägypters von grundlegender Wichtigkeit. Wenn der Pharao sich von der *Maat* entfernte, wenn er Unordnung hervorbrachte, ging er seinem sicheren Scheitern entgegen. Der Bau der Sonnenstadt stand ebenso unter dem Schutz der *Maat* wie der König selbst.

Nun war alles für den nächsten, entscheidenden Schritt bereit, mit dem der König den Weg, den er einschlagen wollte, unumkehrbar machte.

Am neunzehnten Tag des dritten Monats der Jahreszeit *Peret* wurde der Name «Amenophis IV.» zum letztenmal auf ein Monument gemeißelt.

10 Die Verwandlung des Amenophis IV. und der Bau der Sonnenstadt

6. Regierungsjahr

Bis zu seinem sechsten Regierungsjahr trug der Nachfolger von Amenophis III. den Namen Amenophis* IV. Das ist die griechische Version des ägyptischen Namens «Amunhotep», der bedeutete «Amun ist zufrieden» oder genauer «Das verborgene Prinzip ist in Fülle». Mit diesem Namen huldigte die Ahnenreihe der Amenophis ausdrücklich dem Reichsgott und Herrn über Karnak.

In seinem sechsten Regierungsjahr traf Amenophis IV. eine Entscheidung, die von vielen Ägyptologen als revolutionär betrachtet wurde: Er änderte seinen Namen. Er gab den Namen Amenophis auf, um sich in Echnaton zu verwandeln.

Hier wurde auf magische Weise ein neues Wesen geboren, ohne daß eine neue Regierungszeit anbrach. Echnaton war derselbe Pharao wie Amenophis IV., denn die Regierungsjahre wurden fortlaufend weitergezählt, statt beim «Jahr eins» neu zu beginnen. Echnaton löschte Amenophis IV. also nicht aus. Er ließ auch Darstellungen von sich selbst fortbestehen, auf denen er den alten Namen trug. Nun ging es ihm aber darum, einen Regierungsnamen zu enthüllen, der mit

* Wir erinnern daran, daß es sich bei der Transkription «Amenophis» eigentlich um einen Fehler handelt. Die korrekte Lesart ist Amenhotep. Für die Zukunft sollte sie grundsätzlich übernommen werden.

seiner religiösen Reform in Einklang stand. Dem neuen Königsnamen entsprach die religiöse Neuausrichtung seiner Regierung.

Für die alten Ägypter war der Name ein unsterblicher Teil des Wesens. Er lebte auch nach dem körperlichen Verlöschen seines Trägers weiter und barg eine spirituelle Energie, die gepflegt werden mußte, damit der Auferstandene auf den «schönen Wegen des Jenseits» seine Identität bewahren konnte. Eine der schwersten Strafen vor Gericht war die Änderung des Namens des Schuldigen oder, schlimmer noch, die Tilgung des Namens, die einer Vernichtung des Menschen gleichkam.

Indem der König sich in Echnaton verwandelte, verkündete er seine Bindung an den Gott Aton und ernannte ihn explizit zum Gebieter über seine Regierungszeit. Dabei verzichtete der Pharao jedoch nicht auf die traditionelle Titulatur der ägyptischen Herrscher, die aus fünf symbolischen Namen bestand. Die kompletten Titel des Echnaton kennen wir aus den Texten der Grenzstelen:

> «Lebender Horus: Starker Stier, geliebt von Aton.
> Die Beiden Herrinnen*: Groß an Königtum in Achetaton.
> Goldhorus: Der den Namen des Aton erhebt.
> König von Ober- und Unterägypten: Der von der *Maat* lebt, der Herr der Zwei Länder, Nefercheperure, Einziger des Re.
> Sohn des Re: Der von der *Maat* lebt, Herr der Kronen, Echnaton mit der großen Lebensdauer, dem das Leben in Ewigkeit gegeben ist.»

* Die zwei Göttinnen, die für Ober- und Unterägypten stehen.

Es fällt auf, daß zwei Gottheiten neben Aton vertreten sind: Horus, der falkenköpfige Gott, symbolische Inkarnation des Königtums seit der ersten Dynastie, und Re, als dessen «Einziger» Echnaton sich bezeichnet. Das bedeutet, daß er aufgrund seiner Funktion als Pharao das einzige Wesen war, das das göttliche Licht übermitteln konnte.

Der erste Name, in dem sich die religiöse Reform angekündigt hatte, vereinte den Falkengott Harachte mit Re: «Es lebe Re-Harachte, der in der Lichtregion jubelt in seinem Namen als Licht, das Aton angehört.» Zwei andere Benennungen vervollständigen die symbolische Person des Königs: «Es lebe Re, der zur Lichtregion gehört, der jubelt in der Lichtregion, Re, der in der Scheibe gekommen ist» und: «Mit einer vollendeten Erscheinung wie Re*, einziger [Sohn] des Re».

Allein diese Namen bilden bereits ein kleines Handbuch der Sonnentheologie.

Was aber bedeutete der neue Name «Echnaton»? Er wurde oft übersetzt mit «Dem Aton gefällig», «Der dem Aton angenehm ist», doch diese Deutungen wirken ein wenig oberflächlich. Der englische Ägyptologe Cyril Aldred kommt unseres Erachtens der Wahrheit näher, wenn er Echnaton übersetzt als «Wirkender Geist des Aton». Echnaton wäre also der «Kanal des Bewußtseins» gewesen, durch den das Licht des Aton strömte.

Den Anfang des Namens Echnaton bildet das Wort *Ech*, das in der Sprache und im Denken der alten Ägypter eine Sonderstellung einnahm. Es implizierte die Idee einer Erfüllung des Wesens im Licht. Der Eingeweihte, der die schrek-

* Dieser Ausdruck kann auch übersetzt werden als «Vollkommen sind die Verwandlungen des Re».

kenerregenden Prüfungen der Totenwelt bestanden hatte, verwandelte sich in ein Lichtwesen, dessen Strahlen all jenen wohltaten, die dem gleichen Weg folgten. So war der König Echnaton kraft seines Namens jener, der den Gott Aton erstrahlen ließ.

Außerdem umfaßte *Ech* auch den Aspekt der «Nützlichkeit». Die Religionsphilosophie des alten Ägypten kannte keine Trennung der Begriffe «spirituelles Licht» und «Wirksamkeit» oder «Nützlichkeit». Körperlose Spiritualität war nur Illusion. Eine strahlende Spiritualität war zwingend auch «nützlich» und «wirksam», denn sie verlieh Leben und nährte alle Wesen mit dem Wesentlichen.

Kontinuität und nicht Verleugnung: das charakterisierte die Namensänderung des Königs. Dieser Punkt ist häufig mißverstanden worden. Die Statue Kairo Nr. 6015, die im Atontempel zu Karnak gefunden wurde, in dem der Herrscher noch Repräsentant Amuns auf Erden war, trägt den Namen Amenophis IV. eingraviert. Er wurde niemals durch den Namen Echnaton ersetzt.

Tatsächlich entspricht der Namensänderung eine andere Neuerung: die religiöse Gründung der Sonnenstadt Achetaton.

Wie sich das Wesen des Pharaos verändert, so verändert sich auch die Hauptstadt Ägyptens. Diese beiden Formen der Realität waren gleichwertig. Sie waren heilige Konstrukte gleicher Natur. Die Geburt der Sonnenstadt implizierte eine Weiterentwicklung des Wesens des Königs. Diese Weiterentwicklung war unerläßlich, damit die Stadt des Aton entstehen konnte.

Die Texte nennen uns als präzises Datum der theologischen Gründung von Achetaton den dreizehnten Tag des vierten Wintermonats im sechsten Regierungsjahr.

Aton hatte damals noch keinen «Sitz», also noch keine bevorzugte Stätte im Land Ägypten, in der er sein volles und uneingeschränktes Königtum manifestieren konnte. Der König schenkte ihm eine solche Stätte. El-Amarna wurde zum «Sitz des Aton», wie Memphis der Sitz des Ptah oder Theben der des Amun war. Die Stadt wurde aus der Forderung des Gottes selbst geboren, denn sie war der «für Aton geschaffene Ursprungsort». Hier war von Anbeginn der Zeit sein Thron auf Erden vorbereitet.

«Aton», so steht es geschrieben, «kennt jeden Gott und jede Göttin.» Er kannte auch ihre heiligen Stätten. Daher mußte der König als Mittler des Gottes einen Bezirk finden, der noch keinem Gott und keiner Göttin gehörte, einen Raum, der einzig Aton vorbehalten war. Die Atonstadt entstand auf von vergangenen Einflüssen unberührtem Boden und stellte sich als Neuschöpfung dar.

Die Gründungszeremonie sollte unvergeßlich werden. Sie wurde von Ritualkundigen sorgfältig vorbereitet. Aus den Texten der Grenzstelen kennen wir ihre wichtigsten Abschnitte.

«Der König erschien auf einem großen Wagen aus Elektrum*, und er glich Aton, wenn er über seiner Lichtregion scheint und die Erde mit seiner Liebe erfüllt.» Über eine gute, bereits angelegte Straße fuhr er ins Zentrum der neuen, noch im Bau befindlichen Hauptstadt. Dort brachte er Aton ein Opfer:

> «Die Erde jubilierte, und jedes Herz erfüllte sich mit Freude beim Anblick des Königs, der seinem Vater eine große Opfergabe brachte, ein Opfer von Bier, Brot, Vieh mit langen und mit kurzen Hörnern, Wild, Wein, Früchten, Weihrauch, Trank und Gemüse.»

* Gold-Silber-Legierung.

Dann wandte sich Echnaton an den für diese Zeremonie versammelten Hofstaat und an die Mitglieder seiner Regierung. Die «Großen des Palastes» waren ebenso zugegen wie die hohen Befehlshaber der Armee und die hochgestellten Schreiber. Alle warfen sich vor dem König nieder und küßten die Erde.

Echnaton erklärte, er habe ein Monument für seinen Vater Aton errichtet, dessen Stimme zu ihm gesprochen habe. Aton selbst habe ihm enthüllt, daß dieser Ort in alle Ewigkeit die «Region des Lichtes der Sonnenscheibe» sein würde. Der König stellte seine Planung vor: Er würde Tempel für Aton erbauen, ihm heilige Häuser schenken, ein Heiligtum für Königin Nofretete errichten, ein «Haus des Frohlockens» schaffen, Königsgemächer, einen Palast und «Häuser der Ewigkeit» für jene anlegen, die hier vom Erdenleben in die Unsterblichkeit eingehen würden.

«Seht», so verkündete Echnaton, «Aton ist es, der diese Stadt gewollt hat, damit sie für Ihn geschaffen wird, um seinen Namen zu ehren. Aton, mein Vater, ist es, der die Stadt regiert, und nicht irgendein Beamter oder sonstiger Mensch.»

Wie lange das Ritual genau dauerte, wissen wir nicht, aber wahrscheinlich zog es sich über mehrere Tage hin. Echnaton hatte noch eine wichtige Aufgabe zu erfüllen: Er mußte die Stelen errichten, die die Grenzen des Territoriums des Aton kennzeichnen sollten.*

Er wandte sich also zunächst nach Süden und hielt seinen vergoldeten Streitwagen an der ausgewählten Stelle an, vor seinem Vater Aton, dessen Strahlen ihm Leben und Gesundheit verliehen, damit sein Wesen Tag für Tag erneuert würde.

Vierzehn Stelen wurden aufgestellt, die nördlichste in Tuna el-Gebel. Atons heiliger Bezirk erstreckte sich also

* Vgl. W. J. Murnane, «Newsletter ARCE» 128, 1984, S. 40–52.

größtenteils am Westufer, aber auch am Ostufer. Drei Stelen erläutern, wie der König die Stadt plante und sie seinem himmlischen Vater weihte. Die restlichen elf tragen, abgesehen von kleinen Varianten, den gleichen Text, in dem Echnaton seinen Willen bekundet, die Stadt als Eigentum des Aton und als der Anbetung des Gottes gewidmete Stätte der Königsresidenz zu pflegen und zu erhalten.

Auf diesen Monumenten ist dem Namen Aton das Henkelkreuz *Anch*, das Hieroglyphenzeichen für «Leben», vorangestellt. Es verdeutlicht, daß Aton dem, der ihn verehrte, die Fülle des Lebens schenkte. Der Gott wird explizit genannt: «Re-Harachte, der in seiner Lichtregion jubelt in seinem Namen Schu, der Aton ist». Re, Horus, Schu: drei Erscheinungsformen des göttlichen Lichts, deren Synthese Aton war.

Auch Nofretete wurde auf diesen Stelen geehrt: Das Herz des Königs erfreute sich an ihr. Ihre beiden Töchter waren bei den Zeremonien ebenfalls anwesend.

Zur theologischen Gründung der Sonnenstadt leistete Echnaton einen Schwur mit folgendem Wortlaut:

> «Schwur des Königs von Ober- und Unterägypten, der von der *Maat* lebt, des Herrn der Zwei Länder, Neferchеperure, Einziger des Re, Sohn des Re, der von der *Maat* lebt, Herr der Kronen, Echnaton mit der großen Lebensdauer, dem das Leben in Ewigkeit gegeben ist.
>
> So wahr mein Vater lebt, Re-Harachte, der in der Lichtregion jubelt in seinem Namen Schu, der Aton ist, der das Leben in Ewigkeit schenkt, so erfreut sich mein Herz an der Großen Königlichen Gemahlin und ihren Kindern. Hohes Alter sei der Großen Königlichen Gemahlin verliehen, Nefer-Neferu-Aton No-

fretete, sie lebe ewig, in diesen Millionen Jahren, in denen sie unter des Pharaos Schutz steht; hohes Alter sei verliehen ihren Kindern, den Prinzessinnen Meritaton und Maketaton, unter dem Schutz der Königin, ihrer Mutter.

Dies ist mein wahrhaftiger Schwur, den mein Herz ausspricht und den ich niemals brechen werde. Die Stele des Südens, die auf dem Berg im Osten Achetatons steht, ist die Stele von Achetaton, die ich an ihrem Platz aufstellen werde. Niemals werde ich diese südliche Grenze überschreiten. Die Stele im Südwesten ist gemacht worden, um ihr auf dem Berg im Süden von Achetaton gegenüberzustehen, direkt gegenüber.

Die mittlere Stele, die auf dem Berg im Osten steht, ist die Stele von Achetaton, die ich an ihrem Platz auf dem gen Sonnenaufgang gelegenen Berg von Achetaton aufstellen werde. Niemals werde ich diese östliche Grenze überschreiten. Die mittlere Stele, die auf dem Berg im Westen von Achetaton steht, ist gemacht worden, um ihr gegenüberzustehen, direkt gegenüber.

Die nördliche Stele von Achetaton werde ich an ihrem Platz aufstellen. Das ist die nördliche Stele von Achetaton. Niemals werde ich diese nördliche Grenze überschreiten. Die nördliche Stele, die auf dem Berg im Westen von Achetaton steht, ist gemacht worden, um ihr gegenüberzustehen, direkt gegenüber.

Nun liegt innerhalb dieser vier Stelen, vom Ostberg bis zum Westberg, Achetaton selbst. Es gehört meinem Vater Re-Harachte, der in der Lichtregion jubelt in seinem Namen Schu, der Aton ist, der das Leben in Ewigkeit verleiht, mit den Bergen, den Wüsten, den Ebenen, den neuen Ländereien, den hochgelegenen Ländereien, den Feldern, dem Wasser, den Ufern, dem

Volk, dem Vieh, den Bäumen und allen anderen Dingen, die mein Vater für immer existieren lassen wird. Niemals werde ich diesen Schwur brechen, den ich meinem Vater Aton geleistet habe. Er wird auf der steinernen Stele der Südwestgrenze und der Nordwestgrenze von Achetaton fortdauern. Er wird nicht zerstört werden. Er wird nicht ausgelöscht werden. Er wird nicht ausgemeißelt werden. Er wird nicht mit Gips überzogen werden. Er wird nicht verschwinden. Sollte er verschwinden, sollte er vernichtet werden, sollte die Stele, auf der er geschrieben steht, umstürzen, so werde ich ihn an dem Platz erneuern, an dem er stehen muß.»

Der König schwor, diesen ungewöhnlichen Eid niemals zu brechen. Die Sonnenstadt sollte über die festgelegten Grenzen nicht hinauswachsen. Wenn die Königin oder die einflußreichsten Berater dem König sagen würden, daß es anderswo eine schönere Stelle für die Hauptstadt gäbe, so würde Echnaton nicht auf sie hören. Er würde niemals eine andere Hauptstadt bauen. Der Ort war vollkommen. Die Ausdehnung der Stadt war endgültig festgelegt. Aton hatte es so gewollt.

Warum verpflichtete sich Echnaton durch dieses so nachdrücklich formulierte Versprechen, Achetaton nicht über genau festgelegte Grenzen hinaus auszudehnen? Die These, es handele sich um eine Absprache mit den Amunpriestern, die dadurch die Ambitionen des Königs einschränkten, ist völlig aus der Luft gegriffen. Die thebanische Priesterschaft hatte gar nicht die Möglichkeit, sich dem Willen des Königs zu widersetzen. Sie bildete keine «Opposition», die auf irgendeine Weise die Bauvorhaben des Königs hätte behindern können. Tatsächlich setzte Echnaton seiner eigenen Erfahrung Grenzen in Raum und Zeit.

Unserer Meinung nach kann die Regierungszeit des Sonnenpaares nur vor diesem Hintergrund verstanden werden. Nofretete und Echnaton wollten sicherstellen, daß Achetaton die Hauptstadt einer einzigen Regierungszeit sein würde, eine «Episode» der ägyptischen Kultur. Jede Regierungszeit entsprach ja der Verwirklichung einer symbolischen Idee, eines theologischen Programms. Nofretete und Echnaton hatten es sich zur Aufgabe gemacht, jene göttliche Macht erstrahlen zu lassen, die sie als «Aton» begriffen, und zwar durch einen ihm alleine geweihten Sitz auf Erden und durch die entsprechenden künstlerischen Formen.

Theben oder Memphis entsprachen anderen Kriterien. Karnak war ein unaufhaltsam und unbeschränkt wachsender Tempel. Im Gegensatz dazu war Achetaton eine Art alchimistischer Destillationsapparat oder heiliger Schmelztiegel mit unantastbaren Grenzen, innerhalb derer Aton der unangefochtene Alleinherrscher war. Der Raum zwischen den Stelen war irdisch und himmlisch zugleich, denn die Stadt reichte von einem Berg zum anderen, vom östlichen bis zum westlichen Himmelshorizont.

Ein Königshof zieht um

Im sechsten Regierungsjahr verließ der Hofstaat Theben, um nach Amarna zu ziehen. Die hohen Würdenträger begaben sich in die neue Hauptstadt, sobald ihre Amtsstuben und ihre prunkvollen Villen fertiggestellt waren. Kein Dokument liefert den geringsten Hinweis auf Ungehorsam, Treuebrüche oder gar Widerstand. Der Umzug dauerte sicherlich mehrere Monate; Beamte, Handwerker, Händler reisten auf dem Fluß nach Achetaton. Die alten Ägypter waren das Reisen gewohnt, besonders während der Überschwemmungszeit.

Der König hatte es eilig. Die Atonstadt wurde in kürzester Zeit erbaut. Schon vier Jahre nach Baubeginn war sie bewohnt. Aus dem Wüstenboden mußte eine Stadt entstehen, die Gott und dem Menschen angenehm war, es mußten ein Bewässerungsplan entworfen, Bäume gepflanzt und Gärten angelegt werden.

Das Baumaterial der Stadt Achetaton stammte hauptsächlich aus den Alabastersteinbrüchen der Ostwüste. Da es den Handwerkern eher um Schnelligkeit ging als um Perfektion, beendeten sie nicht alle Bauten mit der sonst üblichen Sorgfalt. Die These hingegen, die vom König beauftragten Handwerker hätten nicht über ausreichende Qualifikationen verfügt, ist nur schwer nachzuvollziehen. Einige Ägyptologen gingen sogar noch weiter und schrieben, als Baumeister seien Verbrecher eingesetzt worden, die in den Steinbrüchen ihre Strafe abbüßten, und unter ihnen hätte Echnaton den überwiegenden Teil seiner Anhänger gefunden, er hätte also Diebe und Mörder für seine Zwecke «eingespannt».

Die Wahrheit war viel einfacher: Zahlreiche Handwerker aus Theben zogen nach Achetaton, doch sie hatten gegen einen mächtigen Feind zu kämpfen: die Zeit. Echnaton drängte; daher litten die Rohbauten gelegentlich an der Schnelligkeit der Arbeiten. Den massiven, behauenen Stein behielt der ägyptische Architekt traditionell heiligen Gebäuden, den Symbolen der Ewigkeit, vor. Für den Bau der neuen Hauptstadt wurden vor allem luftgetrocknete Lehmziegel verwendet. In den Palast- und Tempelmauern fanden sich farbige Einlegearbeiten aus Kalkstein oder Alabaster.

Für die wichtigsten Bauten verwendete man kleine Steinblöcke, die wie im Lehmziegelbau aneinandergefügt wurden, was ein schnelles Voranschreiten der Arbeiten sowie den Einsatz ungelernter Hilfskräfte ermöglichte.

Auch die Bildhauer sahen sich gezwungen, die Fertigstellung ihrer Werke zu beschleunigen. Deshalb erfanden sie einen Herstellungsprozeß für Statuen, in dem sie mehrere Gesteinsarten verwendeten. Die sichtbaren Teile wie Kopf, Arme oder Füße wurden aus Quarzit gefertigt, die Verkleidungen aus Kalkstein und aus Fayence. Einlegearbeiten aus Glas und Fayence vollendeten das Werk.

El-Amarna war eine hastig erbaute Stadt. Zwar wurden die ursprünglichen Pläne eingehalten, und das religiöse wie auch das zivile Leben konnte in dem Rahmen ablaufen, der den Erwartungen des Pharaos entsprach; doch die städtebaulichen Projekte wurden nicht alle im gewünschten Umfang erfolgreich durchgeführt. Dennoch waren die lebenswichtigen Einrichtungen der Stadt, deren Planung bereits bei der Gründung feststand, sehr schnell benutzbar. Das entsprach genau dem Ziel, das Echnaton sich gesetzt hatte.

Die erhaltenen Zeugnisse belegen, daß die Atonstadt schön und einladend wirkte, mit breiten Hauptstraßen, Grünflächen, klug geplanten Vierteln. Der Hofstaat fand eine Stadt mit viel Charme vor.

In diesem sechsten Regierungsjahr entwickelte sich der Atonglaube zum wichtigsten Glauben in Ägypten, doch die anderen Gottheiten hörten deshalb nicht auf zu existieren, und die anderen Städte der Zwei Länder lebten und florierten auch weiterhin. Aton war keine intolerante Gottheit, die keine anderen Formen des Heiligen neben sich gelten ließ.

Dennoch ist von der Forschung der angebliche Konflikt zwischen Echnaton und der thebanischen Priesterschaft bis zum Überdruß diskutiert worden. Ist er Wahrheit oder Illusion?

11 «Schlechte Worte»: Echnaton und die thebanische Priesterschaft

Eine leider lückenhaft erhaltene und schwer zu deutende Passage auf den Grenzstelen spielt auf «etwas Böses» an, das die Priester unter der Regierung von Thutmosis IV. getan haben sollen. Möglicherweise fielen «schlechte Worte», oder die Priester begingen zu Beginn Amenophis' IV. eigener Regierungszeit verwerfliche Handlungen.

Doch was war tatsächlich geschehen? Bislang ist es unmöglich, dies genauer zu sagen. Thutmosis IV. war ein Anhänger der Religion von Heliopolis, wie Echnaton auch. Hodge hält die Behauptung, Echnaton habe die thebanische Priesterschaft verfolgt, für falsch. Seiner Ansicht nach haben im Gegenteil die Amunpriester den König abgelehnt, weil er körperlich anomal und daher aus ihrer Sicht unfähig war, die schweren Aufgaben eines Herrschers über Ägypten zu erfüllen. Diese Hypothese scheint jedoch wenig überzeugend.

Einige Autoren haben gemutmaßt, daß die Amunpriester getötet oder vertrieben wurden, daß der Tempel zu Karnak ein Opfer der Flammen geworden sei, daß Echnaton eine «Jagd auf die Unreinen» veranstaltet habe, um das Böse und das Laster aus Ägypten auszumerzen, das die thebanische Priesterschaft für ihn verkörpert haben soll.

Doch auch diese Schreckensbilder gehören vermutlich ins Reich der Phantasie.

Es ist unwahrscheinlich, daß es Gewaltaktionen oder blutige Konflikte zwischen Echnaton und den Männern an der Spitze der thebanischen Priesterschaft gab. Anen, der Hohepriester des Amun, starb im 34. Regierungsjahr Amenophis' III. Sein Amt wurde von einem gewissen Samut übernommen. Den dem Hohenpriester vorbehaltenen Titel jedoch verlieh man dem Wesir Ramose, einem treuen Anhänger Echnatons, der zum «Leiter der Propheten von Ober- und Unterägypten» ernannt wurde.

Mehr wissen wir nicht. Es gab die These, ein semitischer Priester der Astarte und des Baal sei zum Leiter der thebanischen Priesterschaft ernannt worden. Man hat behauptet, die Gräber der Hohenpriester des Amun seien von Plünderern ausgeraubt worden, die die Polizei unbehelligt gelassen habe. Kurz, man hat versucht, die Forschungslücken mit erfundenem Material zu füllen.

Echnaton in offenem Kampf gegen die Amunpriester? Dieses Bild kann der ägyptischen Wirklichkeit nicht entsprechen. In der Kultur der Pharaonen gab es keine Religionskriege, weil es kein Dogma gab. Keine der religiösen Institutionen nahm für sich in Anspruch, im Besitz einer endgültigen und alleinigen Wahrheit zu sein, die anderen aufgedrängt werden müßte. Auch der Pharao verwahrte kein heiliges Buch und keine Dogmen, er trachtete nicht danach, andere zu bekehren. Als Gefäß des Göttlichen und erster Diener seines Volkes war er der Mittler zwischen Himmel und Erde.

Ein Konflikt zwischen Kirche und Staat war undenkbar, denn es gab keine Trennung von Kirche und Staat, sondern eine Theokratie, eine sakralisierte Macht, deren erste Aufgabe es war, das Göttliche in jener Gestalt zu rühmen, die es für eine bestimmte Regierungszeit angenommen hatte.

Der Pharao war König und Priester zugleich. Er war genaugenommen sogar der einzige Priester Ägyptens. Er, und er allein, vollzog sämtliche Kulthandlungen. Sein Bild, das auf den Tempelwänden gegenwärtig war, erwachte im Morgengrauen auf magische Weise zum Leben. Des Pharaos Wesen verkörperte sich in dem Priester, der in seinem Namen handelte.

Der Pharao war auch derjenige, der die Verantwortlichen der verschiedenen Kulte ernannte. Jene, die wir heute nicht sehr passend «Priester» nennen, bildeten ein großes Staatsorgan aus Spezialisten für das Heilige, aber keine Gemeinschaft von Gläubigen, die ein Dogma gegen ein anderes verteidigte. Dies betont auch Edgerton, wenn er erklärt, die Amunpriester seien ebenso Beamte gewesen wie die Militärangehörigen oder die Steuereintreiber.

Echnaton empfand keinerlei persönliche Feindschaft gegen den Gott Amun. Im Gegenteil: Wenn der König seine eigenen Hymnen komponierte, ließ er sich von den großen heiligen Texten an Amun inspirieren.

Amun stand am Ursprung einer sehr ruhmreichen Periode der ägyptischen Geschichte, die mit der XII. Dynastie und den Pharaonen namens Amenemhet («Amun stand am Anfang») begonnen hatte. Als Amun-Re, der «Einzige mit den vielen Händen», wurde er zum großen Staatsgott, der die Götter aus seinem Mund und die Menschen aus seinen Augen entspringen ließ. Als «guter Hirte» wachte Amun über den Wohlstand der Welt, und die folgende Hymne an ihn unterscheidet sich nicht grundlegend von den Texten, die Aton rühmen:

> «Er läßt das Gras wachsen für die Herden,
> Den Obstbaum für die Menschen,
> Er erschafft, wovon die Fische im Fluß leben,
> Die Vögel im Himmel,
> Er verleiht den Atem
> Jenem, der im Ei ist ...»

Nicht nur die Menschen danken Amun für seine Großzügigkeit, auch die wilden Tiere und sogar die Wüstengebiete singen sein Loblied. An dieser Stelle soll eine wunderbare Passage aus dem Papyrus Leiden zitiert werden, die die symbolische «Ausdehnung» des Gottes Amun illustriert:

> «Gott mit geheimnisvollem Aussehen, blendendem Äußeren, herrlicher Gott mit den vielfältigen Gestalten, alle Götter berufen sich auf Ihn, um durch seine Schönheit erhöht zu werden, denn er ist Gott. Er ist Re selbst, der sich mit seinem Körper vereint. Er ist der Große, der in Heliopolis ist, er ist Amun, der aus dem Urozean gekommen ist, er führt die Menschheit. Er ist der Herrscher des Universums, das Prinzip aller Wesen. Einzig ist Amun, der sich vor den Menschen verborgen hält. Er enthüllt sich den Göttern, niemand kennt seine Natur, kein Gott kennt seine wahre Gestalt. Er hat kein Aussehen, das gezeichnet werden kann, er ist zu geheimnisvoll, als daß sein Ruhm enthüllt würde, er ist zu groß, als daß er erforscht werden könnte ... Allem, was aus Amuns Mund kommt, beugen sich die Götter wie zwingenden Befehlen ...»

In einem Vortrag im Collège de France im Jahre 1905 kam Edouard Naville zu einem Schluß, den viele Ägyptologen später übernahmen: «Es scheint, als hätte Echnaton lediglich den Namen des Amun in Theben abgelehnt, und dies läßt darauf schließen, daß sein Haß sich nicht gegen die Doktrin, gegen den Gott selbst richtete, sondern gegen das Priesterkollegium, das dem Gott diente und dessen Übergriffe er fürchtete.»

Wie groß ist der Wahrheitsgehalt dieser Deutung? Ob Echnaton bestimmte Persönlichkeiten der thebanischen Priesterklasse aus ihren Machtpositionen verdrängte, werden wir nie zweifelsfrei klären können.

Dagegen scheint es unzweifelhaft, daß Echnaton auf eine neue Gleichgewichtsverteilung der religiösen Tendenzen seines Landes hinarbeitete. Viele Jahre nach dem «Ketzerkönig» sollte Ramses II. das gleiche tun.

Als spiritueller Führer der Aton-Religion verwies Echnaton die Priesterschaft des Amun in den Hintergrund. Sie wurde damit den anderen Priesterschaften gleichgestellt und mußte wie diese Aton ihre Reverenz erweisen. Die reichen Amunpriester verloren also ihre Vorrangstellung. Diese Veränderung brachte zwar im theologischen Bereich keine Schwierigkeiten mit sich, im Alltagsleben könnte es jedoch anders ausgesehen haben. Gewisse Empfindlichkeiten entstanden, manche Karriere wurde jäh unterbrochen. Die Reichtümer von Karnak gehörten nicht den Amunpriestern, sondern dem Pharao, der sie so nutzte, wie er es für richtig hielt; dennoch waren es die Priester, die diese Reichtümer verwalteten. Durch den Bau der neuen Hauptstadt Achetaton veränderte sich die Wirtschaft von Grund auf. Nun flossen die umfangreichsten Gelder den Atontempeln zu, nicht mehr denen des Amun.

Bestimmte persönliche Interessen wurden durch den König verletzt. Wenn er tatsächlich «schlechte Worte» hörte, so nahm er dies sicherlich bewußt in Kauf und verbannte jene Würdenträger in den Hintergrund, die er auch wegen ihres Widerstands für unwürdig hielt, ihre religiösen Ämter zu erfüllen.

Ein offener Krieg des Echnaton gegen die thebanischen Priester? Keinesfalls. Mißtrauen des Königs gegenüber einigen von ihnen? Ohne Zweifel. Mehr läßt sich über das sechste Regierungsjahr allerdings nicht sagen.

Das «Personal» des Amun siedelte zum Teil nach Achetaton über. Zahlreiche Beamte blieben jedoch auch in Theben, um dort den Amunkult weiterzuführen. Die Machtbefugnisse der Hohenpriester, die nicht mehr ihre traditionellen Titel trugen, wurden drastisch beschnitten, um Atons Macht bis ins Unermeßliche zu vergrößern. Von nun an war der Atonkult der wichtigste Ägyptens, der vom König selbst über alle anderen gestellt wurde.

12 Die Herrschaft des Gottes Aton

9. Regierungsjahr

In seinem achten Regierungsjahr, am achten Tag des ersten Wintermonats, erneuerte der König den Eid, den er im sechsten Regierungsjahr abgelegt hatte. Er bestieg einen großen Streitwagen aus purem Gold, um die Stelen südlich der Stadt zu kontrollieren und so die Grenzen der Sonnenstadt zu ehren. Dies entsprach einer theologischen Bestätigung der Geburt der dem Gott Aton geweihten Stadt. Kein Dokument gibt uns einen Hinweis auf die Geschehnisse, die den König zwischen dem Jahr 6 und dem Jahr 8 seiner Regierungszeit dazu bewogen haben könnten, seinen Schwur auf so feierliche Weise zu bekräftigen.

Im Jahr 9 tauchte ein neuer Name des Aton auf: «Re lebt, der Regent der Lichtregion, der jubelt in der Lichtregion in seinem Namen Re, der Vater, der als Aton gekommen ist.» Damit verschwanden die Bezüge auf den falkenköpfigen Sonnengott Harachte und auf den Gott der leuchtenden Luft Schu. Neben Aton blieb nur Re bestehen, und dies sollte sich bis zum Ende der Regierungszeit nicht mehr ändern. Aton wurde zum «Gottes- und Königsvater», indem er die gesamte Schöpfermacht des Re benutzte. Aton allein wachte über den Pharao und gab ihm jeden Tag neue Kraft, er wurde verstanden als unerschöpflicher Energie-«Kern», als Schöpfermacht, die durch das Licht Leben verlieh: Nicht nur durch das Licht, das sich in der Helligkeit der Sonne manifestiert, sondern auch durch die übernatürliche Helligkeit, die die absolute Macht über die Schöpfung innehat, weil diese von ihr abhängig ist.

Dieser metaphysische Akt ging mit einer seltsam anmutenden Entscheidung einher: Echnaton befahl, die Amunstatuen zu zerstören und den Namen des Gottes auszumeißeln. «Überall», schreibt Legrain, «werden die Bildnisse des Amun auf Befehl des Königs geächtet und zerstört. Nur wenige Monumente, Gräber, Statuen, Statuetten und kleine Gegenstände blieben von den Verstümmelungen verschont ... man kletterte sogar bis zur Spitze der Obelisken, man begab sich bis in die hintersten Kammern der Gräber, um die Namen und die Bilder der Götter zu zerstören.» Auch die kleinen Skarabäen blieben nicht ausgenommen; der Plural des Hieroglyphenzeichens für «Gott» wurde aus Inschriften getilgt, denn er stand im Widerspruch zu der Vorstellung eines alleinigen Gottes.

Diese Darstellung der Tatsachen ist sicherlich ein wenig apokalyptisch. Zwar befahl Echnaton tatsächlich Ausmeißelungen, um eine «magische Leere» um Aton herum zu schaffen. Doch einige verwirrende Details dürfen in diesem Zusammenhang nicht verschwiegen werden. Im Grab des Ramose zum Beispiel wurde Echnatons erster Name Amunhotep nicht zerstört. Im Grab des Cheriuf tilgte man Amuns Name überall, außer in den Königskartuschen von Amenophis III. und Echnaton. Auf einer Stele des Amenemhet wurde der Name Amun entfernt, der des Osiris jedoch nicht, obwohl er in Zusammenhang mit mehreren alten Gottheiten wie Isis, Horus, Geb und Nut stand. Gerade diese Stele hätte aber als besonders provozierend gelten können, denn sie bezeichnete Osiris als den ersten der Götter und den Schöpfer des Himmels und der Erde.

Es gibt noch weitere Stellen, an denen man die Götternamen nicht auslöschte. Die Fajjum-Senke etwa scheint den Tilgungen nahezu völlig entgangen zu sein, also auch dem Einfluß des Aton-Glaubens.

Indem Echnaton die Namen der Götter ausmeißeln ließ, vernichtete er ihre Fähigkeit, sich zu inkarnieren und Einfluß auf die Menschen zu nehmen. Aton regierte jetzt als alleiniger Herrscher. Moderne Befürworter und Gegner Echnatons haben diese Entscheidung des Königs leidenschaftlich diskutiert. Man bezeichnete ihn als verrückt, fanatisch, sektiererisch, epileptisch, als zum Folterknecht gewordenen Träumer, als Schwachsinnigen, der sich an einer ihm verhaßten Priesterschaft rächte. Daumas vergleicht Echnaton aufgrund seines Versuches, einen Hauch von Spiritualität in den Lauf der politischen Ereignisse zu bringen, mit Aschoka, Marc Aurel und Ludwig dem Heiligen. Sein Kult der universellen Kraft, des Aton, gehe einher mit der Erkenntnis einer grundlegenden Gleichheit zwischen den Menschen. Daniel-Robs wird gar lyrisch, wenn er Echnaton einen König nennt, «dem die Mächte der Erde nichtig schienen im Vergleich zu jenen des Himmels».

Zwei Forscher, die die ägyptische Esoterik untersucht haben, vertreten eine radikal andere Meinung zu diesem Konflikt zwischen dem König und den Amun-Priestern. Für Enel beging Echnaton den Fehler, die Tempeltore zu öffnen, die Geheimlehren zu verbreiten und etwas, das eigentlich nur wenige wissen durften, allen zur Kenntnis zu bringen. Er erklärt: «Man kann den Zorn nachvollziehen, den diese Profanation unter den Eingeweihten geweckt haben mag, die sie als ein Sakrileg empfanden, als eine Schändung des Allerheiligsten der antiken Lehre.» Für Schwaller de Lubicz dagegen fügt sich Echnatons Vermächtnis nahtlos in den symbolischen Verlauf der ägyptischen Geschichte ein. Seiner Meinung nach ist der «weibliche» König Echnaton die exakte Entsprechung der «männlichen» Königin Hatschepsut.

Schwaller de Lubicz glaubt nicht an Echnatons abgründigen Haß gegen die thebanische Priesterschaft und führt ins Feld, daß die Auslöschung der Götternamen nicht mit rächendem Zorn ausgeführt wurde, sondern vielmehr eine methodische und präzise Arbeit erforderte. Viele Namen wurden so ausgemeißelt, daß sie noch eben lesbar blieben; «Echnaton», so schreibt er, «hat die notwendige Geste vollzogen: für den Augenblick den Ausdruck jener Prinzipien auszulöschen, die der in ihm verkörperten Funktion weichen mußten, all das auszulöschen, was den Kult um die veralteten Funktionen betraf.»

Eindeutig ließ Echnaton bisher geheimgehaltene Aspekte des ägyptischen Denkens allgemein bekannt werden, ebenso eindeutig war das Ausmeißeln der Namen eine magische «Operation», keine systematische Zerstörung.

Daß Echnaton das Bedürfnis hatte, seinen Eid zu erneuern, daß Atons Name sich auf magische Weise durchsetzen mußte, indem die Namen der anderen Gottheiten ausgelöscht wurden (bis auf die bemerkenswerte Ausnahme des Re), weist darauf hin, daß die Religionsreform beschleunigt werden sollte. Wie die Sonnenstadt in räumliche Grenzen eingebettet war, die sie nicht überschreiten sollte, so war Echnatons Existenz in zeitliche Grenzen eingebettet, innerhalb derer die Aton-Offenbarung stattfinden mußte.

Kein Religionskrieg, keine Mißhandlungen jener, die Aton nicht verehrten, keine Verfolgungen fanden statt. Echnatons Entscheidung erklärt sich weder durch politische noch durch gesellschaftliche Gründe. Es handelte sich um ein rein magisches Vorgehen, ein Erfordernis des «Aton-Programms», das den Geist der Regierungszeit ausmachte.

In vielen Regionen und in vielen Ansiedlungen ließen die Bildhauer die Namen der alten Gottheiten unangetastet. Echnaton war nicht so naiv zu glauben, sie hätten überhaupt die nötige Zeit gehabt, im gesamten Land ganze Arbeit zu leisten. Wichtig war die Tilgung an einigen neuralgischen Punkten.

Yoyotte und Vernus glauben weder an eine Religionskrise noch an die Existenz eines fanatischen und intoleranten Aton. Mehrere gewichtige Argumente können den bereits angeführten hinzugefügt werden: Es gab keinerlei religiöse oder zivile Rebellion im Land. Die Ägypter behielten in ihren Namen die Namen der traditionellen Gottheiten bei und ersetzten sie nicht durch Aton. Das bedeutet, daß ihr spirituelles Wesen dem klassischen Pantheon treu blieb. Selbst in der Sonnenstadt gab es zahlreiche Spuren der seit Jahrhunderten praktizierten Religion. Die Polizei des Königs wurde nicht aktiv und ergriff keinerlei Maßnahmen gegen jene, die andere Götter als Aton verehrten. Auf der Stele eines Würdenträgers tauchte sogar Aton als «einziger Gott» auf und neben ihm Osiris-Sokaris und Chnum! Die traditionelle Religionssymbolik wurde also weder zerstört noch verfolgt oder aufgegeben.

Unbestreitbar wurden tatsächlich Hieroglyphen systematisch ausgemeißelt, doch unseres Erachtens hat die romantische Interpretation der Atonzeit deren Bedeutung stark überbewertet. Wir dürfen uns also keinesfalls eine Horde von Fanatikern vorstellen, die sich mit dem Meißel in der Hand auf Tempel und Gräber stürzte. Lediglich einige vom König beauftragte Bildhauer arbeiteten gewissenhaft und löschten den Namen Amun aus, um den Namen Aton, versehen mit zusätzlicher Macht, in den Vordergrund zu stellen.

Dieses magische und theologische Vorgehen kann nicht als fanatisch bezeichnet werden, wie es sich heute weitgehend eingebürgert hat. Echnaton wußte genau, daß er Amun nicht zerstören konnte. Er tastete Karnak, den heiligen Sitz des Gottes, nicht an, sondern wollte für die Regierungszeit, die ihm vergönnt war, den Einfluß des thebanischen Gottes verdecken, um jenen des Aton wachsen zu lassen.

13 Das Militär in Achetaton

Wenn die Vorstellung einer «Verfolgung» des Amun als unzutreffend verworfen werden muß, wie steht es mit einer anderen Theorie, die in den letzten Jahren von der ägyptologischen Forschung mehrfach formuliert wurde, nämlich der Vorrangstellung der Armee in der Sonnenstadt?

Besonders Ahmed Kadry* hat die wachsende Bedeutung der militärischen Klasse im Neuen Reich herausgestellt. Des Pharaos Soldaten hatten bedeutende Siege in Asien errungen, sie waren die Garanten für die Sicherheit des Landes. Daher erhielten sie eine Reihe von Vergünstigungen und genossen in der ägyptischen Gesellschaft wachsendes Ansehen. Ihr sozialer Aufstieg ging zwangsläufig mit gewissen Konflikten zwischen diesen «Neureichen» und den traditionell wohlhabenden Klassen wie Schreibern und Verwaltungsbeamten einher.

Möglicherweise stützte sich Echnaton auf diese steil aufstrebende militärische Klasse. Hohe Würdenträger in Amarna wie Aja und Haremhab waren Soldaten. Sie zählten zu den Vertrauten des Königs, der sich von der thebanischen Gesellschaft abgewendet hatte, um seinen eigenen Kreis von Getreuen aufzubauen.

Lange Zeit wurde die Legende eines ultra-pazifistischen

* A. Kadry, «Officers and Officials in the New Kingdom», Budapest 1982.

Echnaton verbreitet, der, eingesponnen in seinen Traum vom ewigen Frieden, selbst den Gedanken an Krieg zurückwies. Dieses Bild kann jedoch nicht der Wirklichkeit entsprochen haben. Wie jeder Pharao war auch Echnaton der Befehlshaber einer mächtigen und gut organisierten Armee. Die bereits erwähnten Talatat-Blöcke belegen die Anwesenheit zahlreicher und sehr ausgelassener Truppen bei den vom König geleiteten Zeremonien. Wenn Echnaton seinen Palast verließ, wurde er von seiner Leibgarde geschützt. Elitesoldaten liefen hinter seinem Streitwagen her. Unter ihnen waren auch Schwert- und Lanzenträger. In Echnatons Armee taten Syrer, Nubier und auf den Umgang mit dem Wurfholz spezialisierte Libyer Dienst.

Im Grab Nr. 3 in El-Amarna, das Ahmes, dem Wedelträger zur Rechten des Königs, gehört, sind die Männer der Infanterie mit ihren Waffen, Schilden, Lanzen und Äxten dargestellt. Im Grab Nr. 6 des Panehesi fahren der König, die Königin und ihre Töchter auf ihren Streitwagen inmitten von Soldaten umher.

Diese Präsenz des Militärs hatte jedoch offenbar nichts Bedrohliches oder Strenges. Häufig ist auf den Darstellungen zu sehen, wie die Soldaten spielen und sich gegenseitig rufen. In ihrer Nähe geben Musikerinnen ihre Kunst zum besten. Daß eine große Zahl von Soldaten in Achetaton stationiert war, steht also fest. Daß sie unter des Pharaos Befehlen standen und sich vollkommen in die Atongesellschaft integrierten, ist ebenso offenkundig.

Zu behaupten, Echnaton sei der Spielball ungebildeter Militärs gewesen, denen die höchsten Staatsämter verliehen worden seien, entbehrt jeder Grundlage. Den König als eine Art «Bandenchef» zu sehen, der sich auf brutale Haudegen stützte, um die thebanischen Priester in die Knie zu zwingen, gehört eher in den Bereich des Schauerromans als in den der ägyptischen Geschichte. Die Gesellschaft der Pharaonenzeit kannte keinen Klassenkampf, der König ergriff keine Partei für oder gegen eine einzelne soziale Schicht.

Die Armee hatte in der Sonnenstadt nicht die Macht übernommen. Sie beschränkte sich wie auch in den vorangegangenen Regierungszeiten darauf, dem König und seinen hohen Offizieren zu gehorchen. In ihren Reihen fanden sich thebanische Würdenträger ebenso wie «neue Männer» und Ausländer.

Es gab auch eine Polizei, die ein gewisser Mahu führte. Sein Grab in El-Amarna, das die Nummer 9 trägt, ist die einzige vollständig fertiggestellte Grabstätte der gesamten Nekropole. Mahu hatte sich als hoher Beamter verdient gemacht. Um jeden Überraschungsangriff auf die Hauptstadt zu vereiteln, hatte er Festungen in der Wüste bauen lassen. Dort trieben Beduinenhorden ihr Unwesen, die nicht vollständig unter Kontrolle waren und immer wieder Raubzüge unternahmen. Die Wüstenpolizei hatte seit jeher alle Hände voll zu tun, um die Sicherheit der Karawanen zu gewährleisten. Die Szenen im Grab des Mahu schildern, wie der Oberste Befehlshaber von Echnatons Polizei einen Einfall dieser Nomaden im Keim erstickte. In Begleitung des Wesirs befragte Mahu selbst die Gefangenen. Er beschuldigte sie, von einer fremdländischen Macht geschickt worden zu sein, die in Ägypten Unruhen zu schüren versuche.

Dies zeigt, daß die Polizei Seiner Majestät wachsam war und auch kleinere Zwischenfälle ernst nahm. Mahu wurde für seine Verdienste belobigt. Vor dem König, der Königin und ihrer Tochter Meritaton kniend, auf denen die Strahlen der göttlichen Sonne ruhten, erhielt der Polizeichef goldene Halsketten, die höchste Auszeichnung.

Die Atonstadt war nicht ungeschützt. Es gab Aufsichts- und Wachposten. Ein gewisser Tutu war damit beauftragt,

Personen aus den Fremdländern «herauszufiltern», die sich in der Hauptstadt niederlassen wollten. Auch er wurde vom König für seine brillanten Leistungen ausgezeichnet.

Die Atonstadt war also keine Enklave im Sinne Rousseaus auf ägyptischem Boden. Echnaton glaubte nicht an den «guten Wilden» und verhielt sich auch nicht wie ein wirklichkeitsfremder Poet. Als Oberhaupt der Armee und der Polizei verließ er sich auf diese Institutionen, um die Sicherheit seiner Hauptstadt und die öffentliche Ordnung aufrechtzuerhalten.

Die Vertreter von Militär und Polizei bildeten jedoch keine dominierende Klasse, die fähig gewesen wäre, dem König von Ägypten ihren Willen aufzuzwingen. Echnaton wurde ebensowenig von Achetatons Militärs beeinflußt, wie er von den Amunpriestern aus Karnak bedroht wurde. Die einen wie die anderen waren die Diener des Pharaos, gegen den sie keinen Auflehnungsversuch unternahmen.

14 Achetaton, Hauptstadt von Ägypten

«Groß durch ihren Liebreiz, den Augen angenehm durch ihre Schönheit»: mit diesen Worten beschrieb ein Bewohner von Achetaton die Stadt des Gottes Aton als einen «himmlischen Anblick».

Gegen Ende des neunten Regierungsjahres war die neue Hauptstadt Ägyptens weitgehend fertiggestellt. Der Gott Aton verfügte über seinen eigenen «Sitz», an dem er sich den Menschen offenbaren konnte. Echnaton hatte die erste Pflicht eines jeden Pharaos erfüllt: Er hatte sich als Baumeister seines Reiches betätigt. Die genaue Ausdehnung dieser Stadt, die nicht wachsen sollte, deren Größe Aton selbst am Tag ihrer Gründung festgelegt hatte, war durch die Grenzstelen gekennzeichnet. Auf einer Fläche von etwa einhundert Quadratkilometern erstreckte sich die Stadt am Westufer. Von Norden nach Süden war sie dreizehn Kilometer lang. Heute ist Achetaton zwar völlig zerstört, doch die Ausgräber konnten am Boden die Grundrisse der Gebäude ablesen und den Aufbau der Stadtviertel rekonstruieren. Daher weiß man, daß Achetaton aus einem nördlichen und einem südlichen Viertel bestand, jeweils mit einem Vorort. Dazwischen lag das Stadtzentrum mit Palast und Haupttempel.

Achetaton hatte mindestens vierzigtausend Einwohner, die Sonnenstadt war also alles andere als ein Marktflecken.

«Es war während seiner kurzen Existenz die Hauptstadt des größten Reiches der Welt», schreibt Pendlebury. «Alle Belange des Landes wurden hier entschieden. In seinen Straßen begegneten sich alle Nationen der bekannten Welt, Minoer, Mykener, Zyprioten, Babylonier, Juden und viele andere, während im Hintergrund das traditionelle Leben Ägyptens weiterging wie gewöhnlich.»

Das Zentrum Ägyptens, in dem alle Entscheidungen über das Geschick der Zwei Länder getroffen wurden, war gut geschützt. Truppen, in denen auch Nubier und Asiaten dienten, überwachten die Umgebung der Stadt. Späher beobachteten jede verdächtige Annäherung, Eingreiftruppen waren ständig kampfbereit.

Für den deutschen Ägyptologen Kees war El-Amarna völlig isoliert; seiner Meinung nach besaß die Hauptstadt eine autarke Wirtschaft, versorgte sich selbst und genügte sich selbst. Demnach hätte Achetaton sich in seinem eigenen Ruhm gesonnt und den Rest der Welt ignoriert.

Es gibt jedoch keinen Hinweis darauf, daß Echnaton zurückgezogen in seiner Stadt gelebt hätte. Allein schon aus politischen und religiösen Gründen reiste er sicherlich oft in andere Provinzen. Man weiß etwa, daß er sich während der Trauerzeit nach dem Tod Amenophis' III. in Theben aufhielt. Der Pharao regierte schließlich nicht nur über Achetaton, sondern über ganz Ägypten.

Ein Text hält fest, daß die Körper des Königs, Nofretetes oder ihrer ältesten Tochter, falls sie fern der Hauptstadt sterben sollten, nach Achetaton überführt und im vorbereiteten Grab im Ostgebirge beigesetzt werden sollten. Diese Regelung unterstreicht die Verbindung zwischen Aton, der Sonnenstadt und der Königsfamilie, deren Aufgabe es war, das Göttliche erstrahlen zu lassen.

Achetatons Zentrum war entlang der Haupteinfallstraße

angeordnet, die vom nördlichen Palast kam und zum Großen Palast führte. Dieser zentrale Hauptpalast umfaßte mehrere Freiflächen; seinen Kern bildete ein riesiger, von Kolossalstatuen des Echnaton gesäumter Hof. Die Statuen kündeten von der Größe der Aton-Religion und ihres Dieners, des Königs.

Der Große Palast war ein imposantes Gebäude von etwa zweihundertsiebzig Meter Länge, dessen Fassade durch eine Ziegelsteinbrücke über die Straße mit der kleinen Residenz des Königs verbunden war, in dessen «Erscheinungsfenster» sich das Herrscherpaar zu zeigen pflegte.

Die Palastdekoration war mit viel Sorgfalt gestaltet: Säulentrommeln aus Alabaster, darin lotosförmige Einlegearbeiten, grüngestrichene Säulenschäfte aus Sandstein, die Schilfbündel darstellten. Der Fußboden war mit naturalistischen Motiven verziert: Sümpfe, Zyperngras- und Papyrusbüschel, auffliegende Enten. Die mit Gouache auf Gips- oder Stuckgrundierung ausgeführten Wandmalereien in lebhaften Farben erinnerten an jene im Palast von Amenophis III. in Malkata. Auch sie verherrlichten die Schönheiten der ägyptischen Landschaft und das Glück, unter der Sonne des Aton zu leben. Wandreliefs zeigten das Herrscherpaar, gefolgt von der sistrenspielenden Meritaton, bei seinen Opfergaben an Aton; Friese stellten Bewohner der Fremdländer dar, die sich dem Gott unterwarfen. Üppige Gärten umgaben die Residenz. Im Norden des Palastes lagen die Verwaltungsgebäude mit Amtsstuben für Polizei, Schatzhaus und das Amt für fremdländische Angelegenheiten. Das Kleinod dieses Stadtteils aber war der große Atontempel. An seinem Eingang erhoben sich zwei Ziegeltürme, die dem traditionellen Pylon entsprachen. Der Zugangsweg führte zum «Haus der Freude». Durch eine Säulenhalle und mehrere aufeinanderfolgende unbedeckte Höfe erreichte man den Kern des Gebäudes, der *Gem-Aton* genannt wurde, «Aton ist gefunden».

Neben Echnatons Palast stand ein kleinerer Tempel, das «Haus des Aton», dessen Achse auf den Eingang jenes Wadis ausgerichtet war, in dem sich das Königsgrab befand.

Der große Tempel war von Werkstätten umgeben, die in Zusammenhang mit den Kulthandlungen standen. Zweifelsfrei identifizieren konnte man Bäckereien, die in zwei langen, schmalen und parallelen Kammerreihen außerhalb der Umfriedung untergebracht waren. Jede Kammer bildete eine komplette Backstube mit runden Öfen und gemauerten Backtrögen entlang der Wände.

Im nördlichen Viertel lebten Händler und einfache Beamte. Dort herrschte reges Treiben. Es gab Amtsstuben von Schreibern und kleine Läden, in denen die unterschiedlichsten Waren zu kaufen waren, die per Schiff angeliefert und an den Anlegestellen der Hauptstadt ausgeladen wurden. Überdies stand in diesem Viertel ein großer Palast, die Hauptresidenz des Königs. Sie lag gut geschützt in der Nähe des Flusses und war klar von der Stadt getrennt. Hier begann die Hauptstraße, die weiter südlich am Palast der ältesten Königstochter Meritaton vorbeiführte. Empfangssäle, Badezimmer, Sonnentempel unter freiem Himmel, Gärten, mit Wandmalereien geschmückte Höfe, Darstellungen von Landschaften und Tieren gaben eine paradiesische Sicht der Natur wieder, «eine Transposition des wunderbaren, vom König selbst verfaßten Sonnengesangs in die Sprache der Architektur», wie Jacques Vandier bemerkt. Die Grabungen brachten sogar einen zoologischen Garten mit Gehegen und Futterkrippen zutage, eine komplette Anlage, in der Vögel und andere Tierarten gehalten wurden.

Das südliche Viertel, in dem die hohen Beamten wohnten und in dem einige Bildhauer arbeiteten, war von einer eigenartigen Anlage geprägt, dem Maru-Aton. Es umfaßte flache Seen, Gärten, Pavillons, Kapellen und bildete eine eigene theologische Landschaft, die die Wohltaten des Aton rühmte. Eine Beobachtungsstation ermöglichte es der Königin, deren rituelle Rolle an diesem Ort im Vordergrund stand, an der täglichen Wiedergeburt der Sonne teilzuhaben.

Die schönsten Villen waren von einem Garten und einer bis zu achtzig Meter Seitenlänge messenden Umfassungsmauer umgeben. Die wirtschaftliche Infrastruktur bestand aus Pferdeställen, Viehställen und Scheunen. Forscher fanden einen Schweinezuchtbetrieb, in dem die Tiere mit Korn gefüttert und in speziellen Gehegen aufgezogen wurden. Salzfleisch wurde in mit weißem Gipsstein desinfizierten Krügen aufbewahrt.

Das Herzstück der Villen jedoch war ein großer Empfangsraum mit Säulen aus bemaltem Holz. Dort wurden Gäste bewirtet und Festessen und Bankette gefeiert. Fenster spendeten Licht. Um diesen Saal herum waren verschiedene Räume angeordnet, Arbeitszimmer, Wohnzimmer, Abstellkammern. Im rückwärtigen Bereich der Villa befanden sich die Privatgemächer: Schlafräume, Badezimmer, Toiletten, Massageräume.

Der typische Bauplan der bescheideneren Häuser wies einen quadratischen Grundriß mit Hochparterre auf, oft mit einem vorgelagerten Hof, einer Empfangshalle, einem zentralen Raum, von dem unterschiedlich viele Zimmer abgingen, einer Küche im Außenbereich und einer Treppe auf das Terrassendach. Tatsächlich finden sich kaum zwei identische Häuser. Diese klassischen Elemente wurden immer wieder anders kombiniert.

Das Handwerkerviertel, ein Dorf in der Stadt, bestand aus unzähligen parallelen Gäßchen, die sich im rechten Winkel kreuzten. Im Eingangsbereich des Hauses bewahrte der Handwerker sein Werkzeug auf; dann kam ein Aufenthaltsraum, eine Küche, ein oder mehrere Zimmer. Jede Familie besaß ihre eigene Kapelle, in der heilige Bankette gefeiert und Götter wie Amun, Isis, Bes oder Thoëris verehrt wurden.

Bei der Erforschung von Achetaton zeigte sich einmal mehr die ausgeprägte Kohärenz der ägyptischen Gesellschaft, in der die Verbindung zwischen Stadt- und Landbevölkerung niemals abriß. Die Hauptstadt war alles andere als ein kalter, von der Natur abgeschnittener Moloch. Sie glich eher einer Ansammlung von Dörfern. Ghettos oder städtische Proletariate konnten nicht entstehen, denn Reiche und Arme lebten Seite an Seite. Lediglich der Pharao und die Königsfamilie hatten aufgrund ihrer Stellung ihren Wohnsitz etwas abgesondert im Zentrum einer Anlage von Sakralbauten.

15 Die Lehre des Sonnengottes Aton

Amarna war eine kosmische Stadt, eine Lichtregion, und ihre gesamte Architektur war auf die Sonnenstrahlung ausgerichtet.

Diese Hauptstadt, deren Geschick von Anfang an festgelegt war, gehörte einem einzigen Gott: Aton.

Es wurde vermutet, der Atonkult sei syrischer Herkunft und die asiatischen Religionen hätten Echnaton beeinflußt. Diese These entbehrt jedoch jeglicher Grundlage. Es ist bewiesen, daß «Aton» mit dem semitischen «Adon» in der Bedeutung «Herrscher» nichts zu tun hat.

Aton wurde dargestellt durch eine Sonnenscheibe, deren Strahlen sich in Hände verwandeln, von denen einige das Henkelkreuz *Anch*, das Hieroglyphenzeichen für «Leben», darreichen. Am unteren Rand der Scheibe ist eine Uräusschlange zu sehen, eine aufgerichtete Kobra, die um den Hals ebenfalls das *Anch*-Zeichen trägt. Die Gleichsetzung der Sonnenstrahlen mit den Armen der Gottheit ist ein uraltes Symbol. Eine ähnliche Darstellung findet sich bereits auf einer Stele in Gizeh aus der Zeit Amenophis' II. Es ist ein Text bekannt, der von Amun-Re sagt: «Du bist der Einzige, du hast viele Arme, du streckst deine Arme jenen entgegen, die du liebst.»

Der Sonnenkreislauf entsprach dem Weltkreislauf, der

durch das Gesetz der Schlange, der unaufhörlichen Wandlungen, regiert wurde. Die Hände der Sonne schenkten Leben und Glück, sie enthüllten die göttlichen Kräfte, die Tag für Tag den Kosmos in Gang halten.

Echnaton verkündete:

> «Ich atme den süßen Hauch
> Aus deinem Mund,
> Ich sehe deine Schönheit Tag für Tag,
> Mein Wunsch ist es, deine süße Stimme zu hören,
> Die dem Nordwind gleicht,
> Zu spüren, wie meine Glieder sich mit neuer Kraft erfüllen
> Durch das Leben,
> Dank deiner.
> Reiche mir deine Hände,
> Die deinen Geist halten,
> Auf daß ich ihn empfangen,
> Durch ihn leben kann,
> Rufe meinen Namen in der Ewigkeit,
> Auf daß er niemals untergehe.»

(Übers. Gardiner)

Der König richtete also eine regelrechte Liebeserklärung an seinen Gott. Aus den Händen der Sonne strömte das Leben in Echnaton ein.

Als «Gebieter all dessen, was die Scheibe umfaßt» ist Aton Sender und Empfänger zugleich. Sender, weil er die Quelle des Universums ist; Empfänger, weil er die Gestalt der Sonne aufnimmt, die sich kraft der Handlungen des Königs jeden Morgen neu erhebt.

Zu oft wurde der Gott Aton fälschlich mit der Sonnenscheibe gleichgesetzt. Tatsächlich handelte es sich dabei nur um seine bevorzugte Gestalt. Aton war mehr als nur ein Himmelskörper. Er war die Lebenskraft schlechthin, die Energie, die alle Lebewesen wachsen läßt, und er benutzte den «Kanal» der Sonne nur, um sich mit größtmöglichem Glanz zu manifestieren.

Übrigens war der Sonnenball für die Ägypter keine anonyme Macht. Er wurde sogar als das Antlitz Gottes betrachtet, dem ausdrucksvolle Lobreden gehalten wurden.

Die Amarna-Religion war also keine naive Anbetung des Tagesgestirns. Tatsächlich verkörperte sich Aton nicht in der Sonnenscheibe selbst, sondern im Auge der Sonne.

Dieser Aspekt eröffnet weite Perspektiven: Das Auge der Sonne war ein zentrales Thema des ägyptischen Denkens. Darin lag das Maß aller Dinge und das Geheimnis aller lebendigen Konstruktionen. Indem Aton die Gestalt des Auges der Sonne annahm, verdeutlichte er, daß er den Schlüssel zur universellen Harmonie besaß und daß der Mensch, um seiner Weisheit teilhaftig zu werden, sein inneres Auge öffnen mußte.

Aton war der Antrieb der Welt, die er in jedem Augenblick neu erschuf. Er lenkte das Geschick aller Wesen und Dinge. Am Morgen bewunderten die Menschen die Herrlichkeit einer neugeborenen Welt, wenn Aton am Horizont erschien; am Abend erlitten sie die Prüfung eines vorübergehenden Todes, wenn Atom im Westen verschwand.

Aton war ein König, der das Universum lenkte. Sein Name konnte also in einer Kartusche geschrieben stehen wie der des Pharaos. Mehrfach war der Name des Königs Aton dem Namen des Königs Echnaton vorangestellt. Echnaton betrachtete sich als Sohn des Himmelsherrschers, dessen Werk er weiterführte, als immanenten Sohn einer transzendenten Macht.

Atons Kartuschen wurden auch gesondert verehrt, wie es ein Altaraufsatz belegt, der aus einem Haus in Achetaton stammt und im Museum zu Kairo aufbewahrt wird (Nr. 13255).

Aton war Leben, das Leben spendete. Als Herrscher des Himmels und der Erde residierte er in seinem Tempel des aufgerichteten Steins in seiner Stadt, der Hauptstadt Ägyptens.

Seine Botschaft war jedoch nicht schriftlich fixiert. Die Allmacht des Lichts konnte nicht in Lehrsätze gezwängt werden. Nachdem Aton den fernen Himmel geschaffen hatte, ging er an ihm auf und betrachtete seine Schöpfung von den Höhen der Lichtregion aus. Millionen von Leben waren in ihm präsent: Er verschenkte sie über seine Strahlen. Sein Licht drang in die Herzen, wo es sich in die Schöpferkraft schlechthin verwandelte: die Liebe.

Wir kennen die Lehre des Aton aus einigen Texten, die höchstwahrscheinlich Echnaton selbst verfaßte: die Texte der Grenzstelen und die Hymnen und Gebete an den Wänden der Gräber der Würdenträger. Die Grabtexte richteten sich entweder an Aton allein oder an Aton, den König und die Königin. Sie kreisen um gemeinsame Themen und weisen bemerkenswerte Übereinstimmungen auf. Wahrscheinlich handelt es sich durchweg um Ableitungen von einem theoretischen Modell, das das Königspaar ersonnen hatte, und von dem jeweils Teile reproduziert werden durften.

Zwei Texte sollen hier in einer vollständigen Übersetzung* wiedergegeben werden: die «kleine Hymne an Aton» und die «große Hymne». Ihre Kenntnis ist unverzichtbar, um die Aton-Religion wirklich und gründlich zu verstehen.

* Deutsche Wiedergabe unter Verwendung von Jan Assmann, «Ägyptische Hymnen und Gebete», Zürich 1975 (A. d. Ü.).

Die «kleine Hymne» an Aton

Dieser Text wurde in fünf Gräbern in El-Amarna gefunden. Dreimal ist es Echnaton, der die Worte spricht. In den beiden anderen Fällen haben die Würdenträger selbst die Erlaubnis erhalten, in seinem Namen zu sprechen.

> «Oh, lebendiger Aton, Herrscher in Ewigkeit, großartig bist du, wenn du aufgehst! Du bist strahlend, vollkommen, mächtig. Deine Liebe ist groß und gewaltig. Deine Strahlen berühren jedes Gesicht, dein Glanz belebt die Herzen, du erfüllst die Zwei Länder mit deiner Liebe. Du erhabener Gott, der sich selbst gestaltet hat, der jedes Land erschuf und was darinnen ist, alle Menschen, Herden und Wild, alle Bäume, die auf dem Erdboden wachsen – sie leben, wenn du für sie aufgehst, du bist Vater und Mutter für die, die du erschaffen hast.
>
> Wenn du aufgehst, sehen ihre Augen durch dich, deine Strahlen erhellen das ganze Land. Alle Herzen frohlocken bei deinem Anblick, du bist erschienen als ihr Herr. Wenn du untergehst in der westlichen Lichtregion des Himmels, dann schlafen sie wie im Zustand eines, der tot ist; ihre Köpfe sind verhüllt, ihre Nasen verstopft, bis daß dein Aufgang eintritt in der östlichen Lichtregion des Himmels. Ihre Arme erheben sich in Lobgebärden für dein *Ka*, du belebst ihre Herzen mit deiner Vollkommenheit. Man lebt, wenn du strahlst, das ganze Land ist im Fest.
>
> Sänger und Musikanten jauchzen vor Freude im Hof der Kapelle des aufgerichteten Steins *(Benben)* und in allen Tempeln von Achetaton, dieser Stätte der Wahrheit, mit der du zufrieden bist. An ihren großen Plät-

zen werden Speisen geopfert. Dein erlauchter Sohn spricht deine Gebete, oh, lebendiger Aton in seinen Erscheinungen. Alles, was du geschaffen hast, tanzt vor deinem Angesicht. Dein erlauchter Sohn frohlockt, oh, Aton, der du im Himmel Tag für Tag zufrieden bist. Du gebierst deinen erlauchten Sohn, den Einzigen des Re [den König]. Der Sohn des Re hört nicht auf, deine Vollkommenheit zu rühmen. Neferchepe-rure, Einziger des Re.

Ich bin dein Sohn, der dir dient, der deinen Namen rühmt. Deine Macht und deine Kraft wurzeln fest in meinem Herzen. Du bist der lebendige Aton, dessen Abbild fortdauert in Ewigkeit, du hast den fernen Himmel geschaffen, um an ihm aufzugehen, um alles zu sehen, was du erschaffen hast. Du bist ein Einziger, aber in dir sind Millionen Leben. Um sie zu beleben, hauchst du den Lebenshauch in ihre Nasen ein. Weil sie deine Strahlen sehen, wachsen alle Pflanzen. Was lebt und aus dem Boden sprießt, gedeiht bei deinem Aufgang. Beglückt von deinem Anblick, tanzt alles Wild auf seinen Füßen, die Vögel im Nest schlagen vor Freude mit den Flügeln. Sie spreizen ihre Flügel zu Lobgebärden für den lebendigen Aton, ihren Schöpfer.»

Die «grosse Hymne» an Aton

Diese Hymne ist im Grab des Vertrauten des Königs, Aja, eingraviert. Um die Lektüre zu erleichtern, haben wir Überschriften eingefügt, die das Hauptthema des folgenden Absatzes zusammenfassen.

Akt der Anbetung

« Angebetet sei Re-Harachte, der in der Lichtregion jubelt in seinem Namen Schu, der Aton ist, der ewig lebt; der große lebendige Aton, der das Jubiläumsfest feiert, Herr von allem, was die Sonne umkreist, Herr des Himmels, Herr der Erde, Herr des Hauses des Aton in Achetaton; [Anbetung des] Königs von Ober- und Unterägypten, der von der *Maat* lebt, Herr der Zwei Länder, Nefercheperure, Einziger des Re, Sohn des Re, der von der *Maat* lebt, Herr der Kronen, Echnaton mit langer Lebenszeit, und die große Gemahlin des Königs, die er liebt, Herrin der Zwei Länder, Nefer-Neferu-Aton Nofretete, die lebt und gesund ist immer und ewig: Der Wesir, Fächerträger zur Rechten des Königs, Aja, er spricht: »

Das Sonnenprinzip

« Du erscheinst in der Vollkommenheit deiner Schönheit
Am Himmelshorizont,
Du lebendige Sonne,
die Leben zuweist;
Du bist aufgegangen am östlichen Horizont,
Du hast jedes Land erfüllt mit deiner Schönheit.
Du bist schön, gewaltig und strahlend,
Du bist hoch über jedem Land,
Deine Strahlen umfassen die Länder
Bis ans Ende deiner ganzen Schöpfung.
Als das Sonnenprinzip [Re]
Regierst du die Länder bis an ihre Grenzen,
Du unterwirfst sie deinem geliebten Sohn.»

Die Abwesenheit des Sonnenprinzips gleicht dem Tod

«Du bist fern,
Aber deine Strahlen sind auf Erden,
Du bist in unserem Angesicht,
Aber man kann deinen Gang nicht erkennen;*
Gehst du unter in der westlichen Lichtregion,
Ist die Erde in Finsternis, in der Verfassung des Todes.
Die Menschen schlafen in ihren Kammern,
Verhüllt sind ihre Köpfe,
Niemand erkennt seinen Bruder.
Stiehlt man ihre Habe unter ihren Köpfen,
So merken sie es nicht.
Alle Löwen kommen aus ihren Höhlen,
Alles Gewürm sticht.
Die Erde liegt in Schweigen,
Die tiefste Finsternis herrscht,
Ihr Schöpfer ist untergegangen an seinem Horizont.**»

Die Rückkehr der Sonne ist ein Fest für das gesamte Universum

«Du [Aton] erhebst dich des Morgens am Horizont,
Du leuchtest als Sonne des Tages,
Du vertreibst die Finsternis,

* Oder: «Deine [himmlische] Bewegung bleibt unbekannt.» Echnaton will ausdrücken, daß die Essenz des Gottes für die Menschen nicht erfaßbar ist, wenngleich er sich durch ein überaus strahlendes Symbol manifestiert, das Sonnenlicht.

** Der durch die Abwesenheit der Sonne ausgelöste «Tod» ist keine Vernichtung, sondern eher eine Abtrennung von der Energie. Während dieser Phase bereitet sich die Wiedergeburt vor, die jedoch niemals gesichert ist.

Du verbreitest deine Strahlen.
Die Zwei Länder feiern dir zu Ehren,
Die Menschen erwachen,
Sie stehen auf ihren Füßen,
Du hast sie aufgerichtet.
Sie reinigen ihre Körper und ziehen Leinengewänder an,
Ihre Arme sind erhoben in Lobgebärden bei deinem Erscheinen.
Das ganze Land tut seine Arbeit,
Alles Vieh sättigt sich an seinen Kräutern,
Bäume und Pflanzen wachsen,
Die Vögel fliegen auf aus ihren Nestern,
Ihre Flügel entbreitet in Lobgebärden für deine Lebenskraft,
Alles Wild tanzt auf seinen Füßen,
Alles, was auffliegt und sich niederläßt,
Sie leben, wenn du für sie aufgehst.
Die Schiffe fahren stromab
Und stromauf in gleicher Weise.
Jeder Tag ist eröffnet
Durch dein Erscheinen.
Die Fische im Fluß
Hüpfen vor deinem Angesicht,
Deine Strahlen dringen ins Innere des Großen Grünen [des Ozeans].»

Das Sonnenprinzip lässt das Leben in all seiner Vielfalt wachsen

«Du bewirkst, daß der Embryo bei den Frauen entsteht,
Du produzierst den Samen beim Mann,
Du erhältst den Sohn im Leib seiner Mutter am Leben,
Du beruhigst ihn,

Indem du seine Tränen stillst.
Du bist die Amme dessen,
Der sich noch im Schoß verbirgt,
Du spendest fortwährend den Hauch,
Der jeder Kreatur Leben schenkt.
Wenn sie herabkommt aus dem Leib,
Um zu atmen am Tag ihrer Geburt,
Öffnest du ihren Mund gänzlich
Und sorgst für ihren Bedarf.
Wenn das Küken im Ei
Zwitschert in der Schale,
Dann gibst du ihm Luft darinnen,
Um es zu beleben.
Du hast für es befohlen
Eine streng bemessene Zeit des Brütens,
In der es vollständig wird;
Es zerbricht seine Schale von innen,
Es schlüpft aus dem Ei, es spricht.
Zum festgelegten Zeitpunkt
Schlüpft es heraus und läuft auf seinen Füßen.»

Das Sonnenprinzip ist Einheit und Vielfalt zugleich

«Wie viel ist, was du geschaffen hast,
Indem es unseren Augen verborgen ist,
Du einziger Gott ohnegleichen.
Du hast die Erde erschaffen nach deinem Herz-Bewußtsein,
Der du allein warst.»

Das Sonnenprinzip schafft Unterschiede zwischen den Rassen, doch es verteilt seine Wohltaten an alle

«Menschen, Herden, jegliches Wild,
Alles, was auf Erden ist
Und auf seinen Füßen läuft,
Alles, was in der Luft ist
Und mit seinen Flügeln auffliegt,
Die Fremdländer von Syrien und Nubien,
Das Land von Ägypten,
Du stellst jedermann an seinen Platz
Und schaffst seinen Bedarf.
Die Zungen sind verschieden
Im Sprechen,
Ihre Eigenschaften desgleichen,
Ihre Hautfarbe ist unterschiedlich,
Denn du unterscheidest die Fremdländer.
Du machst einen Nil in der unteren Welt
Und bringst ihn herauf nach deinem Belieben,
Um die Menschen Ägyptens am Leben zu erhalten,
Wie du sie geschaffen hast.
Du bist ihrer aller Herr,
Der sich abmüht mit ihnen,
Du Herr eines jeden Landes,
Der aufgeht für sie.
Du Sonne des Tages, gewaltig an Hoheit,
Alle fernen Länder, du schaffst ihren Lebensunterhalt,
Du hast einen Nil an den Himmel gesetzt,
Daß er herabsteige zu ihnen,
Er gibt den Wasserläufen ihre Form,
Um ihre Äcker und ihre Orte trunken zu machen.

Wie wirkungsvoll sind deine Pläne,
Du Herr der unendlichen Zeit,
Der Nil am Himmel,
Du gibst ihn den Fremdvölkern
Und den Wildtieren der Wüste,
Die auf ihren Füßen laufen;
Für das Geliebte Land [Ägypten],
Kommt der Nil aus der unteren Welt.* »

Das Sonnenprinzip regiert die Harmonie der Welt

«Deine Strahlen säugen alle Felder,
Wenn du aufgehst,
Leben sie und wachsen um deinetwillen.
Du fügst die Jahreszeiten,
Damit sich entwickele,
Was alles du schaffst:
Den Winter, die Menschen zu kühlen,
Die Hitze, damit sie dich schätzen.
Du hast den Himmel in der Ferne geschaffen,
Um an ihm aufzugehen,
Um alles zu sehen, was du erschaffst,
Du bleibst in deiner Einheit.
Du bist aufgegangen
In deiner Verkörperung als lebende Sonne,
Du bist erschienen und strahlend,
Du bist fern und nah zugleich.

* Für Echnaton gab es zwei Nilflüsse: Einer befand sich im Himmel und spendete den Fremdländern Leben. Der andere entsprang in der «unteren Welt» und spendete den Ägyptern Leben. Die Bezeichnung «untere Welt» ist ein wenig irreführend, denn sie läßt an eine Art Hierarchie denken. Tatsächlich ist jedoch die «untere Welt» die der potentiellen Schöpferenergien.

Du erschaffst in Ewigkeit
Millionen Verkörperungen aus dir,
Dem Einen.
Städte und Dörfer, Äcker, Wege und Flüsse,
Alle Augen sehen dich ihnen gegenüber,
Indem du als Sonne des Tages
Über der Erde bist.*
Wenn du gegangen bist,
Ist kein Geschöpf mehr da,
Das du gezeugt hast,
Damit du nicht deinen Leib
Als einziges deiner Geschöpfe sehen müßtest.»

König Echnaton ist der einzige, der das Schöpferprinzip kennt

«Keiner, den du gezeugt hast, sieht dich,
Du wohnst in meinem Herzen.
Kein anderer kennt dich,
Außer deinem Sohn Echnaton,
Du läßt ihn kundig sein deiner Pläne
Und deiner Macht.»

Die «Bewegungen» des Sonnenprinzips bestimmen den Rhythmus des Lebens

«Die Erde entsteht auf deinen Wink,
Wie du sie erschaffen hast.**
Du gehst auf für sie,

* Diese Stelle kann man auch verstehen als: «Alle Augen betrachten dich über sich, denn du bist Aton des Tages über der Erde ...»
** Oder: «Da du die Menschen erschaffen hast.»

Sie lebt.
Du gehst unter,
Sie stirbt.
Du bist die Lebenszeit selbst,
Man lebt durch dich.
Die Augen ruhen auf deiner Vollkommenheit,
Bis du untergehst,
Alle Arbeit wird niedergelegt,
Wenn du untergehst im Westen.»

König Echnaton und seine Gemahlin Nofretete sind die ersten Nutzniesser der Schöpfung. Darum sind sie dafür verantwortlich

«Wenn du aufgehst,
Läßt du alles Seiende wachsen für den König;
Eile ist in jedem Fuß,
Seit du die Erde gegründet hast.
Du richtest sie auf für deinen Sohn,
Der aus deinem Leibe kam,
Den König von Ober- und Unterägypten,
Der von der universellen Harmonie lebt,
Den Herrn der Zwei Länder,
Den Sohn des Re,
Der von der universellen Harmonie lebt,
Den Herrn der Kronen,
Echnaton,
Möge seine Lebensdauer groß sein!
Möge seine Große Gemahlin, die er liebt,
Die Herrin der Zwei Länder,
Nofretete,

Leben und sich verjüngen,
Für alle Zeit, in Ewigkeit.»

Aton und das Prinzip der Verjüngung

Aton war der Gebieter des «Sedfestes», das den König auf magische Weise verjüngte. Atons Strahlen brachten dem König Tausende von «Sedfesten». Als Aton geboren, war Echnaton ebenso unsterblich wie dieser.

Wesentlich dabei ist, wie Marianne Doresse bemerkt hat, daß dieses Verjüngungsfest dank Aton Tag für Tag stattfand. Die Texte erklären das so: Wenn Aton am Himmel aufgeht, um die Erde zu erhellen, erreichen seine Strahlen den König, seinen geliebten Sohn. Die Hände der Sonne bringen dem Pharao, dem aus dem Licht geborenen Kind, Tausende von Verjüngungsfesten. Aton übermittelt dem König seine Lebensdauer, also die Ewigkeit des Morgens und die Ewigkeit des Abends.

Um diese Verjüngung zu feiern, die er in einem Morgen- und Abendritual beging, schlüpfte Echnaton in die charakteristische weiße Tunika, die auch alle Könige vor ihm zu ihren Verjüngungsfesten getragen hatten.

Aton ist Freude und Liebe

Atons Erscheinen löste unbändige Freude aus. Die Erde erlebte ein leuchtendes Fest. Die Menschen brachen in Jubelrufe aus und erkannten Aton als König an.

Der Atonkult lebte von dieser Freude über die Schönheit

der von der Gottheit gestalteten Schöpfung. Aton-Echnaton vertrieb die Nacht und den Tod. Er besang das, was lebte, was sich bewegte, all das, was die Dynamik des Seins verkörperte, sei es nun Essen, Atmen, Spielen oder Lieben.

Allmorgendlich erwarteten die Gläubigen eine Wiedergeburt, in deren Verlauf das Leben erneut allen Geschöpfen geschenkt wurde. Durch Atons Gnade wurde die Freude der Menschen geboren, die Gesundheit der Körper, das Lachen der Kinder; durch seine Schöpfermacht entfalteten sich die Blumen und reiften die Früchte. Der, der seinen Namen im Gebet rühmte, kam in den Genuß seiner lieblichsten Gaben: das Murmeln des Windes und des Wassers. Sowie Aton erschien, wurden die Geschöpfe von Kraft erfüllt, die Tiere sprangen fröhlich herum, die Vögel flogen umher. Die Herzen erfüllten sich mit sanfter Wärme.

Aton war zudem jene Kraft der Liebe, die bewirkte, daß die Lebewesen miteinander auskamen, ohne sich zu zerstören, und danach strebten, in Harmonie zu leben. Aton achtete auf die kleinen Dinge ebenso wie auf die großen Ereignisse. Sein Denken war «das Ereignis, das Leben hervorbringt», nichts war aus seiner Liebe ausgeschlossen.

Wer Aton in seinem Herzen trug, würde weder Elend noch Armut kennenlernen, denn er betrachtete bezaubert die Gegenwart Gottes in allen Dingen. Es gab keine pathetischen Bitten an Aton, kein Flehen um Heilung oder Hilfe; die Aton-Religion war ganz auf Freude ausgerichtet. Fruchtbarkeit der Natur und Nahrungsfülle waren die greifbaren Beweise von Atons Strahlen.

Pendlebury bemerkt: «Aton ist ein rein schöpferischer Gott. Er hat alle Lebewesen geschaffen und für die Befriedigung ihrer Bedürfnisse gesorgt, doch damit endet sein Werk. Man findet bei ihm keine Spur eines Willens, der das Gute belohnt und das Böse bestraft.»

Die moralische, also menschliche Dimension war tatsächlich aus dem Licht seines göttlichen Strahlens ausgeschlossen, dennoch erzeugte dieses Strahlen ein Schicksal. Aton und der König trugen den Namen «Schicksal, das Leben spendet». So antwortete Aton durch sein Erscheinen auf alle Fragen, die sich die Lebewesen stellten. Die Intensität seines Lichts war absolutes, totales Leben, Existenz im Diesseits und ewiges Leben.

16 Echnaton und die anderen Götter

Eine These zur Amarnazeit ist mittlerweile so oft wiederholt worden, daß sie schon beinahe als Tatsache gilt und nicht mehr hinterfragt wird: Echnaton soll den Monotheismus erfunden haben. Angeblich bildete seine Auffassung eines alleinigen Gottes einen deutlichen Bruch mit dem traditionellen Polytheismus und wies voraus auf die Offenbarung des Mose.

Diese Behauptung scheint uns allerdings höchst zweifelhaft, und zwar aus folgenden Gründen:

Im Grab des Neferhotep, das aus der Regierungszeit des Haremhab stammt, wird Aton definiert als der «sichtbare Leib des Re». Die Bezüge zwischen den beiden Formen des göttlichen Lichts sind von grundlegender Wichtigkeit. Re war das Licht in seinem göttlichen und abstrakten Prinzip. Er war die reine Aktion, die das Leben erschuf. Er war sichtbar und unsichtbar zugleich. Aton, der von dieser Urenergie untrennbar war, verkörperte sie und manifestierte sie auf glänzende Weise. In den angeführten Texten haben wir gesehen, daß die Auswirkung der Erscheinung des Lichts im Vordergrund stand, die Freude, die sie bei den Lebewesen auslöste.

Die theologischen Namen des Aton sind eindeutig. Das göttliche Prinzip wird genannt «Re, der Vater, der als Aton gekommen ist». Echnaton war der «Einzige des Re», des

«Regenten der Lichtregion», in der Aton aufging. Ihrer fünften Tochter gab Nofretete den Namen Nefer-Neferu-Re, «Vollkommen ist die Vollkommenheit des Re», die sechste nannte sie Setep-en-Re, «Die Auserwählte des Re».

Die Abhängigkeit Atons von Re kommt hierin klar zum Ausdruck. Aton war nicht der einzige Gott, der die anderen Göttergestalten ins Nichts verbannte. Er war hervorgegangen aus dem Licht des einen Prinzips, um eine Zeitspanne und eine Regierung zu prägen.

Jede göttliche Macht stand in einer einzigartigen Beziehung zu diesem Prinzip. Von Amun etwa heißt es: «Amun, der Eine, der einzig ist, und dessen Arme zahlreich sind» (Papyrus Boulaq 17), was auch als Beschreibung des Aton hätte gelten können.

Echnaton griff auf die Sonnenreligion von Heliopolis zurück, die um Re kreiste, und verlieh ihr neue Ausdruckskraft, indem er einen «kleinen» Gott aus dem traditionellen Pantheon an erste Stelle setzte – Aton. Dadurch machte er Aton zu einer Art König der Götter, und alle anderen Gottheiten erwiesen ihm ihre Verehrung, Amun eingeschlossen.

Aton war Licht, Freude, Bewegung. Die Texte, die ihn rühmen, sprechen nicht von Tod und Auferstehung, also von der Domäne des Osiris, des Richters über die Toten und Hüters des Jenseitsgerichts. In der Amarnakunst findet sich keine einzige Abbildung von Symbolen aus der Osirisverehrung.

Die Stele des Hetiu liefert uns den Schlüssel für dieses Rätsel: «Gegrüßt seist du, Osiris, Gerechtfertigter im Gericht! Du erhebst dich wie Re in der Lichtregion, seine Scheibe ist deine Scheibe, sein Bild ist dein Bild, seine Macht ist deine Macht.»

Echnaton ließ Re, den Gebieter der himmlischen Räume, und Osiris, den Gebieter der unterirdischen Räume, zu einem verschmelzen. Er integrierte das Wesen des Osiris in jenes des Re, er schloß das Jenseits ins Licht ein und den Tod in die Freude über das Strahlen der Sonne.

Nichts daran war «ketzerisch». Diese Idee war schon im ältesten religiösen Textkorpus nachzuweisen, in den Pyramidentexten. Echnaton lehnte seine eigene Qualität als Osiris, also als auferstandenes Wesen, nicht ab. Im Grab Nr. 55 im Tal der Könige, auf das wir noch näher zu sprechen kommen werden, sorgten magische Ziegelsteine für Echnatons Schutz. Der in deren Inschriften auftauchende Name ist aufschlußreich: Der König wird als *Osiris*-Nefer-Cheperu-Re bezeichnet. Das bedeutet, Echnatons Jenseits war das eines Osiris, der mit Re vereint war, also eines transmutierten Wesens, das eins war mit dem uranfänglichen Licht. Dieses Motiv stimmt ganz und gar mit der traditionellen Lehre der ältesten ägyptischen Spiritualität überein.

Bestimmte Elemente aus der Bestattungsthematik wurden auch unter Echnaton nicht aufgegeben, etwa das der Kanopenschreine. Die Gefäße symbolisierten die vier Söhne des Horus. Darin wurden die Eingeweide des Toten aufbewahrt, der sich in einen Osiris verwandelt hatte. Nur ein Detail veränderte sich unter Echnaton: Traditionell waren an den Ekken der Kanopenkästen Göttinnen abgebildet. Bei Echnaton erschienen dort statt dessen vier Falken, Abbilder des Sonnengottes Re-Harachte. Hier wurde also wieder das gleiche Bestreben deutlich, die Verschmelzung zwischen Osiris und Re zu betonen.

Um verschiedene Arbeiten im Jenseits auszuführen, riefen die Auferstandenen nach kleinen magischen Figurinen, den *Uschebtis* (oder *Schawabtis*), deren Namen «die Antwortenden» bedeutet. Diese Figurinen erwiderten den Ruf des Auferstandenen, der die Formeln kannte, mit denen er sie zur Arbeit bewegen konnte. Im Metropolitan Museum of Arts wird ein *Uschebti* des Pharaos Echnaton aus Quarzit aufbewahrt, das in der klassischen Osiris-Haltung gestaltet ist: die Arme sind auf der Brust gekreuzt, die Hände halten Henkelkreuze, die Hieroglyphenzeichen für «Leben». Nur Einzelheiten unterscheiden sich von der traditionellen Symbolik: der Osiris-Bart ist durch den königlichen Zeremoniebart ersetzt, die Haare sind als archaische Perücke gestaltet, die mit der Uräusschlange versehen ist.

Auch der Offizier Hat besaß einen *Uschebti*, der im Museum zu Kairo zu sehen ist (JE 39590). Diese Figur hält zwei Hacken, die dazu dienen, die Erde aufzugraben. Die Inschrift schildert, wie Hat die lebende Sonnenscheibe, die mit ihrer Schönheit alle Länder beleuchtete, bat, sie möge ihm den süßen Hauch des Nordwindes geben, eine lange Lebenszeit im schönen Westen, frisches Wasser, Wein und Milch für sein *Ka*, die unsterbliche Schöpfermacht. Diese Wünsche waren durchweg traditionell.

Auch die Mumifizierung wurde weiterhin praktiziert. Ihr Ziel war es, den sterblichen Körper in einen unsterblichen zu verwandeln und den Menschen mit dem kosmischen Wesen Osiris gleichzusetzen. Selbst der Skarabäus, der auf die Mumie gelegt wurde, um ihr als «Herz der Verwandlungen» im Jenseits zu dienen, wurde beibehalten, allerdings trug er nun als Inschrift keine Passage aus dem Totenbuch mehr, sondern ein Gebet an Aton.

Was in der Aton-Religion vollständig ausgeblendet wurde, war die Vorstellung vom nächtlichen Lauf der Sonne unter der Erde. Währenddessen hatte sie gefährliche Prüfungen zu bestehen und lief stets Gefahr, vernichtet zu werden. Atons Symbolik war tagesbezogen, fröhlich und voller Licht. Die Geographie des Jenseits, wie sie in den Gräbern im Tal der Könige oder in Texten wie der «Schrift des Verborgenen Raumes» (*Amduat*) enthüllt wird, berücksichtigte sie nicht.

Zwar fehlten in der Aton-Religion diese gefährlichen Prüfungen der Unterwelt und das Osiris-Gericht, die Finsternis war jedoch auch hier vertreten. Wenn das Licht im Westen verschwand, trat die Seele des Atongläubigen in eine Art Lethargie ein, in einen Schlaf, der eine Form des Todes war. Erst bei Atons Rückkehr am nächsten Morgen lebte sie wieder auf. Wenn die Nacht hereinbrach, mußte die Seele in den Körper zurückkehren und war gefangen in seiner Finsternis und Unbeweglichkeit. Wenn der sichtbare Leib der Sonne verschwand, erstarrte das Universum. Durch die rituellen Handlungen des Pharaos, die das Aufgehen der wiedergeborenen Sonne begleiteten, wurden die toten Seelen als lebende Seelen wiedergeboren, die dem Himmelslauf des Tagesgestirns folgten.

Zwar wurden bestimmte Aspekte des Totenreichs durch den Glanz des Aton überstrahlt, dennoch legte man weiterhin Gräber an, Häuser der Ewigkeit, die irdischen Pforten ins Jenseits.

Zwischen der Seele des Verstorbenen und der Welt der Lebenden mußte ein «Energiekreislauf» aufrechterhalten werden. In Wirklichkeit existierte keine Sperre zwischen dem Sichtbaren und dem Verborgenen. Ägypten glaubte nicht an den Tod. Es gab nur eine Reihe von Transformationen, eine Metamorphose, deren Gesetze zeitlos waren. So gefiel es der Seele des Gerechten, die von den Strahlen des Aton Tag für Tag wiederbelebt wurde, in den Garten seines Hauses zurückzukehren, den Duft des Windes zu genießen und sich an der Kühle des Wassers zu erfreuen.

In Gestalt eines Vogels verließ die Seele das Grab regelmäßig, nachdem sie sich gereinigt hatte, um der aufgehenden Sonne Ehre zu erweisen und mit ihrem Licht zu verschmelzen. Wie es seit den Anfängen der ägyptischen Kultur die Regel war, legte die Seele großen Wert darauf, daß ihr Name, also ihr innerstes Wesen, auf Erden in respektvollem Andenken gehalten wurde. Durch die Kenntnis seines Namens sicherten die Nachkommen dem Verstorbenen sein Überleben. Dies erforderte zudem noch zahlreiche Opfergaben, denn die Seele ernährte sich weiterhin: nicht mehr von den materiellen Substanzen, sondern vom feinstofflichen Gehalt der Speisen und Getränke, die ihr dargebracht wurden, von der darin enthaltenen Lebensenergie.

Bei der Zelebration zu Ehren des Aton wurden die Seelen angerufen und verwandelten sich in unsichtbare Gäste beim göttlichen Festmahl, das tagtäglich durch das Opferritual im großen Hof des Atontempels veranstaltet wurde.

Die Grabdekoration hatte sich zu Echnatons Zeit entscheidend verändert. Das zentrale Thema war nun Echnaton selbst. In den Szenen und Texten, die ihre letzte Ruhestätte schmücken, sprechen die Verstorbenen häufig von ihrem gesellschaftlichen und spirituellen Verhältnis zum König. Sie ließen sich bevorzugt in Szenen des täglichen Lebens verewigen, in denen Echnaton persönlich erschien.

Nicht nur das Bild des Königs war allgegenwärtig, auch seine Familie wurde oft dargestellt; Nofretete ist im Grabdekor häufig zu sehen, auch in Begleitung ihrer Kinder. Die bildliche Darstellung wurde durch Texte ergänzt: Die Grabwände boten den Theologen Raum für die Hymnen und Gebete an Aton.

Die Mitglieder der Königsfamilie, denen in der Aton-Religion große Bedeutung zukommt, übernahmen hier die Rollen der traditionellen Gottheiten. Der größte Wunsch eines Einwohners von Achetaton war es, den König und die Königin als Verkörperungen des Göttlichen mit eigenen Augen zu sehen, Aton zu betrachten, der am Himmel ebenso erstrahlte wie im unsterblichen Wesen des Sonnenpaares.

Wie umstritten war Aton?

Daß die ägyptische Bevölkerung ein enges Verhältnis zum Osiriskult hatte, scheint für die meisten Ägyptologen unstrittig zu sein. Doch auch hier müssen wir dem Augenschein mißtrauen. Die berühmte «Wallfahrt nach Abydos», in die heilige Stadt des Osiris, war alles andere als eine Volksbelustigung. Im Gegenteil: Nur die Seelen der Gerechten begaben sich nach Abydos, in jene geheime und abgeschlossene Stadt, in der wenige Eingeweihte die Mysterien des Osiris zelebrierten. Die Mehrzahl der Ägypter kannte deren Inhalt gar nicht. Nur wenige Menschen wurden in die Kenntnis der esoterischen Texte eingeführt, die die Mythen und Riten rund um Osiris enthüllten. Für die meisten Ägypter war Osiris daher nur ein Name, der den Gerechten die Unsterblichkeit ihrer Seelen garantierte. Die leidenschaftliche Osirisverehrung der ägyptischen Spätzeit mit ihren unzähligen Exvotos, kleinen Weihegaben und Bildtäfelchen, die geradezu an den Lourdes-Kult denken lassen, gab es zu Echnatons Zeit noch nicht.

Daß Aton Osiris als Garant des ewigen Lebens verdrängte, rief vermutlich keine besonderen Emotionen wach. Das Volk war für die subtile Theologie des Lichtgottes ebensowenig zugänglich wie einst für jene des Amun. Wichtig war nur, daß das Heilige weiterhin über den Alltag regierte und daß das Geschick der Menschen nicht von den Taten der Götter getrennt wurde.

Ägyptologen wie Erman haben die Ansicht vertreten, Aton sei in seiner eigenen Hauptstadt umstritten gewesen: «Wenn wir heute über die Jahrtausende hinweg auf das Reich von Tell Amarna blicken, so sind wir geneigt, nichts darin zu sehen als eine heitere Welt voller Sonnenschein. Ein junges Königspaar mit niedlichen Töchtern, eine glänzende Stadt mit heiteren Tempeln, mit Palästen und Villen, mit Gärten und Teichen, und das Ganze überstrahlt von einem fröhlichen Glauben, der nichts kennt als Dank gegen den gütigen Schöpfer und Gerechtigkeit gegen die Mitmenschen, auch wenn sie einem fremden Volke angehören. Das war doch etwas so Herrliches, wie es die Welt selten gesehen hat. Aber leider wird auch hier nur die Außenseite eine Glänzende gewesen sein und an Nöten und Sorgen wird es auch am Hofe von Tell Amarna nicht gefehlt haben. Trotz allen Eifers des Königs wurde der neue Glaube gewiß von der Mehrheit des Volkes abgelehnt und diese hing im Stillen weiter an ihren alten Göttern.» *

Natürlich müssen wir uns von einer «paradiesischen» Vorstellung des Lebens in El-Amarna frei machen. Doch eine Verehrung der alten Götter «im Stillen» erscheint uns sehr fragwürdig. Mit Sicherheit wußte der König, daß ein Teil der ägyptischen Bevölkerung in El-Amarna und anderswo weiterhin die althergebrachte Frömmigkeit pflegte und daß sein Gott in den Herzen vieler Untertanen nicht als einziger Gott lebte.

Einwohner von Achetaton trugen Namen, in denen auch die traditionellen Gottheiten vorkamen. Der König hatte sie offenbar nicht gezwungen, ihre Namen zu ändern. Die Ausgrabungen förderten zahlreiche Amulette und kleine Kultgegenstände ans Tageslicht, die mit den Namen anderer Gottheiten wie Bes, Isis, Thoëris und sogar Amun versehen waren. Im Haus eines Mannes namens Ptahmose etwa wurde eine Stele zu Ehren des Gottes Ptah gefunden. Im Jahre 1822 tauchten im Umkreis des Königsgrabes mehrere Schmuck-

* Zitiert nach: Adolf Erman, «Die Religion der Ägypter», Berlin 1934, S. 126f. (A. d. Ü.).

stücke auf, darunter ein Ring mit Cabochon, auf dem die Froschgöttin Heket auf einem Skarabäus dargestellt war. Auf der Innenseite war der Name der «Himmelsherrin Mut», der Gemahlin des Amun, angebracht. Man kann unmöglich annehmen, daß all diese Objekte erst nach Achetaton gebracht wurden, als die Stadt bereits verlassen war. Also liegt die Schlußfolgerung nahe, daß neben der offiziellen Atonverehrung tatsächlich eine «Volksreligion» existierte.

Auf viele Forscher wirkte die Entdeckung von Petrie sehr verunsichernd: Er grub kleine Figurinen aus, die er als «skandalöse Karikaturen der Königsfamilie» deutete. Es handelt sich dabei um kleine Karren, die von Affen gezogen und auch von einem Affenpaar gelenkt werden. Stellen sie Echnaton und Nofretete dar? – Eine völlig ungesicherte Behauptung. In diesem Zusammenhang müssen auch andere Figurinen erwähnt werden: Affen, die Harfe spielen, akrobatische Kunststücke vollführen, essen, trinken. Diese Ikonographie entspricht Motiven, die uns aus den Märchen bekannt sind, und vermutlich handelt es sich bei diesen Gegenständen um Bildhauermodelle oder Kinderspielzeug. Allein darin eine politische Anfechtung des Herrscherpaares zu sehen wäre absurd, um so mehr, als der Affe in Ägypten alles andere als ein negativ besetztes Tier war. Der quirlige Affe, der das Geistige symbolisierte, mußte domestiziert und an der Leine geführt werden, doch der große Affe, der die Sonne bejubelte, wenn sie des Morgens aufging, wurde verehrt. In ihm wurde Thot wiedergeboren, der Gott der Kenntnis, und seine Botschaft war bedeutsam.

Der Volksglaube lebte in Achetaton ebenso wie in den anderen ägyptischen Städten weiter. Die einfachen Menschen blieben der Tradition verbunden, respektierten jedoch auch das Auftauchen einer neuen Göttergestalt, Aton, von der ihr Glück und ihr Wohlergehen abhing. Der Pharao war schließlich keine politische Gestalt, sondern ein Gottkönig. Er konnte nicht «angefochten» werden, denn sein symbolisches Wesen war die Achse, die Himmel und Erde verband. Er sorgte für das spirituelle und materielle Wohlergehen des gesamten Landes. Daß sich die Göttergestalt einer Regierungszeit im Vergleich zur vorhergehenden Regierungszeit verwandelte, änderte nichts an der Position des Pharaos.

Monotheismus oder Polytheismus

Zwei Jahrtausende der Religionsentwicklung im Okzident haben uns zu dem Schluß geführt, der Monotheismus sei die höchste Form des Glaubens und der Polytheismus eine rückständige Religionsform.

Die alten Ägypter sahen das jedoch anders. Sie glaubten weder an Gott noch an die Götter. Sie verfügten über «die Kenntnis», und sie experimentierten. Zugang zur Unsterblichkeit verschaffte man sich durch die Kenntnis, nicht durch Glauben. Daher die Bedeutung der Texte und der Rituale, die als regelrechte Wissenschaft des Seins begriffen wurden. Monotheismus und Polytheismus sind zwei dogmatische Aspekte, die gleichermaßen ungenügend sind, um die wahre Natur des Heiligen einzufangen.

Aus den Ritualtexten erfahren wir, daß jede Gottheit eine Ausdrucksform des Einen war, und daß dieser Eine die Vielfalt nicht unterdrückte. Die Vorstellung eines «monotheistischen» Gottes, der keine anderen Götter um sich duldet, stellte in keiner Weise einen Fortschritt dar, sondern zeugte von der Unfähigkeit, das Heilige in seiner Ganzheit zu erfassen. In jedem Tempel wohnte der Eine in all seinen Manifestationen. Amun etwa wird in den Texten beschrieben als

«Der einzige Gott, der sich aus sich selbst heraus in eine unendliche Vielzahl von Formen verwandelt; jeder Gott ist in ihm».

Die ägyptische «Religion» war genaugenommen das, was das Wesen mit dem Heiligen verband, und zwar auf einer Vielzahl von Wegen, die alle auf ein Zentrum ausgerichtet waren. Das konnte vom Individuum jedoch nicht unmittelbar wahrgenommen werden, denn seine spirituellen «Kompetenzen» waren per se ungenügend. Daher konnte auch der aufrichtigste Glaube nicht die Kenntnis ersetzen, die sich aus dem praktischen Umgang mit Symbolen und Riten ergab.

Echnaton hegte niemals die Absicht, den Monotheismus zu etablieren und den Polytheismus zu bekämpfen. Ein solches Vorgehen wäre dem ägytischen Denken völlig fremd gewesen. Die ägyptische Spiritualität war die Kenntnis des Energiekreislaufs zwischen dem Einen und der Vielfalt, zwischen dem Mittelpunkt und der Peripherie. Zu den Pflichten eines jeden Pharaos gehörte es, durch eine besondere Betonung eines Aspektes der göttlichen Macht einen Weg hin zu dieser Kenntnis aufzuzeigen.

War Aton universell?

Der englische Ägyptologe Gardiner ist der Meinung, Echnaton habe sich damit begnügt, seine persönliche Mystik innerhalb der Grenzen Amarnas zu praktizieren, und er habe sich für die Welt außerhalb dieser Grenzen nicht interessiert. Andere Gelehrte vertreten die gegenteilige Ansicht. Immerhin wurden in Heliopolis, Memphis, Hermonthis und vermutlich noch in anderen Gegenden Ägyptens Atontempel errichtet. Hatte Echnaton etwa die Absicht, eine Religion zu erschaffen, die sich nicht nur über ganz Ägypten ausbreiten, sondern sich zu einer Art Weltreligion entwickeln sollte? «Welche Macht der Welt», so fragt sich Weigall, «könnte ein Imperium erschüttern, dessen einziger Gott von den Nilkatarakten bis zum fernen Euphrat verstanden und angebetet würde?»

Zur Bekräftigung dieser These verwies man auf die «Weltpolitik» des Thutmosis III., der seine militärischen Siege mit einer religiösen Expansion «untermauerte». Amenophis III., Echnatons Vater, soll empfänglich gewesen sein für die Begegnung mit den Religionen seiner Zeit. Er hieß fremdländische Gottheiten in Ägypten willkommen.

Aton hatte die Vielfalt von Sprachen und Völkern geschaffen, doch seine Wohltaten ließ er allen Lebewesen gleichermaßen zukommen. So bot der Gott die Grundlage für eine religiöse Kommunion aller Länder sehen, die Beziehungen zu Ägypten unterhielten. Warum sollte man nicht den trügerischen Traum von einer immer wieder angefochtenen Militärherrschaft aufgeben, um statt dessen auf die Entstehung einer Völkergemeinschaft hinzuwirken, die auf einer gemeinsamen Religion basierte?

Der Falke, das traditionelle Machtsymbol der Sonne, war letztlich nur den Ägyptern selbst wirklich verständlich. Vielleicht hielt Echnaton es auch deshalb für notwendig, ihn durch die Sonnenscheibe zu ersetzen, deren Bedeutung allen Völkern offensichtlich ist. Jedermann wußte um die wohltuende Wirkung der Sonne, ihr Motiv bildete einen elementaren und allgemeinverständlichen Zugang zum Göttlichen.

Diese «universalistische» Vision des Aton erscheint uns heute recht unwahrscheinlich. Allein der darin enthaltene Wille zur Bekehrung war der ägytischen Religion zu allen Zeiten völlig fremd. Gerade Thutmosis III., der ein unerbittlicher Kolonisator hätte sein können, achtete stets sorgfältig darauf, den Territorien unter ägyptischem Protektorat ihre religiöse Autonomie zu belassen.

Der heilige Charakter des göttlichen Lichts ist allerdings tatsächlich universell. Das Prinzip Aton kennt keine Grenzen. Doch diesen metaphysischen Charakter nutzte Echnaton nicht zu einem Kreuzzug.

17 Echnaton als spiritueller Meister

Im Amt des Herrschers der Zwei Länder waren spirituelle und irdische Macht untrennbar miteinander verschmolzen. Die heiligen Pflichten und die Verwaltung des Landes ergaben eine globale Harmonie, außerhalb derer das Glück, das heißt die Anwesenheit des Göttlichen auf Erden, nicht existieren konnte.

Ein ägyptischer König war zugleich Regierungsmann, Ritualkundiger, Gelehrter und Eingeweihter in die Mysterien. Die Vielfalt der verlangten Kompetenzen erforderte außergewöhnliche Persönlichkeiten. Echnaton bildete von dieser Regel keine Ausnahme. Er stellte seine Rolle als Lehrender im Bereich des Heiligen sogar besonders heraus und verstand sich nach dem Vorbild vieler seiner Vorgänger als spiritueller Meister.

Bei seiner Krönung nahm Echnaton den Titel «Größter der Sehenden» an oder, nach einer anderen Deutung, «Der den Großen [Gott] sieht». Auch dieser Titel war nicht zufällig gewählt. Traditionell stand er dem Hohenpriester der heiligen Sonnenstadt Heliopolis zu und war einer der ältesten und angesehensten Titel Ägyptens. Die Ruhmeszeit der Priesterschaft von Heliopolis ging bis ins Alte Reich zurück, hatte ihren Ursprung also viele Jahrhunderte vor Echnatons Regierung.

Diese Kolossalstatue zeigt Echnaton als Mann und Frau zugleich. Damit verkörpert er das abstrakte Vater-und-Mutter-Prinzip. Über der geschlechtlichen Dualität stehend, ist der Pharao das Symbol des Schöpfergottes schlechthin (Ägyptisches Museum Kairo).

Die zentrale Kulthandlung: Das Herrscherpaar, gefolgt von einer seiner Töchter, opfert mit erhobenen Händen dem Licht, dargestellt in Form einer Scheibe. Von ihr gehen Strahlen aus, die in Händen enden, welche die Opfergaben segnen und Leben spenden. Im Atonkult geht es darum, diese göttliche Energie auf Erden erstrahlen zu lassen, damit Ägypten sich vom Licht nähren kann (Ägyptisches Museum Kairo).

Der Gott Amun, « der Verborgene », trat während Echnatons Regierungszeit hinter Aton zurück, der als Sonnenscheibe das göttliche Licht verkörperte. Karnak, Hauptkultort des Amun, wurde zugunsten von Achetaton, der heiligen Stätte des Aton, aufgegeben. Nach der Regierungszeit von Echnaton und Nofretete erhielten Karnak und Amun ihre Vorrangstellung zurück (Karnak, Hypostylhalle).

Ritualhandlungen unter dem Schutz von Aton werden oft unzutreffend als «Szenen aus dem Privatleben» bezeichnet. Bei dem hier dargestellten rituellen Festmahl nimmt die Königsfamilie Speisen zu sich, die durch das göttliche Licht geheiligt wurden. Dieses Licht symbolisiert die Fülle, die aus der Vereinigung zwischen Himmel und Erde hervorgeht (Ägyptisches Museum Kairo).

ieser Block aus einem Atontempel in Karnak zeigt eine Gruppe von Musikerinnen ıd Sängerinnen bei einem rituellen Konzert innerhalb des heiligen Bezirks. Seit den Anfängen r ägyptischen Kultur praktizierten eingeweihte Priesterinnen der Göttin Hathor, deren iedergeburt Nofretete wie traditionell jede Königin verkörperte, die wichtige Zeremonialkunst.

Der Pharao mit der Blauen Krone, einem gefältelten Schurz und weißen Sandalen trägt eine Opferplatte. Zur Erhaltung der Harmonie auf Erden war der tägliche Vollzug des Opferrituals unerläßlich (Ägyptisches Museum Kairo).

Das ikonographische Repertoire in den Gräbern der Aton-Hauptstadt El-Amarna zeigt spezifische Themen aus Echnatons Regierungszeit. Hier die Parade der Streitwagen mit ihren prunkvoll gezäumten Gespannen. Wenn das Herrscherpaar auf seinem Streitwagen durch die Stadt fuhr, symbolisierte es den lebenspendenden Lauf der Sonne (El-Amarna).

ärliche Malereifragmente lassen die Herrlichkeit der Paläste im Neuen Reich erahnen. Der Palast n Echnaton und Nofretete war mit zahlreichen Darstellungen von Pflanzen und Tieren ausschmückt. Das Dekor bildete eine farbenfrohe Hymne zum Ruhm des schöpferischen Lichts gyptisches Museum Kairo).

Diese Köpfe von Amarna-Prinzessinnen zeigen auffällige Schädelverformungen. Handelt es sich um naturalistische oder symbolische Darstellungen? Wahrscheinlich hat der Bildhauer eine möglicherweise tatsächlich vorhandene körperliche Besonderheit auf Befehl des Königs überbetont, um die Bedeutung des Kopfes als Sitz der Wahrnehmungen hervorzuheben (Ägyptisches Museum Kairo).

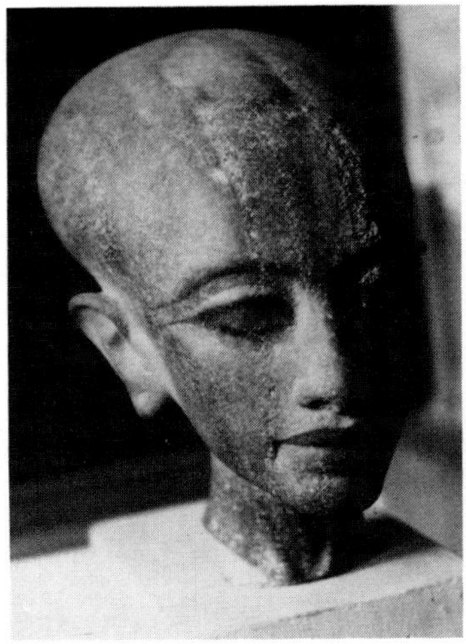

Rechts: Tutenchamun und seine Gemahlin wuchsen am Hofe von Echnaton und Nofretete auf und wurden vom Herrscherpaar erzogen. Sie leisteten den Übergang von der Atonzeit zurück zu Amun (Ägyptisches Museum Kairo).

Die Kolossalstatue Echnatons aus einem Atontempel im Bezirk des Amun in Karnak zeigt den fälschlich als «häretisch» bezeichneten König mit ritueller Krone und den Insignien seines Amtes in der traditionellen Haltung des auferstandenen Pharaos (Ägyptisches Museum Kairo).

Unten rechts: Dieses Porträt von Nofretete entspricht der Ästhetik der Amarnazeit (langgezogene, weiche Gesichtszüge, fleischige Lippen). Es zeigt eine der großen Königin zugeordnete barettähnliche Krone mit zwei Uräusschlangen, von denen eine für die seherischen Fähigkeiten der Königin stand (Ägyptisches Museum Kairo).

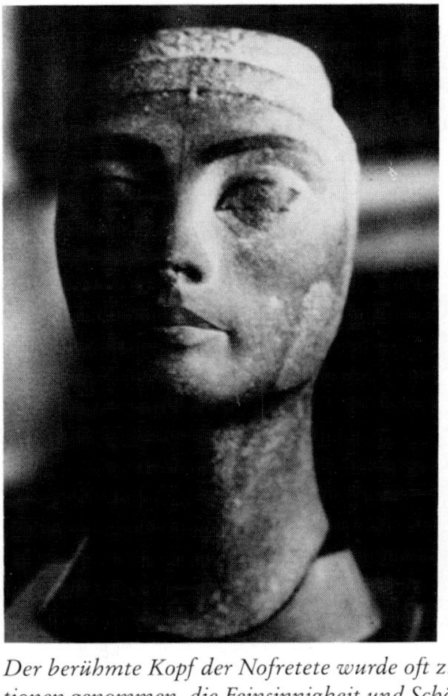

Der berühmte Kopf der Nofretete wurde oft zum Ausgangspunkt psychologischer Interpretationen genommen, die Feinsinnigkeit und Schönheit der Gemahlin Echnatons zu rühmen. Es handelt sich um ein idealisiertes Porträt, um das zeitlose Antlitz der Königin Ägyptens, die für Gleichgewicht und Weisheit stand. Diese wunderbare, ganz dem klassischen Kanon entsprechende Büste weist keine jener Verformungen auf, die als charakteristisch für die «Amarnakunst» gelten (Ägyptisches Museum Kairo).

Diese ferne Vergangenheit erweckte der König wieder zum Leben. Indem er den Titel des Hohenpriesters von Heliopolis annahm, stellte sich der neue Pharao als jener dar, der die Gesamtheit der Schöpfung «sah» (also erneut erschuf).

Echnaton war der einzige Priester des Aton oder zumindest der einzige verantwortliche Mittler, der befugt war, im Namen Atons zu sprechen. Ein Text von einer seiner Grenzstelen scheint zu besagen, daß der vom Pharao ernannte Hohepriester den König ersetzen konnte, wenn der sich nicht in seiner Hauptstadt aufhielt, und «das große Opfer» im heiligsten Hof des Haupttempels des Aton zelebrieren durfte. Indessen wird der König selbst dieses wichtige Ritual dort vollzogen haben, wo er sich gerade befand.

Zeugte dies von Echnatons Größenwahn? Ganz im Gegenteil: Er respektierte auch hier die Tradition der Pharaonen. Nur der König durfte das höchste Mysterium des Kultes, die abstrakte Opfergabe an die Gottheit, vollziehen. Die Priester, die er damit betraute, waren lediglich seine Stellvertreter.

Echnaton war der, «Der den Namen des Aton bekannt macht». Niemand außer ihm kannte die wahre Natur des Gottes. «Der König», schreibt François Daumas, «war rechtlich und metaphysisch der Erbe und der Stellvertreter des einzigen Schöpfers. Er ist sogar der einzige, der seinen Gott wirklich anbeten kann, denn dieser hat ihn, und ihn allein, von seinen Absichten und seiner Macht in Kenntnis gesetzt.»

Dieser theologische Anspruch geht zurück bis auf die Pyramidenzeit, in der der Pharao, der «Mittelpunkt» der ägyptischen Gesellschaft, als bewußtes Gefäß für die göttliche Kraft diente, die er danach als strahlende Sonne weiterverteilte.

Der Gottessohn Echnaton war ein Priesterkönig wie die großen Pharaonen der alten Zeit in Ägypten. Er erklärte sich zum einzigen Mittler zwischen Gott und den Menschen, nicht aus Eitelkeit, sondern weil das Individuum als zu begrenzt angesehen wurde, um die Pforten zur Götterwelt zu öffnen. Der Pharao jedoch war kein Individuum. Er war der Geist des unsterblichen Ägypten, das lebendige Symbol der Gemeinschaft der Ägypter, er war jener kosmische Mensch, in dem jedes Individuum den ihm zustehenden Platz fand.

Echnaton war zugleich Diener Gottes und Gott selbst. Diese Wirklichkeit ist auch in den Hieroglyphen festgehalten: Der König Ägyptens wird oft bescheiden als «Diener» bezeichnet. Vor Gott war der König ein überaus aufmerksamer und konzentrierter Diener, denn er mußte ja das Unergründliche und das Unsichtbare wahrnehmen. Vor den Menschen war er Herrlichkeit und Allmacht, nicht für sich selbst, sondern um das zu vermitteln, was er erhalten hatte.

Atons Licht hatte das Bewußtsein des Königs geöffnet. Nun war es seine Pflicht, diese Offenbarung mitzuteilen und seine Erfahrung des Heiligen weiterzugeben. Deshalb lehrte er als spiritueller Meister. Mehrere Texte erwähnen, daß Echnaton täglich mit Schülern sprach, denen er die Natur des Aton begreiflich zu machen suchte.

> «Wie wohl wird es jenem ergehen», erklärt der König, «der meiner lebenswichtigen Lehre lauscht, jenem, der seinen Blick stets wach auf Aton gerichtet hält. Jeder ist der Diener, der meine Lehre hört, mein Herz ist zufrieden mit jeder Aufgabe, die du für mich erfüllst.» Der König «stellt sich gegen jenen, der von seiner Lehre nichts wissen will, belohnt jenen, der seine vollkommene, lebenswichtige Lehre kennt, der sie hört und nach ihrem Gesetz handelt».

Es ist unwahrscheinlich, daß daraus die Haltung eines Tyrannen oder Diktators spricht. Echnaton verbreitete nicht seine Doktrin, seine persönliche Auffassung des Göttlichen, sondern er erläuterte theologische Prinzipien über die Natur des göttlichen Lichts. Ein Würdenträger erklärt in einem der überlieferten Texte:

> «Echnaton unterweist mich den ganzen Tag, so groß ist der Eifer, mit dem ich seine Lehre praktiziere.»

Und Aja geht noch weiter:

> «Mein Herrscher hat mich gefördert, weil ich seine Lehre praktizierte; ständig hörte ich seine Stimme; meine Augen sahen jeden Tag seine Vollkommenheit; das ganze Glück meines Herrschers, der kundig ist wie Aton, war die Gerechtigkeit. Wie wohl wird es jenem ergehen, der die lebenswichtige Lehre vernimmt!»

Auch der Bildhauermeister Bek kam in den Genuß zahlreicher Gespräche mit dem König.

Es ist schwierig zu klären, ob Echnaton den Lehraspekt seines Amtes stärker betonte als andere Pharaonen. Immerhin gestattete er seinen Würdenträgern, in ihren Grabtexten Privataudienzen beim König zu erwähnen.

Jeder Pharao war per definitionem Sohn des Re, des Sonnenprinzips. Echnaton lehnte diese Beziehung nicht ab, doch er fügte noch etwas Neues hinzu: Der König war jetzt auch Sohn des Aton, unmittelbar aus dem Wesen des Aton hervorgegangen, der ihm die Herrschaft über alle Länder verlieh. «Du bist der, der die Welt erschafft», sagte der König zu seinem Gott; «jeder sieht, wie du im Himmel regierst, niemand kennt dich außer mir, der ich von deinem Fleische bin, der ich dein Sohn bin.»

Allmorgendlich erneuerte Aton die Schöpfung. Die Natur, die bei Sonnenuntergang einschlief und verschwand, wurde am Morgen durch eine andere Natur ersetzt, die der ersten glich und doch neu war. Aton begann damit, sich selbst neu zu erschaffen, dann erschuf er den König, sein getreues Abbild auf Erden. «Du gebärst den König am Morgen», so besingt es eine Hymne aus El-Amarna, «zugleich mit deiner Manifestation; du formst ihn nach deinem Bild, zugleich mit der Scheibe, dem König der Gerechtigkeit, der aus der Ewigkeit hervorgegangen ist.»

Echnaton wurde sein Königtum nach dem traditionellen Schema vom göttlichen Prinzip verliehen. Echnaton war König auf Erden, Aton im Himmel. Sie waren derselbe und der andere, das Jenseits der Wirklichkeit und die Wirklichkeit selbst. «Wie der Himmel dauern wird mit allem, was in ihm ist», so lautet ein an den König gerichteter Text aus dem Grab des Aja, «so wird dein Vater Aton am Himmel erscheinen, um dich täglich zu beschützen, denn er hat dich geschaffen.»

An der Ostwand des gleichen Grabes (Säulen 1 bis 5) schildert ein Gebet, wie Atons Strahlen seinen Sohn, den König, umspielten. Die Hände des Sonnengottes gaben dem aus ihm hervorgegangenen Kind Echnaton Millionen Jahre, unzählige Regenerationsfeste. Aton hatte das Verlangen im Herzen des Königs erkannt, er liebte ihn und verlieh ihm die Ewigkeit. Aton erschuf den Pharao Tag für Tag als seine Gestalt, er formte ihn nach seinem Bild, denn der König wendete die Regel der *Maat* an und lebte von ihr.

Dieser Gedanke des «Geformtwerdens» durch das Licht war bedeutsam. In allen Zeiten wurde der Pharao als ein Kunstwerk begriffen. Er wurde erbaut wie ein Tempel, auf einer Töpferscheibe geformt, wie ein Meisterwerk gestaltet von der Bruderschaft der Götter.

Echnatons göttliche «Statur» wird von der berühmten Anbetungsszene der Morgensonne im Königsgrab von El-Amarna bekräftigt. Vor der erwachenden Natur und vor seinen Würdenträgern steht Echnaton in Begleitung der Königin. Er ist übergroß dargestellt und gehört nicht mehr der Menschenwelt an, sondern steht hier für den «großen», den «kosmischen Menschen», der sein ganzes Volk in sich trägt.

Auf einem in Cambridge aufbewahrten Flachrelief sieht man Echnaton, gefolgt von einem Würdenträger, der den Titel «Prophet» trägt. Deutet das darauf hin, daß Echnaton als Gott verehrt wurde? Das wäre nicht undenkbar. Möglicherweise wollte der Gründer der Atonstadt, wie später auch Ramses II., den Unterschied zwischen dem irdischen Echnaton und dem himmlischen Königsprinzip betonen, das sich während seiner Regierungszeit in ihm verkörperte. Als aus der Sonne hervorgegangener Sohn der Ewigkeit, der wie sie allmorgendlich neu geboren wurde, konnte Echnaton in seinem göttlichen Aspekt durchaus der Gegenstand ritueller Verehrung sein. Nicht das Individuum Echnaton wurde jedoch auf diese Weise geehrt, sondern der Pharao in seiner überirdischen Essenz. In dieser Perspektive müssen auch die an den König gerichteten Wünsche verstanden werden:

> «Mögen seine Reichtümer ebenso zahlreich sein wie die Sandkörner an den Ufern, wie die Schuppen der Fische ... möge er ebenso viele Jubiläen feiern, wie die Vögel Federn und die Bäume Blätter haben.»

18 Die «Göttin Nofretete»

Dem Namen Nofretetes wird häufig der Zusatz Nefer-Neferu-Aton vorangestellt, «Vollkommen ist die Vollkommenheit des Aton». Der ägytische Ausdruck *Nefer* wird auch mit «schön, gut, gerecht» übersetzt. Was mit *Nefer* bezeichnet wurde, hatte eine lebendige Harmonie erreicht, die die Grundlage für jede Weiterentwicklung bildete.

Nofretete war auch jene, «die Aton durch ihre liebliche Stimme und ihre schönen Hände, die Sistren tragen, ausruhen läßt». Diese Rolle als musizierende Hohepriesterin war durchaus traditionsgemäß. Normalerweise wurde sie von der Oberin der weiblichen Priesterschaft der Göttin Hathor übernommen. Nofretetes rituelle Aufgaben in der Sonnenstadt waren vielfältig. Sie nahm aktiv an zahlreichen Zeremonien teil und leitete auch einige selbst. Wahrscheinlich war sie für ein Heiligtum verantwortlich, das «Haus des Ausruhens des Aton», und stand einer eigenen, weiblichen Priesterschaft vor.

Doch das war noch nicht alles. Ein Text in einem Grab in Achetaton* besagt, daß «die Scheibe aufgeht, um Nofretete ihre Gunst zu bezeugen, und daß sie sich zur Ruhe begibt, indem sie ihre Liebe zu Nofretete verdoppelt.»

* Davis, «The Rock Tombs of El-Amarna», IV, XXXI.

Die «große Hymne an Aton» an der Ostwand des Grabes des Aja ist nicht nur an Aton selbst gerichtet, sondern auch an Echnaton und Nofretete. Der Haupttext endet mit der Erwähnung der «Großen Gemahlin, die Echnaton liebt», der Königin Nofretete. Die Herrscherin Ägyptens erscheint hier als diejenige, die dem von ihrem Gatten geäußerten Denken Gestalt verleiht und ihm den Wert ewiger Realität gibt. Die Präsenz der Königin war magischer Natur: Sie ließ das ausgesprochene Wort wirksam werden, sie besiegelte die Worte, die der König formulierte, sie verwandelte die gesamte Hymne in eine Kette von Offenbarungen, die dazu bestimmt waren, die Menschheit mit Licht zu ernähren.

Die Rolle der Königin so zu unterstreichen bedeutete auch, ihr einen Platz an der Spitze des Staates zuzuweisen. Sie wurde ganz unmittelbar und offensichtlich der Königsmacht zugeordnet. Damit wurde ihr ohne Zweifel auch ein Status der Göttlichkeit verliehen, der jenem des Echnaton ebenbürtig war. Nicht mehr die historische Nofretete wurde so verehrt, sondern die Königin in ihrer heiligen Funktion als Verkörperung der himmlischen Macht. Die Herrscherin der Zwei Länder stand in alle Ewigkeit an der Seite des «Einzigen des Re», ihres Gemahls. Die Jubiläumsfeste galten ebenso ihr wie dem König. Sie lebte also für die Ewigkeit, die sie auf Erden symbolisierte.

Einen weiteren Hinweis auf die Existenz einer Göttin Nofretete liefern die Statuen der Königin im großen Atontempel in Achetaton. Auf diesen steinernen Körpern waren Kartuschen mit dem Namen des Aton angebracht: zwei über den Brüsten, zwei auf den Oberarmen, eine weitere in der Leibesmitte, direkt über dem Nabel. Bei der Verehrung dieser Statuen wurde ohne Zweifel die Gunst einer Göttin angerufen.

Wie bei anderen Königinnen, die das höchste Amt des Pharaos bekleidet hatten, wurde auch Nofretetes Name in

Inschriften verdoppelt. Angesprochen wurde sie mit dem Ausdruck *Dua*, also «anbeten, beten», der normalerweise den Gottheiten und dem König in seinem göttlichen Aspekt vorbehalten war.

Aufschlußreich ist auch die ikonographische Besonderheit, daß die Amarnakunst die Ecken der wertvollsten Sarkophage, die sonst mit vier Göttinnengestalten geschmückt wurden, mit kleinen Nofretete-Figürchen ausstattete. Die Königin umfaßte also in ihrer Person alle Göttinnen, die am Vollzug der Auferstehungsriten des Osiris beteiligt waren. Dies bestätigt unsere Hypothese, nach der das Königspaar die Lehre des Osiris nicht unterdrückt oder abgelehnt, sondern in die Atonsymbolik integriert hatte. König und Königin verkörperten ein regelrechtes Pantheon, das all jene Gottheiten ersetzte, die vom Licht des Aton überstrahlt wurden.

Nofretete stand zugleich für Isis und Nephthys, die beiden wichtigsten Göttinnen des Osirismythos. Sie war auch Hathor, die wichtigste Göttin des Sonnenmythos, und schließlich, so meinen wir, die Göttin Nofretete, die wichtigste Göttin des Atonkultes, wie er in der neuen Hauptstadt zelebriert wurde.

19 Die Atontempel

Mit seiner etwa achthundert Meter Länge und dreihundert Meter Breite war der große Atontempel das Prunkstück und das spirituelle Zentrum der neuen Hauptstadt Ägyptens. Seine Hauptachse verlief senkrecht zum Palast, der in Nord-Süd-Richtung orientiert war.

Der Tempel trug den Namen «Haus der Freude, Aton zu begegnen» und war von einer Einfriedung umgeben, die *Per-heb*, «Haus des Festes», genannt wurde als Anklang an einen Sonnentempel des Alten Reiches. Der Begriff «Fest», der im alten Ägypten einen hohen Stellenwert genoß, stand im Atonkult besonders im Mittelpunkt, denn jedes Erscheinen des Aton erfüllte die gesamte Natur mit ausgelassener Freude.

Der große Atontempel, wie der König ihn gestaltet hatte, ist leider nicht mehr zu sehen. Nach Echnatons Tod wurde das Gebäude völlig zerstört, und heute ist nur noch eine öde Fläche vorhanden. Dank der besonderen Bautechnik im alten Ägypten ist es uns glücklicherweise dennoch möglich, Echnatons Werk relativ genau zu rekonstruieren.

«Als erstes legte man im unberührten Boden Fundamentgräben an», so erläutert es Jacques Vandier, «entsprechend dem späteren Verlauf der Mauern. Dann wurden diese Gräben mit Gipskalk aufgefüllt, und mit ausgespannten Seilen, die man zuvor mit Ruß geschwärzt hatte, wurden die genauen Grenzen der Mauern markiert. Im gesamten Tempelbereich wurde der Boden auf gleiche Weise mit Gips vorbereitet, und sämtliche vorgesehenen architektonischen Elemente wurden nach der gleichen Methode auf dem Gips vorgezeichnet.» Im Schutz der Tempeltrümmer ist dieser aussagekräftige Boden weitgehend intakt geblieben. So verfügen wir wie durch ein Wunder über einen auf Gips gezeichneten Plan des Gebäudes und können es mit ungewöhnlicher Gewißheit rekonstruieren.

Der Atontempel unterschied sich stark von den übrigen Sakralgebäuden der XVIII. Dynastie. Traditionell gelangte man durch große, unbedeckte Räume in einen kleinen, dunklen Raum, den *Naos*, in dem die Gottheit lebte. Nur der König hatte Zugang zum *Naos*, wo er allmorgendlich die Gottheit erweckte, damit die Welt der Menschen weiterexistieren konnte.

Der traditionelle Tempel des alten Ägypten war also dem gläubigen Volk nicht zugänglich. Wenige hatten Zutritt zu den ersten, unbedeckten Räumen, doch den überdachten Tempelbereich durften ausschließlich Priester betreten; der Pharao war der einzige Ansprechpartner des Gottes, dem er im geheimsten Teil des Tempels, dem Allerheiligsten, begegnete.

Der Atontempel gehorchte anderen Gesetzmäßigkeiten. Beibehalten wurde der durch eine lineare Raumabfolge ausgedrückte Aspekt der Annäherung an den Gott. Doch es gab keine dunklen Kammern mehr; kein einziger Raum war überdacht. Der eigentliche Tempel des Aton war der gesamte Himmel. Auf Erden fand er sein Abbild durch ein Gebäude, das zum grenzenlosen Himmel hin offen war und dem Einfall des Lichts keine Hindernisse entgegensetzte.

Der Große Tempel führte den Gläubigen von einem monumentalen Torbau über eine breite, von Sphingen gesäumte Prachtstraße, vorbei an Baumreihen, durch eine Serie kleiner, mit beflaggten Masten geschmückter Pylonen und großer Höfe und endete schließlich im heiligsten Bereich, in dem zahlreiche Altäre aufgestellt waren. Echnaton war wie die Sonne allgegenwärtig. Der Gott und sein irdischer Repräsentant kommunizierten ununterbrochen in allen Bereichen des Tempels. Nichts stand zwischen ihnen.

Die Grundstruktur des Gebäudes folgte dennoch jener der traditionellen Tempelbauten: eine Wegstrecke von außen nach innen, von einem Eingangsportal zu einem Allerheiligsten. Das Durchschreiten der Räume entsprach den Etappen auf dem Weg zum Ort der höchsten Opfergabe, die der Pharao vollzog.

Zwei Besonderheiten sind bemerkenswert: zum einen die Existenz von dreihundertsechzig gemauerten Sockeln, auf denen die Speiseopfer niedergelegt wurden. Wahrscheinlich handelte es sich dabei um eine symbolische Zahl, die Zeit und Raum heiligte. Das ägyptische Jahr umfaßte dreihundertsechzig Kulttage sowie fünf zusätzliche Tage des Übergangs zwischen dem alten und dem neuen Jahr.

Die zweite Besonderheit war die große Stele, auf der Echnaton und seine Familie bei der Anbetung der Sonne dargestellt waren. Diese Stele ersetzte den pyramidenförmigen Stein des Tempels zu Heliopolis. Damit tauschte Echnaton das alte Symbol durch das Abbild seiner eigenen Person, seiner Frau und seiner Kinder aus.

Der Bezug auf Heliopolis war ganz eindeutig. Der Kern des großen Atontempels, der Ort, an dem die Gottheit in Freude ist, hieß *Hut Benben*, «Tempel des Benben», also des aufgerichteten Steins der Urzeit, des heiligen Zentrums der Zwei Länder, das sich im Allerheiligsten des großen Tempels zu Heliopolis befand. Der Überlieferung zufolge waren auf diesen geheimnisvollen Stein zu Anbeginn aller Zeit die ersten Sonnenstrahlen gefallen. Auf ihm hatte sich der Phönix niedergelassen, der Lichtvogel, der von der Ewigkeit des Geistes zeugte. Echnaton belebte diese uralte Symbolik neu, die Aton mit der im Goldenen Zeitalter Ägyptens entstandenen großen Sonnentradition in Verbindung brachte. Die «neue» Religion war also in Wirklichkeit eine Rückkehr zu den Ursprüngen der Kultur, zur ersten Ausgestaltung einer lichtbezogenen Spiritualität, die in den monumentalen Bau der aufgerichteten Steine mündete: der Pyramiden.

Der große Atontempel enthielt zahlreiche Statuen des Königs und der Königin in ihrer göttlichen Funktion. Seine Mauern waren mit Reliefs bedeckt, deren Hauptthema die Opfergabe an Aton durch das Herrscherpaar war. Von alledem sind nur armselige Überreste erhalten. Sie lassen jedoch die Vermutung zu, daß es auch hier Kolossalstatuen wie jene in Karnak gab, die den Pharao nach dem Vorbild des Aton als Vater-und-Mutter darstellten. Die meisten Statuen dürften Echnaton und Nofretete vor den Opfertischen gezeigt und der Praxis der täglichen Kultrituale gedient haben.

Wie in der Vergangenheit blieb der Tempel das heilige, aber auch das wirtschaftliche Zentrum der Stadt. Eine Wand des Gebäudes, die im Museum zu Luxor rekonstruiert wurde, zeigt die Arbeiter in den Lagerhallen, das Leben der Handwerker, eine Bierbrauerei, Bauern bei der Anlieferung von Geflügel. Alles, was Ägyptens Erde hervorbrachte, wurde zum Tempel gebracht, dort geheiligt und dann wieder an die Bevölkerung verteilt.

Der «Hohepriester» des Aton, Merire, war als der Oberste Verwalter dieser Wirtschaftseinheit anzusehen. In seinem Grab wird er bei einem Inspektionsgang an der Seite des Königs gezeigt. Er führte Echnaton durch die verschiedenen Tempelbereiche, durch Lagerhallen, Ställe und Werkstätten.

Das reibungslose Funktionieren dieses Wirtschaftssystems war für den Wohlstand des ganzen Landes unverzichtbar. Ebensowenig wie alle anderen Pharaonen betrieb Echnaton eine realitätsfremde Mystik. Die Verehrung des Aton, wie die jeder anderen Gottheit auch, erforderte den Bau eines Tempels, der neben den Ritualräumen noch eine Art heilige Stadt umfaßte, in der die wichtigsten Organe des wirtschaftlichen Lebens des Landes vertreten waren.

Höchstwahrscheinlich orientierte er sich im Bau an der Urform des Amuntempels, den Thutmosis I. in Karnak hatte erbauen lassen. Diese Urform wurde im Lauf der Geschichte mehrfach verändert. Möglicherweise wollte Echnaton auch hier zum Ursprung, zu einer ersten und uranfänglichen Form zurückgehen.

Die Handwerkerschaften und die verschiedenen gesellschaftlichen Klassen waren in die heilige Wirklichkeit des Tempels integriert. Unter anderem sieht man an seinen Wänden Szenen, in denen Soldaten mitsamt ihren Streitwagen und Pferden zum Atonheiligtum unterwegs sind. Auch Nubier, Gardemusiker, Sänger, Flötisten und Lautenspieler sollten wie alle Wesen, denen Aton Leben verlieh, an den Opferhandlungen teilhaben.

Fragmente lassen den Schluß zu, daß im Inneren des großen Atontempels die Königsfamilie im Schatten eines Weinspaliers sitzend in ihrer Privatsphäre dargestellt war. Das wäre eine Neuerung, die dem Wunsch des Sonnenpaares entsprach, als göttliche Entität begriffen zu werden, die innerhalb des heiligen Bezirks ihren rechtmäßigen Platz fand.

Die Theorie, nach der Aton vom König nur eine einzige Stadt und einen einzigen Tempel erhalten haben soll, ist falsch. Zwar war es wichtig, Aton eine unberührte Stätte bereitzustellen, die von jedem früheren Einfluß frei war. Doch nachdem dieser Hauptsitz des Gottes etabliert war, wurden auch andere Heiligtümer für ihn errichtet. Abgesehen von Theben, wo die bestehenden Atonheiligtümer weiterhin unterhalten wurden, sind Heliopolis zu nennen, Memphis, Siedlungen im Delta und ohne Zweifel auch eine Stätte in Nubien und eine weitere in Syrien. Dies war die übliche Entwicklung für die Verehrung der Hauptgottheit einer Regierungszeit. Echnatons Handwerker arbeiteten in ganz Ägypten, vom Norden bis in den Süden, und sogar in den von Ägypten kontrollierten Provinzen.*

Dieses Vorgehen war durchaus üblich, und es beweist, wenn denn überhaupt ein Beweis notwendig ist, daß sich des Pharaos Befehlsgewalt auf das gesamte ägyptische Territorium erstreckte. Echnaton war kein in eine mystische Stadt zurückgezogener und von Feinden umgebener Monarch. Nachdem Achetaton geschaffen war, mußte Aton in möglichst vielen Tempeln vertreten sein, wo ihn die Ortsgottheiten jeweils aufnahmen. Dennoch blieb die Hauptstadt der wichtigste Kultort, da nur hier das Herrscherpaar anwesend war.

* Neben den genannten Stätten wurden Spuren von unter Echnaton ausgeführten Bauten in Athribis, Illahun, Assiut, Tod, Medamud, Armant, Amada, Sesebi und Sedeinga gefunden.

20 Die täglichen Kulthandlungen

Echnaton ernannte einen Mann zum Hohenpriester des Atonkultes, dessen Namen wir bereits erwähnt haben: Merire, «Der von Re Geliebte». Merire verfügte über ein Grab in El-Amarna. An dessen Wänden ist jedoch nicht er selbst beim Opfer an Aton dargestellt, sondern der König, die Königin und zwei ihrer Töchter, Meritaton und Maketaton. Über der Sonnenscheibe befindet sich die in der ägyptischen Kunst einzige bekannte Abbildung eines Regenbogens.

Dieser Hohepriester war ohne Zweifel der Oberste Verwalter des großen Atontempels, und es gehörte zu seinen Aufgaben, die Vorbereitungen zu den Zeremonien und ihren reibungslosen Verlauf zu überwachen. Nur ein einziger Mensch war befugt, den Kult in seiner Gesamtheit zu zelebrieren: der Pharao, der ja den Titel des Hohenpriesters von Heliopolis übernommen hatte und nun auch «Der Größte der Sehenden» hieß.

Nach den auf Talatat-Blöcken erhaltenen Szenen nimmt man an, daß Echnaton tatsächlich der einzige war, der die Opfergaben darbrachte, auch wenn ihm ein Erster Prophet des Gottkönigs, ein leitender Ritualpriester und ein Priester, dem er seinen eigenen Titel «Der Größte der Sehenden» übertragen hatte, zur Seite standen.

Die Atonverehrung gliederte sich im wesentlichen in zwei

Elemente: zunächst eine Prozession zum Hauptaltar durch die Raumabfolge mit kurzen Aufenthalten an den Nebenaltären; sodann der «Vollzug des großen Opfers» vor dem mit Lebensmitteln beladenen Hauptaltar. Der ägyptische Begriff *Semaa aabet* bedeutete, daß dieses große Opfer in Rechtschaffenheit (in Einklang mit der *Maat*) vollzogen wurde.

Nach Badawy stand ein Teil der Opfertische an der Nordseite des Tempels und ein anderer Teil an der Südseite. Die einen wurden bei den Riten zum Sonnenaufgang benutzt, die anderen bei jenen zum Sonnenuntergang. Jeder Tag des Jahres wurde so zum Ausdruck der göttlichen Macht als Spenderin spiritueller und materieller Nahrung.

Tänze und Gesänge waren ein wichtiger Bestandteil der Kulthandlungen. Die Musiker und Musikerinnen bildeten eine religiöse Gruppierung, die in fest umrissene Riten eingebunden war. Ihre Aufgabe bestand darin, die Seele der Menschen in Einklang mit der der Götter zu bringen. Die Musiker durften Aton nicht sehen. Um ihre Augen vor seinen gleißenden Strahlen zu schützen und sich ganz auf die Ausübung ihrer Kunst zu konzentrieren, trugen sie Augenbinden. Die Musikerinnen hingegen durften Aton sehend entgegentreten. Die Sonnenscheibe nährte sich so vom immateriellen Gehalt der Musik und der Gesänge, eine feinstoffliche Opfergabe, die unmittelbar ins Wesen des Gottes drang und sich dort in eine harmonische Emanation göttlicher Natur verwandelte, die wiederum das Glück auf Erden garantierte.

Auf diese lebhafte und fröhliche Phase des Kultes folgten, sobald die Sonnenscheibe im Osten aufging, Stille und Kontemplation. König und Königin, und mit ihnen alle Anwesenden, hielten den Atem an, wenn der erste Sonnenstrahl die Finsternis durchdrang und die bevorstehende Geburt eines Lichts verkündete, das so mächtig war, daß es in kürzester Zeit die ganze Welt bewohnen würde.

Im Vergleich zur traditionellen Ritualpraxis war dies allerdings eine beträchtliche Vereinfachung. In einem Tempel wie Karnak nahm der Pharao bei der umfangreichen Morgenzeremonie die Erweckung des Gottes vor, nachdem er die Türen des *Naos* geöffnet hatte. Dann verlas er einen langen Text, durch den der göttlichen Präsenz auf Erden von neuem ihre gesamte Wirksamkeit verliehen wurde.

Dieses Ritual existierte in Achetaton nicht mehr. Doch die zentrale Kulthandlung, das Opfer, wurde beibehalten. Der Pharao erhob den Namen Atons gen Himmel, er opferte Aton die *Maat*. Dieses Opfer bedeutete, daß dem göttlichen Prinzip die heilige Lebensregel zurückgegeben wurde, die dieses einst der Menschheit offenbart hatte. Sie zu behalten wäre Verrat gewesen. Der Pharao hatte die Pflicht, das Werk des Prinzips dem Prinzip zurückzugeben. Wenn auch in vereinfachter Form, verzichtete die Aton-Religion nicht auf diese grundsätzliche Forderung, auf der die gesamte ägyptische Kultur basierte.

Aton und der Pharao, sein Repräsentant auf Erden, standen beide in Abhängigkeit von der *Maat*, der universellen Regel. Dieser Punkt wird auf den Grenzstelen deutlich hervorgehoben und auch praktisch umgesetzt. Erst durch die Achtung der *Maat* wurde die Einsegnung der Opfergaben wirksam und Ägyptens Wohlstand gesichert.

Die Bedeutsamkeit des gesprochenen Wortes verlor auch unter Echnaton nicht an Gewicht. Der Pharao sprach weiterhin Einsegnungsformeln, wenn auch vereinfachte. Die Gläubigen im Tempel des aufgerichteten Steins wollten die Stimme ihres Herrschers hören. Was der König aussprach, verwandelte sich in Wirklichkeit. Darum mußte er das Wort, dessen Verwahrer er war, benutzen, um das Licht des Aton auf den Altar zu lenken.

Mehrere Texte aus der Amarnazeit belegen, daß die Aton-Religion den fundamentalen Begriff des *Ka* übernahm, jener schöpferischen Energie übermenschlicher Natur, die sich in jedem Lebewesen verkörpern konnte, ohne durch die äußere Gestalt verändert zu werden. Darum kehrte ein Mensch nach seinem Tod «zu seinem *Ka* zurück», er ging ein in die Urenergie, aus der er hervorgegangen war und von der er während seines Erdenlebens mehr oder minder guten Gebrauch gemacht hatte.

Die Aton-Religion beschränkte sich jedoch nicht darauf, die traditionelle Vorstellung vom Aufbau des Wesens (*Ba*, *Ka* und der Name) unverändert zu übernehmen. Sie ließ es sogar zu, daß sich eine individuelle Gottesverehrung entwickelte, deren Spuren in den Wohnhäusern der Sonnenstadt gefunden wurden. Hier wurden nicht mehr die Ahnen oder die überlieferten Gottheiten angebetet, sondern das Herrscherpaar, das Aton seine Opfergabe darbrachte und von ihm das Leben erhielt. Wie es im Atonsaal im Erdgeschoß des Museums zu Kairo zu sehen ist, konnten Privatleute in ihren Häusern regelrechte *Naos* besitzen, die wie Tempelfassaden gestaltet waren und als Altäre für die Verehrung der Königsfamilie, der heiligen Mittlerin zwischen der Menschheit und Aton, dienten. Nach einer in der Amarnakunst geläufigen symbolischen Anordnung sieht man auf diesen Privataltären meist eine Triade aus Echnaton, Nofretete und einer ihrer Töchter. Auf kleinen, von Holzläden geschützten Kalksteinmonumenten ist die Königsfamilie in entspannten und familiären Szenen abgebildet. Das Herrscherpaar spielt darauf etwa im Schutz der Sonne mit seinen Töchtern.

Auch Echnaton-Statuetten fanden sich, teils mit L-förmigem Sockel. Sie stellten den König knieend und mit emporgehobenen Händen dar, wie er Aton beim Sonnenaufgang anbetet. Diese Abbilder des Monarchen sind mit kleinen Stelen versehen, auf denen die Kartuschen des Königs eingraviert sind, beleuchtet von den Strahlen des Aton, der ihnen durch die Berührung seiner Hände Leben verleiht. Über den Kartuschen sind die Symbolpflanzen von Ober- und Unterägypten ineinander verschlungen. Dieses Motiv ist das älteste Sinnbild für die unverzichtbare Vereinigung der Zwei Länder. Die Fremdvölker, Nubier, Libyer und Asiaten, sind in einer Unterwerfungsgeste vor dem König dargestellt.

So besaßen die Vornehmen wie auch die einfachen Leute aus dem Volk in ihrem eigenen Haus kleine Privatmonumente, die an die wesentlichsten Bestandteile des Atonkultes erinnerten.

21 Das Königspaar und seine Töchter

Der Pharao war ein kosmisches Wesen. In ihm vereinten sich das männliche und das weibliche Prinzip. An der Spitze des ägyptischen Staates wurde die heilige Macht von einem Herrscherpaar ausgeübt. Diese ewige Wahrheit Ägyptens verkörperten Nofretete und Echnaton mit besonderem Glanz.

Die Strahlen der göttlichen Sonne Aton beleuchteten nicht Echnaton allein, sondern auch seine Gemahlin. Die Texte erklärten zwar den König, den Diener des Aton, zum einzigen Wesen, das seinen himmlischen Vater wirklich kannte. Doch in der Kommunion des Paares teilte auch die Königin diese transzendente Kenntnis. Echnaton und Nofretete waren untrennbar wie Re und Hathor. Die Privatleute verehrten Aton, wie wir gesehen haben, über die Vermittlung des Herrscherpaares, der einzig möglichen Verbindung zwischen dem göttlichen Universum und der Menschenwelt.

Zu Echnatons Zeit konnte sich ein einfacher Mensch nicht direkt an Gott wenden, ebensowenig wie im Alten Reich. Der Abstand zwischen dem Individuum und der göttlichen Realität war zu groß. Das Wesen des Pharaos war Himmel und Erde zugleich, und durch sein Agieren wurde die Gottheit, ohne ihre himmlische Natur aufzugeben, auf Erden gegenwärtig und wirksam. Sich dem Göttlichen zu nähern implizierte den «Umweg» über das Herrscherpaar. Das Paar trat bei allen bedeutenden Ereignissen der Regierungszeit gemeinsam in Erscheinung, sowohl im zivilen wie auch im religiösen Bereich.

Echnaton und Nofretete zeigten ihre Liebe, indem sie sich sogar vor dem Volk umarmten. Dabei handelte es sich nicht nur um eine Geste der Zuneigung, sondern um ein regelrechtes Ritual. Die Strahlen des Aton umarmten das Land, Aton umarmte den König mit seinen Strahlen,* Echnaton hielt Nofretete in seinen Armen. Auf diese Weise lebte er von der *Maat*, wie es Claude Traunecker ganz richtig bemerkt, von der universellen Regel, die sich in der geliebten Gemahlin verkörperte und die weder Zeit noch Menschen umstoßen konnten.

In den Szenen der «Häuser der Ewigkeit» schlossen die Ägypter alles Profane aus. Das tägliche Leben wurde nur dargestellt, um in einem Universum der Auferstehung transzendiert zu werden. Wenn König und Königin sich umarmten, vollzogen sie eine magische Handlung und waren ein Symbol der Liebe, die das Licht mit seiner Schöpfung verband.

Mehrfach wurde das Königspaar auch nackt abgebildet, ob es ein Festmahl zelebrierte wie im Grab des Hui, Auszeichnungen verlieh wie im Grab des Aja oder sich zum Tempel begab wie im Grab des Ahmes. Die Ägypter achteten den menschlichen Körper. Die Bauern arbeiteten nackt auf den Feldern, und auch der König war nackt in der Abgeschiedenheit des Allerheiligsten, vor dem Gott in seiner Abstraktion. Daß die Angehörigen der Königsfamilie sich in ihren Privatgemächern nackt bewegten, war durchaus üblich. Die Wiedergabe dieser intimen Szenen jedoch war eine Besonderheit der Amarnakunst. Nofretete und Echnaton betonten auch

* Vgl. Davis, op. cit., V, 2 und VI, 25.

hiermit, daß zwischen dem göttlichen Licht und dem Herrscherpaar kein Hindernis existierte.

Das Familienleben war für Echnaton ein vollkommenes Symbol des göttlichen Lebens. Es führte den Ägyptern vor Augen, wie der gerechte Mensch sein tägliches Dasein gestalten mußte, um Aton zu leben. «Die eheliche Liebe», so bemerkt Pirenne, «ist also die höchste Manifestation der Gottheit. Und darum liegt es dem König fern, sein Privatleben vor seinen Untertanen zu verbergen. Er zeigt sich der Öffentlichkeit ausschließlich in Begleitung seiner Gemahlin, der er ganz offen seine Zärtlichkeit bekundet.»

In den meisten Kunstwerken war der Gott Aton, manifestiert durch die Sonne, untrennbar mit der heiligen Entität verbunden, die durch König und Königin gebildet wurde. Echnaton und Nofretete waren Hohepriester und Hohepriesterin des Sonnenkultes, sie wirkten gemeinsam für Ägyptens Glück. Damit Aton keine abstrakte, in die Götterwelt verbannte Idee blieb, war es notwendig, daß ein König und eine Königin seine Macht für das gesamte Universum wahrnehmbar machten. Die Absichten des Schöpfers «übersetzten sich» im Herrscherpaar. Das Leben, das er der Menschheit schenkte, konnte nur durch dieses Paar weitergegeben werden. Die Darstellungen der ehelichen Liebe waren also nicht willkürlich; sie hatten eine eindeutige theologische Dimension: Die Liebe, die das Herrscherpaar lebte, wies einer Harmonisierung der ägyptischen Gemeinschaft den Weg.

In Amarna zu leben bedeutete, sich im Licht des Herrscherpaares zu entfalten. Es bedeutete auch, zu wissen, daß das spirituelle Zentrum der Atonstadt die Opfergabe an die Sonne war, die Opfergabe, die es dem Himmelslicht ermöglichte, die Welt allmorgendlich neu zu erschaffen. Wenn unsere Deutung zutrifft, zelebrierte der König die Morgensonne und die Königin die Abendsonne. Somit bildete das

Paar einen kompletten «Zyklus» nach dem Vorbild des kosmischen Zyklus.

Kinder des Aton und des Re

Echnaton und Nofretete hatten keinen Sohn. Das muß durchaus kein Grund zur Enttäuschung gewesen sein, denn es bedeutete nicht, keinen Nachfolger zu haben. Echnaton hätte sich bei der Wahl seines Mitregenten nicht zwangsläufig für einen leiblichen Sohn entscheiden müssen.

Nofretete brachte sechs Töchter zur Welt. Die ersten drei, Meritaton, Maketaton und Anchesenpaaton, wurden in Theben geboren, vor Echnatons sechstem Regierungsjahr und vor dem Umzug in die Sonnenstadt. Die vierte Tochter, Nefer-Neferu-Aton, wurde zwischen dem sechsten und dem neunten Regierungsjahr in Achetaton geboren. Die beiden Jüngsten, Nefer-Neferu-Re und Setep-en-Re, kamen zwischen dem neunten und dem zwölften Regierungsjahr zur Welt.

Schon die Betrachtung der Namen ist aufschlußreich: Bis zum neunten Regierungsjahr waren die Kinder des Herrscherpaares Aton unterstellt. Danach wurde Re zum magischen Beschützer in ihren Namen. Diese Entwicklung ist bedeutsam und widerlegt die These, nach der ein intoleranter und fanatischer Aton jede andere Gottheit neben sich verdrängt hätte. In allen sechs Namen war das göttliche Licht vertreten, zunächst durch Aton, dann durch Re. Es war das wesentliche Element, das den Kindern, die diese Namen trugen, Ewigkeit verleihen sollte.

Um die Töchter des Herrscherpaares ranken sich noch viele Geheimnisse. Das fesselndste ist ihr Aussehen: Auf manchen Abbildungen weisen die kleinen Prinzessinnen eine ausgeprägte Dolichozephalie auf, also eine abnorme Langköpfigkeit. Man vermutete, daß die Künstler aus ästhetischen Gründen ein anatomisches Detail, das der Königsfamilie eigen war, bewußt übertrieben wiedergaben. Dieser längliche Kopf könnte auch eine genau angepaßte Mütze gewesen sein, also quasi ein modisches Accessoire. Es wurde sogar eine chirurgische Operation in Betracht gezogen: Die Verlängerung des Schädels könnte die spirituelle Entfaltung des Wesens symbolisiert haben. Einige afrikanische Völker praktizieren ähnliche Verformungen aus religiösen Gründen noch heute.

Wir halten es für unwahrscheinlich, daß Echnatons sämtliche Töchter an einer pathologischen Mißbildung gelitten haben sollen, und die «chirurgische Operation» entspricht unserer Meinung nach ganz und gar nicht der ägyptischen Mentalität der XVIII. Dynastie. Die dahinterstehende Idee dagegen könnte Echnaton durchaus fasziniert haben, und wir halten es für möglich, daß er sie entsprechend künstlerisch darstellen ließ.

Ein zweites Geheimnis ist leichter zu lüften. In nahezu sämtlichen Texten, die von den Kindern des Herrscherpaares sprechen, wird erwähnt, daß die sechs Prinzessinnen Nofretetes Töchter seien, doch der Name ihres Vaters wird nirgends genannt. Einige Interpreten ziehen aus dieser Auslassung einen recht drastischen Schluß: Aufgrund des «pathologischen» Äußeren des Königs behaupten sie, Echnaton sei zeugungsunfähig gewesen und der Name des tatsächlichen Vaters der sechs Prinzessinnen sei sorgfältig geheimgehalten worden.

Die Amarnakunst selbst widerlegt diese Interpretation, die von der falschen Prämisse ausgeht, der König sei ein kranker Mann gewesen. Echnatons Zuneigung für seine Kinder war nicht gespielt. Seine väterliche Liebe war offensichtlich und aufrichtig. Die Geburten der Kinder des Herrscherpaares wurden als göttlicher Segen betrachtet. Sie waren die Manifestation des Strahlens des göttlichen Lichts. Die Bewohner von Achetaton genossen die Gunst, Szenen aus dem sogenannten «Privatleben» der Königsfamilie betrachten zu können. Echnaton und Nofretete betonten ihre Rolle als Vater und Mutter immer wieder. Die Künstler hielten zahlreiche Augenblicke des Glücks fest, in denen die Eltern ihren Töchtern innige Zuneigung bekundeten.

Vor Echnatons Zeit war die Königsfamilie als Modell einer heiligen Würde betrachtet worden, die Vertraulichkeit und Gefühlsbetonung ausschloß. Echnaton lehnte diese traditionellen Werte nicht ab, doch er veränderte ihre Ausdrucksform: Da die gesamte Familie geheiligt war, sprach nichts dagegen, die Liebe eines Ehegatten zu seiner Frau, eines Vaters zu seinen Kindern darzustellen. Eine Schwurformel aus der Amarnazeit drückte diese Geisteshaltung aus. Um sein Wort zu bekräftigen, sagte der König: «So wahr mein Herz sich an der Königin und an ihren Kindern erfreut.»

Ein leider beschädigtes Flachrelief zeigt uns eine rührende Situation: Die Königin sitzt auf den Knien des Königs und hält eine ihrer kleinen Töchter auf dem Schoß. Eine Statuette hat eine andere vertrauliche Szene eingefangen, in der Echnaton eine kleine Frauengestalt zärtlich küßt. Man hat lange angenommen, es handele sich um eine seiner Töchter, doch möglicherweise war auch Nofretete selbst gemeint.

Die hohen Würdenträger des Hofes ließen in ihren Gräbern nicht nur das Königspaar und seine Kinder abbilden, sondern auch die Großeltern Amenophis III. und Teje. Wenn diese Darstellungen auch in ihrer Gestaltungsweise neu waren, sollte man doch nicht vergessen, daß die Thematik zu den traditionellen ägyptischen Ritualmotiven gehörte.

Auf vielen Stelen wurde die Familie durch drei Personen symbolisiert, die die Sonne anbeten: Echnaton als größte Gestalt; hinter ihm steht etwas kleiner Nofretete und schließlich noch kleiner eine ihrer Töchter. König und Königin empfangen so das Henkelkreuz aus den Händen der Sonnenstrahlen. Eine weitere Hand berührt Nofretetes Kopf. Diese Kompositionen folgen einer strengen Geometrie, die sich zur Darstellung der durch die Familientriade evozierten göttlichen Einheit besonders eignete.

Die jungen Prinzessinnen erhielten eine traditionelle Erziehung, die aus einer Mischung von Zerstreuung und Arbeit bestand. Maketaton besaß aufschlußreiches Spielzeug: eine kleine Schreiberpalette und Schreibbinsen. Die Mädchen lernten ebenso Lesen und Schreiben wie die Jungen. Sie konnten sogar die «Gelehrsamkeit» der Schreiber erreichen.

Ein allzu oberflächlicher Blick auf die Amarnakunst hat zu der Fehlinterpretation geführt, Echnaton habe als fanatischer Individualist dem Glanz der alten Könige abgeschworen und es vorgezogen, sich als einfachen Mann und durchschnittlichen Familienvater darstellen zu lassen. Darüber wird vergessen, daß Echnaton in erster Linie Pharao war, also ein rituell inthronisierter König, der in die Mysterien eingeweiht war und das gesamte spirituelle Erbe seiner Ahnen angetreten hatte. Ihm war sehr wohl bewußt, daß er kein Mensch wie alle anderen war und daß all seine Handlungen Vorbildcharakter haben würden.

Die Vielzahl der familiären Abbildungen resultierte aus einer metaphysischen Vorstellung, nicht aus einer persönlichen Vorliebe; für den König lief der göttliche Energiestrom zwingend über die Familiengemeinschaft.

Die Intimität der Königsfamilie, wie sie auf den Flachreliefs festgehalten wurde, war rein ritueller Natur und hatte nichts Anekdotisches. Hier ging es um eine heilige Familie. Sie sorgte dafür, daß die göttlichen Kräfte auf Erden gegenwärtig waren, indem sie jede Unterscheidung zwischen der «Familie» der Gottheiten und der Königsfamilie, deren Inkarnation auf Erden, aufhob. Dadurch wurde die Grenze zwischen den Welten niedergerissen. Die unveränderliche Beziehung zwischen dem Pharao und dem Göttlichen wurde nicht mehr mit der Macht und Strenge des Alten Reiches formuliert, sondern mit der Zärtlichkeit und Lebensfreude einer glücklichen Familie.

Nach einer gewagten Hypothese, die jedoch nicht absolut verworfen werden sollte, könnten Echnaton und Nofretete in einem Universum, in dem die Symbolik den absoluten Vorrang hatte, bewußt die weibliche Polarität und die Zahl sechs in den Vordergrund gestellt haben, unabhängig von der tatsächlichen Anzahl ihrer Kinder. Einige Ägyptologen nehmen an, daß Tutenchamun ein Sohn Echnatons und Nofretetes war oder ein Sohn des Königs mit einer seiner Nebenfrauen. Dies zu erwähnen mag dem Chronisten des Aton unwichtig erschienen sein, da er durch die Königin und ihre weibliche Nachkommenschaft den weiblichen Aspekt herausstellen wollte.

Echnatons Zweitfrau Kija

Für viele Forscher waren Echnaton und Nofretete das ideale Paar, verbunden durch eine Liebe, die allen Prüfungen standhielt.

Inzwischen wird jedoch angenommen, daß Echnaton eine Zweitfrau namens Kija hatte. Muß die idyllische Liebe zwischen König und Königin angezweifelt werden? Kija existierte ohne jeden Zweifel. Sie trug den Titel «Königliche Gemahlin», der allerdings oft nur ein Ehrentitel war.

Die These, daß sie Echnatons Leben teilte, ist durch nichts belegt. Die Ägypter hatten die Monogamie nicht zum Gesetz erhoben, doch wir kennen kein zweifelsfrei belegtes Beispiel der Bigamie. Die Pharaonen waren immer mit einer «Großen Königlichen Gemahlin» verehelicht, die das Amt der ägyptischen Königin ausübte. Am Hof lebten außerdem die «Nebenfrauen», unter denen sich auch fremdländische Prinzessinnen befanden, mit denen sich der Pharao vermählt hatte, um etwa einen Friedensvertrag zu besiegeln. Möglicherweise war dies auch bei Kija der Fall, doch wir verfügen über keinen Beweis.

Im Grunde genommen wissen wir nur sehr wenig über Kija. Einige Fachleute sind sogar der Ansicht, es handele sich schlicht und einfach um einen anderen Namen der Nofretete, was allerdings wenig wahrscheinlich ist. An keiner Stelle der überlieferten Texte trägt Kija den Titel «Große Königliche Gemahlin». Ihr Name taucht nicht in den den Herrschern vorbehaltenen Kartuschen auf. Als Nofretete starb, trat Kija nicht an ihre Stelle.

Kijas Existenz erweist sich für einige Spezialisten der Amarna-Genealogie als recht praktisch: Sie könnte die Mutter einer der Töchter Echnatons gewesen sein und vielleicht sogar die Mutter von Tutenchamun.

Über all diese Punkte besteht leider keinerlei Gewißheit. Auf den Monumenten ist Kijas Name ausgemeißelt oder durch einen anderen Namen ersetzt worden. Zur Familie gehörte Kija also offenbar nicht. Sie taucht nicht in den Anbetungsszenen auf, in denen Echnaton und Nofretete in der Liebe zu Aton kommunizieren.*

* Vgl. W. Helck, «Kijê», MDAIK 40, 1984, S. 159–167.

22 Das Leben in Achetaton

Das Alltagsleben in der Sonnenstadt war bestimmt durch den Vollzug der Zeremonien zu Ehren des Aton. Der König, die Königin und ihre Töchter begaben sich täglich aus ihrem prunkvollen Palast in den Großen Tempel. Die Bevölkerung hatte oft die Gelegenheit, die Herrscherfamilie auf ihrem prachtvollen Streitwagen, der glänzte wie eine Sonne, vorbeifahren zu sehen. «Leben, Wohlstand, Gesundheit!» rief das Volk, während der König mit einer Hand die Zügel führte und die andere um seine Gemahlin gelegt hatte oder sie sogar küßte.

Die Fahrten im Streitwagen waren ein regelrechtes Ritual. Die Herrscherfamilie fuhr vom irdischen Haus des Königs, dem Palast, zum ewigen Haus des Gottes, dem Großen Tempel – eine ausgezeichnete Gelegenheit, um die heilige Union des Sonnenpaares, das Aton mit seinen Strahlen beleuchtete, für alle sichtbar zu demonstrieren.

Tatsächlich verkörperten Echnaton und Nofretete göttliche Mächte. Die Bevölkerung der Sonnenstadt konnte echten Gottheiten zujubeln. Ein ikonographisches Detail aus dem Grab des Ahmose bestätigt diese Deutung: Auf einem Streitwagen, der von zwei mit Federbüschen geschmückten Pferden gezogen wird, wendet sich die Königin dem König zu, der sie küßt. Bei ihnen ist eine ihrer Töchter, die sich auf einen Köcher stützt. Die in Hände auslaufenden Sonnenstrahlen verleihen dem rituellen Kuß des Ehepaars Leben. Eine dieser Hände berührt die Zügel. Der Gott Aton höchstselbst lenkte also den Streitwagen auf seiner Straße, das göttliche Licht setzte ihn in Bewegung und wies ihm die richtige Bahn.* Nach ihrer Fahrt über die «Königsstraße», den Hauptverkehrsweg von Achetaton, konnte man den König und die Königin in den heiligen Tempelbezirk eintreten sehen.

Nachdem die Rituale vollzogen waren, kehrte das Herrscherpaar in den Palast zurück. Hier gewährte Echnaton zahlreiche Privataudienzen, unter anderem empfing er auch seine Schüler. Der Pharao unterhielt persönlichen Kontakt zu seinen wichtigsten Mitarbeitern. Wenn er den Palast verließ, sprach er gelegentlich mit Bewohnern der Hauptstadt. Das Volk konnte diese Gespräche mithören. Sie handelten durchweg von der Lichtnatur des Aton und von dem durch ihn verliehenen Leben. Nofretete beteiligte sich ebenfalls an dieser Lehrtätigkeit, die auch im Rahmen von öffentlichen Audienzen ausgeübt wurde.

Eine der berühmtesten Szenen aus dem Leben in Amarna war die «Erscheinung» des Königs in seiner Loggia, die sich in der Brücke vom Palast zu den offiziellen Regierungsgebäuden öffnete. Echnaton liebte es, sich seinem Volk zu zeigen wie die Sonne, die am Horizont aufgeht und mit ihren Strahlen den Dunst des Morgengrauens durchdringt. Von diesem Erscheinungsfenster aus überreichte er Ketten aus Gold, dem Sonnenmetall, an die Würdenträger, die sich um

* H. W. Müller hat den heiligen Charakter der «Spazierfahrt» auf den Reliefs des Alten Reiches herausgestellt. Wer dort spazierenfuhr, bewegte sich durch eine vergöttlichte Natur, um sein Herz zu erfreuen und den «Ort der Ewigkeit» zu erreichen. Die gleiche Symbolik kann auch auf die Amarnazeit übertragen werden.

das Reich verdient gemacht hatten. Aja zum Beispiel führte in seinen Grabszenen die Vergünstigungen auf, die er von Echnaton erhalten hatte. An dem Tag, an dem er seine Auszeichnung aus des Pharaos Händen entgegennahm, erfüllte eine freudige Erregung die Stadt. Von allen Seiten kam man herbei, um das wunderbare Schauspiel zu betrachten, die Kinder rannten umher und lärmten. Jedermann rief: «Das ist für Aja! Der Pharao überhäuft ihn mit Gold und mit Reichtümern!»

Auf einer Stele im Museum zu Kairo ist der Haushofmeister Ani im Anschluß an eine solche Zeremonie dargestellt. Er trug vier Goldketten um den Hals und fuhr auf seinem Streitwagen durch die Stadt, um der Bevölkerung seine tiefe Freude zu zeigen. Für diesen Anlaß hatte Ani seine schönsten Kleider angelegt, ein herrliches weißes Gewand und eine Perücke, auf der ein Parfumkegel thronte. Ani war glücklich. Die Belohnung, die er erhalten hatte, drückte die Wertschätzung aus, die ihm das Königspaar entgegenbrachte. Seinen Streitwagen lenkte nicht er selbst, sondern ein Mann namens Tiaj. Dieser wurde nach einer der in Amarna beliebten Ästhetikvarianten mit einem länglichen Schädel dargestellt, während Ani eher «klassisch» abgebildet wurde.

Solche freudvollen Szenen waren nicht nur Protokoll, sondern besaßen auch heiligen Charakter. Zum einen war das Gold ein «Produkt» der göttlichen Sonne, deren Strahlen es verkörperte, zum anderen stand das «Erscheinungsfenster» symbolisch für das «Himmelsfenster» der ältesten religiösen Textüberlieferungen. Durch diese kosmische Öffnung drang das Sonnenlicht. Sein Amt setzte Echnaton gleich mit jener Schöpfungsmacht, die das Leben schenkte, hier in Form eines Metalls, das die Sonne in sich trug.

Bei den Festlichkeiten, zu denen Konzerte unter freiem Himmel und Volksbankette gehörten, blieb Nofretete stets an Echnatons Seite. Das Sonnenpaar ehrte gemeinsam seine treuen Diener.

Verehrung des Gottes, öffentliche und private Audienzen, gesellschaftliche Zeremonien: daraus bestand das Leben in der Sonnenstadt, in der der König, wenn auch von einer wachsamen Leibgarde geschützt, die Nähe zu seinen Untertanen suchte. Tempelbedienstete, Handwerker, Händler, Hilfsarbeiter führten in Achetaton ein ähnliches Leben wie in anderen Städten des alten Ägyptens: Die Arbeitstage waren zwar lang, aber auch von Ruhepausen unterbrochen. An die Stelle der traditionellen Feste trat das Erscheinen des Königspaares, das stets Anlaß zu Vergnügungen war.

Auch die Abendgesellschaften im Palast, wie im Grab des Huia, des Kämmerers der Königinmutter Tuja, dargestellt, boten vielerlei Annehmlichkeiten. Diener brachten erlesene und reichhaltige Gerichte in den Speisesaal des Palastes, während Harfen- und Lyraspieler ihr Können zum besten gaben. Die Tradition der strahlenden thebanischen Abendgesellschaften war nicht in Vergessenheit geraten, die Mode ebensowenig: Die eleganten Damen und Herren, die nun in Achetaton residierten, wetteiferten weiterhin miteinander in Grazie und Schönheit. Für ihre Gewänder verwandten sie bevorzugt feinstes Leinen, das beinahe durchscheinend ihre Körperformen umschmeichelte. Komplizierte Perücken, Schmuckstücke und fransengeschmückte Gürtel gehörten zu den beliebtesten Accessoires.

Die prachtvollen Villen in Achetatons reichstem Viertel standen ihren thebanischen Gegenstücken in nichts nach. Wasserflächen und Gärten verliehen der Sonnenstadt eine Atmosphäre des Wohllebens, die die Ägypter zu allen Zeiten als einen der wichtigsten Schlüssel zum Glück betrachteten.

Während Echnatons gesamter Regierungszeit trübte kein störender Zwischenfall den Frieden der Hauptstadt. Die Texte geben nicht den kleinsten Hinweis auf eine Revolte gegen die Autorität des Pharaos. Das Herrscherpaar regierte unangefochten, und der Atonkult wurde ungestört praktiziert. Die Einwohner von Achetaton genossen ein beschauliches Dasein, das sich bis auf die Zeremonien zu Ehren des Sonnengottes, die Tag für Tag im Viertel um Tempel und Palast stattfanden, kaum von einem Leben in Theben unterschied.

23 Die Männer des Pharaos

Um eine Religionsreform durchzusetzen, eine neue Kunst zu schaffen und eine Hauptstadt zu erbauen, mußte sich Echnaton wie jeder andere Pharao mit einem Kreis von Beratern, Freunden und hohen Würdenträgern umgeben. Moderne Ägyptologen malten sich aus, er habe eine groß angelegte «Hexenjagd» veranlaßt, um Gegner und Rebellen umschädlich zu machen und durch treue Anhänger zu ersetzen, deren Hauptfunktion darin bestand, ihn zu beweihräuchern.

In den überlieferten Dokumenten sind die Namen einiger Würdenträger Echnatons erhalten, und hier offenbart sich uns eine andere Wahrheit. Der König hatte gar nicht die Möglichkeit, mit einem Wink seines Zauberstabes die gesamte ägyptische Verwaltung umzustürzen. Ganz unabhängig von seinen tatsächlichen Absichten brauchte er einfach Zeit, um die vorhandene Struktur zu modifizieren. Das Land mußte schließlich weiterfunktionieren, die Amtsstuben mußten arbeiten und die Schreiber den Warenverkehr kontrollieren. Das Wirtschaftssystem der Amarnazeit unterschied sich nicht grundlegend von dem der Vergangenheit. Echnaton war auch in diesem Bereich kein Revolutionär.

Viele thebanische Persönlichkeiten behielten ihre Stellung auch während Echnatons Regierungszeit; unter ihnen ist der

Gouverneur der Stadt Memphis zu nennen, ein gewisser Ipy, der alle seine Vorrechte bewahrte, des weiteren Bek, der Leiter der Bildhauer von El-Amarna und Sohn des Men, der die gleiche Stellung unter Amenophis III. innegehabt hatte; ebenso der Wesir Ramose, der ein regelrechtes «Bindeglied» zwischen dem traditionellen Ägypten und dem Ägypten unter Echnaton war. Zahlreiche Beamtensöhne übernahmen rechtmäßig die Ämter ihrer Väter und erfüllten sie entweder in den großen Städten des Landes oder in der neuen Hauptstadt.

Einer der interessantesten Fälle ist der des bereits erwähnten Bildhauermeisters Bek. Sein Vater hatte in der heiligen Stadt Heliopolis gearbeitet, höchstwahrscheinlich im Tempel des Gottes Re. Der König Amenophis III. hatte dessen Verdienste anerkannt, später auch die seines Sohnes. Aus einer Inschrift in Assuan wissen wir, daß Bek einer der unmittelbaren Schüler Echnatons war. Der Pharao unterwies ihn sogar in Privataudienzen, um ihm die Geheimnisse des Lichts des Aton zu enthüllen. Als Leiter der Bildhauer und Leiter aller Arbeiten des Königs war Bek ohne Zweifel einer der Schöpfer des Amarnastils und einer der Urheber der zahlreichen Meisterwerke, die wir heute noch bewundern können. An der Spitze der größten Werkstatt der Hauptstadt leitete er eine Gruppe von Elitehandwerkern, die ihre Anweisungen direkt aus dem Palast erhielten. Architektur, Malerei und Bildhauerei waren nicht der persönlichen Gestaltungsphantasie der Ausführenden überlassen, sondern standen im Dienst eines genau festgelegten symbolischen und theologischen «Programms». Die Rolle dieser Künstler wurde sehr hoch bewertet: Die Hierogplyphenbezeichnung für den Bildhauer bedeutet «Der, der Leben gibt». Indem der Handwerker eigenhändig dem Geist in der Materie Gestalt verlieh, enthüllte er das ureigene Geheimnis des Lebens. Darum war der Baumeister des Pharaos zu allen Zeiten eine der wichtigsten Persönlichkeiten des Staates.

Auf einer Stele, die im Museum zu Berlin aufbewahrt wird, ist eine eigenartige Darstellung des Bek erhalten. Das Monument, auf dem der Bildhauer gemeinsam mit seiner Gemahling Ta-heret gezeigt wird, ist «Harachte, dem lebenden Aton» gewidmet. Bek hat einen enormen Bauch und Hängebrüste. Seine Frau besitzt ebenfalls einen deformierten Körper mit übertrieben breiten Hüften, ist also besonders deutlich entsprechend den Kriterien der offiziellen Kunst gestaltet. Beide orientierten sich am Bild des Pharaos als Vater-und-Mutter, wie wir es von den Kolossalstatuen zu Karnak kennen.

Im komplizierten System der ägyptischen Verwaltung hatten die beiden Wesire nach dem König die wichtigsten Machtpositionen inne. Zur Zeit von Amenophis III. hatte der Wesir des Südens, Ramose, sein Amt mit großem Talent ausgeübt und sich überdies als besonders tiefgründiger Denker hervorgetan.

Sein thebanisches Grab ist ein wichtiger Zeuge des Übergangs von der Amun-Religion Thebens zur Aton-Religion. Ein Teil der Szenen gibt den Geist der Zeit Amenophis' III. wieder und ist durch und durch im thebanischen Stil gehalten. Ein anderer Teil ist bereits der Ausdruck der Regierungszeit Amenophis' IV., also des künftigen Echnaton. Diese bemerkenswerte Tatsache ist ein weiterer Beweis dafür, daß es keinerlei Bruch gab, daß die beiden Regierungszeiten und die beiden Religionsvorstellungen durchaus harmonisch aufeinanderfolgten und daß des Pharaos Plan ohne Konflikte in die Tat umgesetzt wurde.

Es gab also offenbar auch hinsichtlich der Wirtschaftsstruktur keine Spaltung zwischen der alten und der neuen

Periode; Ramose behielt sein Amt unter Echnaton, sein Verantwortungsbereich wurde sogar noch erweitert.

Der Wesir besprach sich täglich mit dem König und legte ihm detaillierte Berichte über seine Aktivitäten vor. Wie es in einem Text formuliert ist, war es seine Pflicht, dafür zu sorgen, daß «alle Angelegenheiten gesund und munter seien». Niemals durfte er vergessen, daß er eine Halskette mit dem Symbol der *Maat*, der Göttin der kosmischen Ordnung und der universellen Harmonie, trug. Ramose wurde von einem zweiten Wesir namens Nacht unterstützt oder vertreten, der in einem Stadtviertel im Süden von El-Amarna lebte. Beide waren zuverlässige und kompetente Beamte, die für das Wohl der Einwohner der neuen Hauptstadt sorgten.

Natürlich konnten nicht sämtliche Priester der thebanischen Tempel die Amunstadt verlassen, um sich nach Achetaton zu begeben. Der Pharao hatte gar nicht im Sinn, Theben zu einer Geisterstadt zu machen. Ein Teil der religiösen Belegschaft und des Personals im Dienst der Amunpriester blieb also vor Ort, ebenso wie zahlreiche Beamte der thebanischen Verwaltung.

Wie jeder Pharao war auch Echnaton auf ergebene Mitarbeiter angewiesen. Sie waren teils persönliche Freunde, teils Persönlichkeiten, die er aufgrund ihrer Fähigkeiten mit besonderer Verantwortung betraute. Die Texte aus Amarna lassen darauf schließen, daß Nofretete und Echnaton all jene, die zu ihrem engsten Umkreis gehörten und in Achetaton Schlüsselpositionen übernehmen sollten, selbst aussuchten. Wir kennen die Namen und die Ämter einiger dieser Männer.

Der bereits erwähnte Merire war als «Hoherpriester des Aton» dafür zuständig, über den reibungslosen Ablauf der Zeremonien im Großen Tempel zu wachen. Hatiay, Leiter der Arbeiten des Königs und Oberster Architekt, verhehlte seinen Reichtum nicht. Durch sein Amt zu beträchtlichem Wohlstand gelangt, ließ er sich ein prunkvolles Wohnhaus bauen, das er unermüdlich weiter ausschmückte. Hatiay war so stolz auf sein Haus, daß er einen ehemaligen Eingang zumauern und seine Besucher einen Umweg machen ließ, so daß sie zwangsläufig den kunstvoll angelegten Garten und seine Privatkapelle bewundern mußten.

Der Baumeister Maa-Nacht-Tutef dagegen bewohnte ein bescheidenes Haus im Stadtzentrum; der berühmte Bildhauer Thutmosis schätzte größeren Wohlstand. In einem der Räume seiner Werkstatt wurde der meisterhaft bemalte Kopf der Nofretete gefunden.

Ahmose, Siegelträger des Königs, Schreiber, Großer der Großen, Erster der Höflinge, genoß jeden Tag die Zuneigung des Königs. Parennefer, der Mundschenk Seiner Majestät, mußte stets reine Hände haben. Ranefer hatte ein wichtiges Amt inne: Er war der Lenker des königlichen Streitwagens und für die Pferde verantwortlich. Der Leibarzt des Königs hieß Pentu. Er wurde als «Erster Diener der Scheibe» betitelt. Maja, Oberbefehlshaber der Streitkräfte, erfüllte seine Ohren mit der Wahrheit aus dem Mund des Königs, wenn er in dessen Gegenwart war. Er erklärte, daß er zu jenen gehörte, die der Pharao aufgrund ihrer Fähigkeiten und ihrer Verdienste «groß gemacht» hatte.

Einige Würdenträger aus El-Amarna waren also neue Männer, die ihren Wohlstand und Aufstieg Echnaton verdankten. Einer von ihnen trug sogar den vielsagenden Namen «Echnaton hat mich geschaffen». Der König bezeichnete seine Getreuen als «Jene, die er hat werden lassen», und die Besitzer der Gräber verkündeten, der König sei der «Gott und Erbauer der Menschen, denn er erschafft Große und Kleine».

Echnaton verdrängte ehemalige Führungskräfte aus dem Zentrum der Macht und organisierte seine eigene Verwaltungsstruktur, indem er die wichtigen Posten mit seinen Getreuen besetzte. Bis dahin war daran nichts Ungewöhnliches.

Doch die Aussage des Haushofmeisters der Königin Teje, eines gewissen Huja, wirft, wenn sie korrekt gedeutet wurde, ein anderes Licht auf die Situation. Er erklärte, Echnaton habe seine «Offiziellen» nicht aus der Oberschicht gewählt, wie es üblich war, sondern aus den untersten Gesellschaftsschichten. Ein anderer Beamter aus El-Amarna bestätigte diese Enthüllung, indem er sagte, er verdanke seine Position der direkten Intervention des Königs; zuvor habe er in bitterster Armut gelebt. Durch Echnatons Willen sei er zu einem Vertrauten geworden, dessen Worten Gehör geschenkt werde, zu einem Mann von Reichtum. Geradezu naiv gestand er, er habe niemals damit gerechnet, eines Tages einen solchen Wohlstand zu genießen. Ein dritter erzählte ohne Umschweife, sein Vater und seine Mutter seien bitter arm gewesen und er selbst habe von der Hand in den Mund gelebt. König Echnaton höchstpersönlich habe ihm Nahrung geschenkt und Trost zugesprochen; wenig später habe der König ihn in den Kreis seiner Vertrauten eingeführt und ihm einen hohen Verwaltungsposten anvertraut.

«Ich war ein armer Mann», so erklärt er, «der König hat mich erbaut, er hat mich groß gemacht. Ich besaß keine Güter, er hat mir gestattet, Diener zu haben, Land zu besitzen, mich unter die Großen zu mischen, obwohl meine Herkunft bescheiden war.»

All diese Zeugnisse sind in einem Text zusammengefaßt, der Echnatons Güte rühmt: «Er ist ein Nil für die Menschheit, er nährt sie, er ist die Mutter, die die Welt gebiert. Es gibt keine Armut noch Bedürftigkeit für den, der den König liebt.»

Aldred sieht in alledem nur Schmeicheleien, «diplomatische» Beteuerungen, taktische Lobreden. Für ihn waren die «Neureichen» von El-Amarna, die lauthals ihre Dankbarkeit bekundeten und sich beglückwünschten, dem Elend entgangen zu sein, nichts weiter als verlogene Höflinge; sie wollten Echnaton ein Gefühl der Macht verleihen und ihn glauben machen, er sei der alleinige Urheber ihres Glücks.

Der deutsche Ägyptologe Kees dagegen vertritt die Meinung, man müsse die Geständnisse der neuen Würdenträger aus Amarna durchaus ernst nehmen. Für ihn beweisen die Bildhauermodelle, dank derer wir die Gesichter zahlreicher Einwohner von El-Amarna kennen, daß die meisten von ihnen bescheidener Herkunft waren. Ihre oft eher groben Züge könnten darauf hinweisen, daß die Elite von Amarna eine ganz andere war als jene von Theben.

Dazu paßt auch der Rückgang der in Theben gesprochenen klassischen Sprache zugunsten einer neu entstehenden Volkssprache in Amarna. In dieses Idiom wurden zahlreiche Neologismen asiatischer Herkunft aufgenommen, Spuren des kosmopolitischen Lebens der Hauptstadt.

Andere Details, wie etwa der relative, doch deutliche Komfort auch der bescheidenen Häuser, legen den Schluß nahe, daß Echnaton der Urheber einer Entwicklung war, die einige sogar als sozialistisch bezeichnen. In jedem Fall ist es nicht zu bestreiten, daß Echnaton einfachen Menschen zu Macht und Reichtum verhalf und daß er die hohen Beamten des Reiches anders «rekrutierte» als bislang üblich.

Die Behauptung, Echnaton sei ein naiver Mensch gewesen, der auf fadenscheinige Lobreden hereinfiel, erscheint uns nicht überzeugend; ein solcher Charakterzug entsprach sicher nicht seiner Persönlichkeit. Überdies ist belegt, daß Echnaton durchaus streng vorgehen konnte und daß er auch Männern, die er selbst eingesetzt hatte, nicht blindlings vertraute. May, der Kanzler des Königs, war daneben Aufseher der Streitkräfte und Fächerträger zur Rechten des Königs. Nachdem er in Heliopolis bereits wichtige Ämter bekleidet hatte, erhielt er in El-Amarna noch wesentlich bedeutendere Ehren, denn Echnaton schenkte ihm sein Vertrauen. Doch dann wurde Mays Laufbahn eines Tages durch den Willen des Königs abrupt beendet; in seinem Grab wurde sein Name ausgemeißelt und sein Bild mit Gips unkenntlich gemacht, um zu verdeutlichen, daß May nicht mehr existierte.

Wie wir gesehen haben, war Echnaton ein spiritueller Meister, der seine Lehre auch anderen übermittelte. Er schätzte den direkten Kontakt zu seinen Untertanen, der es ihm ermöglichte, ein «menschliches Wesen zu erschaffen», wie es die Texte nennen. Dies war auch das wichtigste Kriterium für den König bei der Vergabe der verantwortungsvollen Posten: die Fähigkeit, die Wirklichkeit des Lichts des Aton zu erkennen, nicht auf mystische, sondern auf ganz realistische Weise, um seine Lehre im täglichen Leben umsetzen zu können. Der König ließ den Geburtsstand oder die Zugehörigkeit zu einer Gesellschaftsschicht außer acht, was durchaus keine Neuerung war. Auch im Alten Reich konnten Menschen bescheidener Herkunft zu höchsten Posten aufsteigen. Der berühmte Imhotep hatte seine Laufbahn etwa als Gefäßhersteller begonnen, bevor er in die Dienste des Königs getreten war.

Sämtliche «neuen Männer» des Echnaton der Heuchelei zu bezichtigen ist nicht haltbar. Sie brauchten gar nicht vorzugeben, Aton anzubeten und den König, Repräsentant des Gottes auf Erden, zu verehren. Echnaton hörte sie an, bildete sich ein Urteil über sie und entschied dann, wie er es für richtig hielt. Sicher kam es auch vor, daß er die Kompetenz eines neuen Würdenträgers falsch einschätzte. Vermutlich fehlte es manchen einfach an Erfahrung. Andere genossen ihren

Reichtum und vergaßen darüber ihre Pflichten. Interessant ist etwa der Fall eines Verwalters des Schatzhauses namens Tutu, der vielleicht syrischer Herkunft war. Einige Indizien weisen darauf hin, daß es diesem Mann an Gewissenhaftigkeit und Ehrbarkeit fehlte und daß er sein Amt alles andere als zufriedenstellend erfüllte.

Daß Echnaton es Menschen niedriger Herkunft ermöglichte, im Staatsdienst reich zu werden, ist keine sensationelle Neuerung. Hierfür gibt es Präzedenzfälle. Unklar ist lediglich, ob Echnaton Niedriggestellte systematisch bevorzugte oder dies nur in Einzelfällen tat. Unserer Meinung nach trifft eher letzteres zu. Echnatons Hof stellte sich als ausgewogene Mischung bewährter thebanischer Beamter und vom König «erschaffener» Persönlichkeiten dar. Gesellschaftliche Evolution, dieser Begriff mag zutreffen; Revolution dagegen mit Sicherheit nicht.

Möglicherweise förderte Echnaton innerhalb der ägyptischen Verwaltung den Aufstieg von Fremden, von Syrern, Babyloniern oder Mykenern. Die Gesellschaft des Neuen Reiches war eher kosmopolitisch ausgerichtet, die Ägypter reisten in die Nachbarländer, Fremde bereisten Ägypten. Wirtschaftliche Kontakte waren an der Tagesordnung. Sehr wahrscheinlich verschloß sich die neue Landeshauptstadt den fremdländischen Einflüssen nicht. Deren Art und Umfang sind jedoch leider nicht genauer abzuschätzen.

«Gottesvater» Aja und General Haremhab

Aja, der den theologischen Titel «Gottesvater» oder «Vater des Gottes» trug, war vermutlich Echnatons Onkel und verdient unter den Getreuen des Königs besondere Aufmerksamkeit. Er hatte schon in Theben am Hofe des Amenophis III. bedeutende Ämter innegehabt. Als einer der ersten war er in die neue Hauptstadt aufgebrochen, in der er nichts von seinem Einfluß einbüßte. Im Gegenteil, oft wurde er sogar als der wichtigste Würdenträger unter Echnaton überhaupt angesehen. Man weiß mit Sicherheit, daß er einer der engsten Vertrauten des Königspaares war. Eine Szene in seinem Grab zeigt ihn nackt in zwanglosem Gespräch mit Echnaton und Nofretete.

Aja war ein Mann mit wertvollem Erfahrungsschatz, denn er war mit allen Kniffen der ägyptischen Verwaltung vertraut und verstand es, deren Fallen elegant zu umgehen. Er kannte die Elite des Landes und hatte mit zahlreichen komplizierten Staatsangelegenheiten zu tun gehabt. Damit war er der ideale Verbindungsmann zwischen Theben und der neuen Hauptstadt. Sicher war das einer der Gründe, aus denen er vor, während und nach Echnatons Regierungszeit stets im Vordergrund stand, wobei er bemerkenswertes Handlungsgeschick und einen ausgeprägten Sinn für die Diplomatie bei Hofe bewies.

Aja erklärte, daß er aus dem Mund des Königs höchstselbst spirituelle Unterweisungen erhalten habe. Der Monarch und sein wichtigster Diener trafen sich häufig zu Gesprächen. Aja erhielt zahlreiche Titel und Auszeichnungen: Begünstigter des Vollkommenen Königs, königlicher Schreiber, Fächerträger zur Rechten des Königs, Kommandant der Streitwageneinheit, Aufseher über alle Pferde Seiner Majestät. Seinen Grabtexten zufolge genoß Aja im ganzen Land Vertrauen. Er galt als sehr kompetenter Würdenträger; daher wurde er an die Spitze der hohen Beamten gesetzt. Als pflichtbewußter Mann nahm er die Befehle des Pharaos entgegen und führte sie aus. Er erwies sich vor dem Herrn der Zwei Länder als vollkommen aufrichtig und ehrenhaft. Er war der Diener des *Ka* Seiner Majestät und freute sich am Anblick des Königs im Palast. Er stand an der Spitze der Vornehmen, der Begleiter des Königs, all jener, die dem Pharao dienten. Aja wußte, was den König erfreute, der ein Weiser war und «kundig wie Aton». Der König hatte in Ajas Körper, der die Lüge verabscheute, die Lebensregel *Maat* gesehen.

Aja bat den König also um ein glückliches Geschick, ein langes Leben und um eine vollkommene Bestattung in dem Grab, das ihm vom Herrscher in den Bergen von Achetaton zugewiesen wurde.

Seine Bitten wurden erhört; er erreichte tatsächlich ein hohes Alter. Sein Grab ist eines der wichtigsten Zeugnisse der Aton-Religion. An den Wänden finden sich die bedeutendsten Texte dieser Zeit: die «große Hymne an Aton», weitere Hymnen an Aton und den König sowie Gebete. Ajas Grab wirkt wie ein regelrechtes Heiligtum, das der unmittelbar von Echnaton erhaltenen Lehre geweiht war.

Natürlich wurde Aja vom König durch mehrere Goldketten belohnt, die dieser ihm vor einer jubelnden Menschenmenge überreichte. Noch nie war ein Höfling auf diese Weise geehrt worden. Die materiellen Vergünstigungen, die dieser geschickte Staatsmann genoß, dürfen jedoch über seine religiöse Rolle nicht hinwegtäuschen. Aja war mehr als nur ein Verwaltungsbeamter. Ein Text in seinem Grab schließt die Wünsche eines gläubigen Atonanhängers ein. Aja bat den König: «Gestatte mir, die heilige Erde zu küssen, vor dich zu kommen mit Opfergaben für Aton, deinen Vater, als Gaben deines *Ka*. Gestatte, daß mein *Ka* fortbesteht und sich für mich entfaltet ... Möge mein Name auf dem Heiligen Platz gesprochen werden durch deinen Willen, denn ich bin dein Begünstigter, der deinem *Ka* folgt, möge ich von dir auch begünstigt werden, wenn das hohe Alter gekommen ist.»

Aja strebte nach Weisheit, nicht nach persönlicher Macht. Der wiederholte Bezug auf den *Ka* verdeutlicht, daß auch der höchste Würdenträger des Reiches sich um diese schöpferische Energie bemühen mußte, von der alles Leben abhing. So war Aja auf Erden dem «*Ka* des Königs gefolgt», mit anderen Worten, er hatte den heiligen Aspekt dieser Lebensenergie erkannt. Der Pharao gestattete es einem Menschen nur, den Heiligen Platz zu erreichen, wenn die Worte, die er auf Erden gesprochen hatte, wahrhaftig gewesen waren. Vor dem ewigen Leben zählte nichts als vollkommene Authentizität.

Auch der berühmte General Haremhab gehörte zu jenen hohen Würdenträgern, die ihrem Amt tief verbunden waren und es mit Würde und Gewissenhaftigkeit erfüllten. Der Titel «General» darf uns nicht irreführen. Haremhab war in erster Linie königlicher Schreiber, also ein gebildeter Mann und ein Jurist, der großen Wert auf Gesetzestreue legte. In Ägypten war es üblich, daß die Leitung der Armeedivisionen «Zivilpersonen» übertragen wurde, deren administrative Kompetenzen für die Truppenführung und Materialverwaltung geeignet schienen. Er war nicht der einzige militärische Verantwortliche unter Echnaton, doch vermutlich oblag ihm die Kontrolle über sämtliche Dienste, die das reibungslose Funktionieren der Armeedivisionen gewährleisteten, sowie die Instandhaltung des Materials und der Kasernen.

Haremhab war ein Mensch, der Recht und Ordnung schätzte. Ein schwierig zu deutendes Dokument scheint darauf hinzuweisen, daß in Theben Gräber geplündert wurden. Unter Haremhabs Leitung, dem auch Polizeiaktionen unterstanden, wurde diesen Unsitten ein rasches Ende bereitet.

Haremhab war stets ein treuer Diener Echnatons. Unter

der Herrschaft des Sonnenpaares beschränkte sich der General darauf, seine Arbeit zu erfüllen und den Befehlen zu gehorchen. Sicher rechnete er nicht mit der Zukunft, die das Schicksal für ihn bereithielt und auf die wir noch zu sprechen kommen.

24 Die Kunst der Amarnazeit

Daniel-Rops schreibt in seinem Buch «Le Roi ivre de Dieu» («Der gottestrunkene König») über Echnaton: «Auch die Veränderung der Kunst war ein Beitrag zur großen religiösen Revolution, denn sie bedeutete, der Kontrolle zu entgehen, die die Amunpriester über jede Gestaltung der göttlichen Abbilder ausübten, und sie bedeutete auch eine Befreiung von ihren hieratischen Kanons.»

Tatsächlich sind die Kunstwerke der Amarnazeit leicht zu erkennen, denn ihr eigenartiger Stil, der mitunter als monströs bezeichnet wurde, beeindruckt den Betrachter unmittelbar. Der Baumeister Echnaton erschuf eine authentische Kunst, die seiner Vision des Menschen und des Universums entsprach. In einer neuen Hauptstadt zu leben erforderte auch eine neue Ästhetik, die im Einklang mit der Empfindungswelt einer bestimmten Zeit stehen mußte. Kann man jedoch tatsächlich behaupten, daß Echnaton aus dem Nichts eine bis dahin völlig unbekannte Kunst erschuf, eine Kunst, die den traditionellen ägyptischen Schönheitsidealen völlig zuwiderlief?

Das Grab des Ramose in Theben liefert uns einen kuriosen Hinweis auf eine Antwort. Ein Teil des Grabes dieses großen Würdenträgers wurde entsprechend dem klassischen Kanon dekoriert; der andere Teil folgte den Direktiven der Amarnakunst. In ein und demselben Grab existierten also die beiden völlig unterschiedlichen Stile nebeneinander. Diese bemerkenswerte «Toleranz» gipfelte in der Darstellung von Echnaton und Nofretete, die ihre Getreuen mit goldenen Halsketten auszeichneten: Unter den Strahlen der göttlichen Sonne verteilte das Herrscherpaar seine magische Kraft, die sich im Gold der Schmuckstücke verkörperte.

Der Stil der Amarnakunst, den übertriebene Rundungen der Figur und über das natürliche Maß hinaus verlängerte und gewundene Körperformen charakterisieren, markiert eine außergewöhnliche Zeit in der ägyptischen Kultur. Doch parallel zu diesem «Expressionismus» hielten auch unter Echnaton einige Künstler am klassischen Stil der Periode Amenophis' III. fest.

Es wurde gemutmaßt, an Echnatons Hof habe es eine Gruppe von Künstlern gegeben, die gegen alle Widerstände an der klassischen Ästhetik festgehalten hätte, und der «Ketzer» habe sogenannte «freie» Künstler ermutigt, Themen nach ihrem Belieben zu gestalten. Diese Interpretation läßt die gesamte Organisation des ägyptischen Königreichs außer acht. Der Pharao als oberster Baumeister verlieh der ägyptischen Kunst ihren wahren Geist; die Künstlerkollegien unterstanden seinen Anweisungen und konnten unter keinen Umständen ihrer Phantasie freien Lauf lassen.

Es ist unwahrscheinlich, daß die «klassischen» Werke aus der Amarnazeit, die nicht mit den von Echnaton vorgegebenen Formen übereinstimmten, bereits früher entstanden waren und daß der König sie weiterverwendete, indem er lediglich den Namen seines Vaters, Amenophis III., durch seinen eigenen ersetzen ließ.

Es kann als gesichert gelten, daß Echnaton das ägyptische Erbe nicht zerstören, seine Vergangenheit nicht verwüsten wollte. Ebensowenig hatte er im Sinn, aus dem Nichts heraus eine Kunst zu konstruieren, die die althergebrachte Ästhetik ablehnte. Es lag ihm fern, die unverrückbaren Gesetze der pharaonischen Kunst zu verachten. Im Gegenteil: Er war bestrebt, sie durch seine eigenen Erfahrungen zu bereichern.

Eines der großen Themen der Amarnakunst war zunächst die Königsfamilie selbst beim Vollzug der Kulthandlungen für Aton. Man sieht, wie sie den Gott Aton verehrte und ihm für seine Wohltaten dankte, man spürt ihre mystische Ekstase angesichts des Strahlens des göttlichen Gestirns. Als Mittler des Lichts «dynamisierte» die Königsfamilie das Leben, das vom Himmel kam, und machte es zur Wohltat für die Menschheit.

Diese wunderbare Idee lag auch den Szenen zugrunde, in denen König und Königin im «Erscheinungsfenster» standen und unter ihren Dienern Belohnungen verteilten. Hier handelte es sich weniger um ein materielles «Geschenk» als vielmehr um eine symbolische Handlung, durch die der Mensch, der Echnatons Lehre begriffen hatte, wie der König an der Wirklichkeit des Gottes teilhaben konnte.

Zum erstenmal in der ägyptischen Kunst tauchten unerwartete Familienszenen auf. Denken wir zum Beispiel an den König, der mit seinen Töchtern spielt oder seine Gemahlin auf dem Schoß hält, an den König, der eine seiner Töchter küßt, an den König und die Königin, die nackt einen Würdenträger und dessen Frau empfangen. Ebenso eindrucksvoll ist das Motiv der Prinzessin, die eine Ente verspeist; die Handlung des Essens war nie zuvor so realistisch dargestellt worden.

Auch einige technische Neuerungen waren in der Amarnakunst zu verzeichnen, so etwa eine Vorliebe für die Kombination verschiedener Gesteinsarten in der Bildhauerei. Die Körper von Statuen sind etwa aus weißem Kalkstein, die Köpfe aus Jaspis, die Hände aus Quarzit, die Füße aus Granit. Ohne Zweifel spielte hier auch die Materialsymbolik eine wichtige Rolle, die zum Ausdruck religiöser Intentionen wurde. Die Amarnakunst liebte glänzende Verzierungen, besonders Einlegearbeiten aus bunter Glaspaste oder in Fayence modellierte Motive.

In der Amarnakunst waren viele Tiere zu sehen. In den Malereien lebten sie frei in einer paradiesischen Natur, die zu ihrem großen Glück vom Menschen unabhängig war.

Unseres Erachtens handelte es sich hierbei nicht um naiven Naturalismus, in dem sich ein träumerischer König als sanfter Bewunderer eines illusorischen Garten Eden gefallen hätte. Die alten Ägypter waren der Natur zu nahe, um nicht neben ihren Schönheiten auch ihre Gefahren zu kennen. Die Natur war wie die Königsfamilie ein lebendiges Zeugnis der Gegenwart des Gottes. Die Amarnakunst verherrlichte nicht nur den Vogel aus Fleisch und Blut, sondern auch den Vogel als Symbol, das Luftprinzip, das als eines der Schöpfergesetze der Welt galt; daher konnte dieser Vogel niemals vom Jäger erlegt oder vom Fallensteller überlistet werden.

Dieser symbolische Naturalismus war die zentrale Ausdrucksform der vom König geschaffenen Kunst. Auch sie hatte Geschichte: Schon in den Gräbern des Alten Reiches sieht man bezaubernde Szenen, in denen Flora und Fauna mit ausgesprochenem Talent festgehalten sind.

Unbestreitbar hatte Echnaton eine regelrechte Naturphilosophie geschaffen, denn die Natur war ja eine Schöpfung des Lichts. Doch diese Neuentwicklung war kein von der traditionellen Religionsphilosophie unabhängiger Zweig, denn sie war mit der Anwesenheit und der Achtung der *Maat* verbunden, der unvergänglichen Norm des Universums.

Lassen wir uns nicht täuschen: Die Handwerker, die im Auftrag des Königs ein genau festgelegtes symbolisches Programm gestalteten, verloren sich nicht in einer Ästhetik, die um eine profane Natur kreiste. Sumpfpflanzen, Wasserflächen, auffliegende Vögel, umherspringende Kälber, Fische, all dies war eine Verkörperung der Urlandschaft, des uranfänglichen Glücks, des Goldenen Zeitalters der Schöpfung, in dem nichts die Harmonie eines Kosmos störte, der vollendet geordnet war nach dem unvergänglichen Gesetz der Schöpfung durch den Geist. Diese Augenblicke der Gnade erschuf der Pharao also neu und verwandelte sie durch seine Gegenwart in Wirklichkeit, denn er war Garant dieses Gleichgewichts, außerhalb dessen es für den Menschen keinerlei Möglichkeit gab, die Weisheit zu erlangen.

Solche Darstellungen, wie sie seit den Anfängen der ägyptischen Kunst existierten, konnten nicht frei gewählt werden, sondern waren eine absolute Notwendigkeit. Durch den Anblick dieser zeitlosen Landschaften wurde die Seele erhoben.

Einige Kunsthistoriker versuchten, in der Amarnakunst fremdländische Einflüsse nachzuweisen. Inzwischen wird nicht mehr angenommen, daß die Spur nach Asien führt, doch der Bezug zu Kreta ist nicht von der Hand zu weisen. Es ist bekannt, daß griechische Denker und Künstler nach der Plünderung der Stadt Knossos und kretischer Ansiedlungen gezwungen waren, ihre Heimat zu verlassen. Einige wählten Ägypten als neuen Wohnort. In der Darstellung von Pflanzen und Tieren der Amarnakunst kann man eine Fortführung der kretischen Kunst erkennen.

Allerdings erklären diese fremdländischen Einflüsse wenig, denn die Amarnakunst war nach wie vor typisch ägyptisch. Ihre Themen waren traditionell, auch wenn sie teilweise in einem spezifischen Stil gestaltet wurden, auch wenn manche Szenen besonders oft dargestellt wurden.

Der heikelste Punkt der Amarnakunst ist die Darstellung Echnatons selbst. Sein bis zur Monstrosität verformtes Gesicht, seine verquälten Züge, die mitunter ausgeprägtes Unbehagen hervorrufen, beeindrucken den Betrachter tief. War der größte Mystiker der ägyptischen Geschichte tatsächlich ein geradezu abstoßend häßlicher Mann?

Es gibt ein Fundstück, das in den leidenschaftlichen Streit um Echnatons Äußeres Klarheit bringen kann: eine Grabmaske aus Gips, die in Amarna entdeckt wurde. Mit größter Wahrscheinlichkeit zeigt sie Echnatons wahre Gesichtszüge: Das ruhige und heitere Antlitz ist das eines normalen Menschen, den keinerlei «Monstrosität» entstellt.

Wir müssen also annehmen, daß Echnaton sich bewußt in einer uns seltsam anmutenden Gestalt abbilden ließ. Das Argument, ungeschickte Handwerker hätten nichts anderes zustande gebracht als eben jene mißglückten Porträts, ist sicherlich wenig überzeugend. Ebenso wenig Glauben kann man der Annahme schenken, Echnatons Porträts seien Karikaturen, die wir seinen Gegnern verdanken.

Arthur Weigall liefert einen plausiblen Hinweis, indem er bemerkt, daß der Amarnastil teilweise eine Rückkehr zur archaischen Epoche sei, zur Zeit der Gottkönige des uranfänglichen Ägypten, die sich als einzige Verwahrer der göttlichen Macht betrachteten. Die «Monstrositäten», die uns heute schockieren, wären dann eine amarnatypische Adaption an den überalterten, mitunter geometrischen Stil des Alten Reiches.

«Ich glaube ganz und gar nicht», erklärt auch François Daumas, «daß Amenophis IV. tatsächlich die ‹körperlichen Merkmale› aufwies, die die Kolossalstatuen in Karnak wiedergeben. Diese sind vielmehr der Ausdruck der königlichen Theologie.» Und Pirenne fügt erhellend hinzu: «Der Frauenkörper des Amenophis IV. ist ebensowenig krankhaft wie der Falkenkopf des Re.»

Tatsächlich war der Gott Aton «Vater-und-Mutter» der

Menschen. Sein Repräsentant auf Erden, König Echnaton, mußte demnach als geschlechtsloses Wesen dargestellt werden, wie es gerade die seltsamen Karnak-Statuen illustrieren. «Die Herrschaft des Gottes», bemerkte ganz richtig Merejkowski, «wird eintreten, wenn die beiden eines sind, wenn das Männliche weiblich ist und es weder männlich noch weiblich mehr geben wird.» Einen analogen Gedanken findet man im gnostischen Evangelium des Thomas. Ptolemäische Texte wie jene aus dem Tempel zu Esna betonten immer wieder das Symbol der Doppelgeschlechtlichkeit, jenen «spirituellen Zustand», der die Einzigartigkeit des Gottes ausdrükken sollte.

Was nun die körperlichen Deformierungen im eigentlichen Sinn angeht, so ist es nur folgerichtig, anzunehmen, daß unsere Augen auf den Anblick dieses «theologischen Echnaton» einfach nicht vorbereitet sind. Es ist ganz offensichtlich, daß die Handwerker nicht Echnatons tatsächliches Aussehen wiedergaben, sondern eine symbolische Person darstellen sollten.

Diese Ästhetik fand ihre Entsprechung in einer Theologie, die selbst wiederum Ausdruck einer Regierungszeit war. Sie darf auch heute nicht nach emotionalen Kriterien beurteilt, sondern muß als Ausdruck einer eigenen Spiritualität verstanden werden. Echnaton wollte nicht die ägyptische Kunst revolutionieren, deren wichtigste Regeln er ausnahmslos respektierte. Wie jeder Pharao hatte er eine künstlerische Form geschaffen, die mit dem Geist seiner Regierungszeit im Einklang stand. Seine Handwerker waren angewiesen, besonders die Bewegungen der Körper und die Belebung der Lebewesen durch das Licht des Sonnengottes in den Vordergrund zu rücken.

25 Krieg und Frieden

12. Regierungsjahr

Im zwölften Regierungsjahr, am achten Tag des zweiten Monats der winterlichen Jahreszeit *Peret*, unterbrach den beschaulichen Alltag der Sonnenstadt ein freudiges Ereignis. Große Festlichkeiten wurden organisiert, denn Abgesandte aus verschiedenen Fremdländern waren gekommen, um Echnaton und Nofretete ihren Tribut zu zollen.

«Für diese Zeremonie», beschreibt Aldred, «wurden der Pharao und die Königin in ihrer Staatssänfte zu den Thronsesseln getragen, die auf dem Paradeplatz unter einem großen, vergoldeten Baldachin aufgestellt waren; hinter ihnen standen die sechs Prinzessinnen und ihr Gefolge. Das Herrscherpaar empfing die Abgesandten aus den Ländern Asiens und Afrikas, die von dem Wesir und den anderen hohen Würdenträgern eingeführt wurden und die dem neuen göttlichen Herrscher, dessen Segen zu erflehen sie gekommen waren, reiche Geschenke brachten.»

Für diese Festlichkeiten war ein Feld unter freiem Himmel im Osten der Stadt gewählt worden, denn man erwartete einen großen Bevölkerungsandrang. Die Stimmung war gelöst. Während der Zeremonie spielten und plauderten die sechs Töchter des Königspaares miteinander. Eine von ihnen spielte mit einem Rehkitz. Dies war die letzte Darstellung der gesamten Königsfamilie. Bald sollte der Tod zuschlagen.

Die ägyptischen Soldaten waren besonders ausgelassen. Sie applaudierten, sangen und maßen ihre Kräfte in spielerischen Wettkämpfen. Die fremdländischen Abgesandten ihrem Pharao huldigen zu sehen war für sie gleichbedeutend mit Frieden.

Hier seien zwei anschauliche Texte angeführt. Der erste ist als Inschrift im Grab des Merire II. erhalten:

> «Jahr 12, zweiter Wintermonat, achter Tag des Königs von Ober- und Unterägypten, der von der *Maat* lebt, Gebieter der Zwei Länder, Nefercheperure, Sohn des Re, der von der *Maat* lebt, Gebieter der Kronen, Echnaton, mit langer Lebensdauer, und der großen Gemahlin des Königs, seiner Geliebten, Neferneferuaton, Nofretete … Seine Majestät erschien auf dem Thron seines Vaters, Aton, während die Anführer aller Fremdländer ihre Tribute brachten und ihn respektvoll um die Erhaltung des Friedens baten, damit sie den Lebenshauch einatmen konnten.»

Der zweite stammt aus dem Grab des Huja. Nach der gleichen Datumsangabe heißt es hier:

> «Echnaton und Nofretete erschienen unter dem großen Goldbaldachin, um den Tribut der Länder Scharu und Kusch, aus dem Westen und dem Osten, entgegenzunehmen. Selbst die Inseln mitten im Meer brachten dem König Tribute, der auf dem großen Thron Achetatons saß, um die Abgabe eines jeden Landes entgegenzunehmen.»

König und Königin, die sich liebevoll an der Hand hielten, sahen die Repräsentanten jener Länder vor sich versammelt, die des Pharaos Autorität anerkannten. Die Nubier mit ihren langen Röcken brachten Säcke voll Gold, Barren und Scheiben aus dem gleichen Metall, Elfenbein, Leoparden, Antilopen, Panther. Die Asiaten, leicht an ihren spitzen Bärten zu erkennen, brachten Gefäße, Waffen, Schilde, in Einzelteile zerlegte Streitwagen, einen Löwen, ein Pferd. Die Einwohner des sagenumwobenen Landes Punt steuerten Weihrauch bei. Die Libyer, die Federn im Haar trugen, schenkten Straußeneier und Straußenfedern. Die Kreter schließlich brachten herrliche, wertvolle Gefäße herbei.

Alles stand zum besten in der besten aller Welten. Es schien, als wäre diese öffentliche Zeremonie der unanfechtbare Beweis dafür, daß der Pharao über das gesamte Universum regierte, daß die Allmacht der Zwei Länder noch immer unumstritten war.

Doch möglicherweise verbarg sich hinter diesem Anschein eine weniger erfreuliche Realität. Warum legte der König Wert darauf, seine Allmacht so hervorzuheben?

Aldred ist davon überzeugt, daß die eigentliche Motivation in den Schilderungen verschwiegen wird. Er nimmt an, daß Echnaton, indem er sich als innerhalb wie außerhalb der Landesgrenzen unangefochtener Monarch darstellte, seine Einsetzung als einziger König Ägyptens zelebrierte. Nach Aldreds Deutung war Amenophis III., Echnatons Vater, nach zwölf Jahren des gemeinsamen Regierens verstorben. Indem Echnaton die Abgesandten empfing, demonstrierte er seine Machtübernahme auf allseits ersichtliche Weise. Einige Gelehrte bestreiten diese These. Da kein Text das genaue Datum des Todes von Amenophis III. nennt, sind wir auf Spekulationen angewiesen.

Zwischen Echnatons 9. Regierungsjahr frühestens und dem 12. Regierungsjahr spätestens starb auch Echnatons Mutter Teje. Sie besaß eine Residenz in Medinet el-Ghurob im Fajjum, nicht sehr weit von Achetaton entfernt. So konnte sie leicht und oft hin und her reisen. Sicher hielt sie sich häufig in der neuen Hauptstadt auf, wo ihr zu Ehren fröhliche Bankette veranstaltet wurden. Einige hohe Würdenträger waren ihre unmittelbaren Schützlinge, etwa ihr Kammerherr Huja, der ein Grab im Felsen von El-Amarna besaß.

Echnaton ließ seine Mutter am Atonkult teilhaben. Er errichtete ihr einen kleinen Tempel, dessen Statuen die Paare Amenophis III. und Teje sowie Echnaton mit seiner Mutter zeigen. Die gesamte Familie hatte göttlichen Status erlangt. Eine Darstellung im Grab des Huja in Amarna zeigt uns Echnaton, der seine Mutter in ein Heiligtum mit Namen «Schatten des Re» oder, nach einer anderen Deutung, «Fächer-Schirm des Re» führte. Dieses Ereignis fand bei einem Fest statt, bei dem die Königin Teje ihrem Sohn einen Besuch abstattete.

Der offenbar symbolische Name dieses Tempeltyps, der bereits im Alten Reich existierte, ist nicht leicht zu deuten. Er schließt den Aspekt des «Filterns» der Sonnenenergie ein, den man in zahlreichen alten Traditionen findet, in denen die Sonne wohltätig, aber auch schädlich wirken kann. In der ägyptischen Mythologie ist nicht nur von einer Sonne die Rede, die durch ihr Strahlen allen Wesen Leben schenkt, sondern auch von einer Sonne, die durch ihr Strahlen töten kann. Es ist anzunehmen, daß der Tempel namens «Fächer-Schirm des Re» die Funktion hatte, die Sonnenenergie von ihren schädlichen Einflüssen zu befreien und die Wohltaten einer vollkommen gereinigten Sonne über die Erde zu verteilen.*

Tejes Tod war ein schwerer Schlag für den König. Seine Mutter war mit allen internationalen Angelegenheiten vertraut gewesen und hatte das Königspaar höchstwahrscheinlich bei seinen Entscheidungen beraten. Als Beleg sei folgender, an Teje gerichteter Brief des Königs von Mitanni angeführt:

* Diese «Schatten der göttlichen Sonne» sind auch aus den thebanischen Grabtempeln bekannt. Dort handelt es sich um Sockel, auf denen Altäre aufgestellt wurden.

«Bei mir geht alles gut. Auch bei dir möge alles gut gehen. In deinem Haus, bei deinem Sohn möge alles gut gehen. Bei deinen Truppen und bei allem, was dir gehört, möge alles vollkommen gut gehen. Du weißt von mir, daß ich Amenophis III., deinem Gatten, Freundschaft hielt und daß dein Gatte sie mir gehalten hat ... Du weißt alles, was wir einander geschrieben und miteinander verhandelt haben, er und ich. Niemand sonst weiß darum ... Die Gesandtschaften zwischen uns sollen auch in Zukunft nie unterbrochen werden. Ich werde die Freundschaft mit deinem Gemahl nicht vergessen. Mehr, zehnmal mehr will ich jetzt Worte der Freundschaft mit Echnaton, deinem Sohn, wechseln. Du kennst alle Worte deines Mannes, aber das Geschenk, das mir zu überbringen dein Mann befohlen hatte, du hast es nicht geschickt. Goldene Statuetten hatte ich verlangt ... Jetzt aber hat dein Sohn sie aus Holz gefertigt, während doch Gold in deinem Lande ist wie Staub. Warum geschieht das gerade jetzt? Sollte er mir nicht das ausliefern, was sein Vater mir gab?» (Amarnabriefe, EA 26*).

Teje war eine überzeugte Befürworterin der Friedenspolitik ihres Gatten Amenophis III. Dank ihrer Kenntnis der Vorgänge konnte sie diese Politik auch nach dessen Tod weiterführen, und wahrscheinlich übte sie unter Echnaton die Funktion eines Außenministers auf höchster Stufe aus. Der Inhalt des zitierten Briefes weist darauf hin, daß Echnaton Irrtümer und Nachlässigkeiten unterlaufen waren. Tejes Aufgabe war es, sie zu bereinigen. Ihr Tod brachte den Monarchen um eine kluge Ratgeberin und zwang ihn, sich selbst um

* Zitiert nach der Übersetzung von Carl Niebuhr, «Die Amarna-Zeit», Leipzig 1899 (A. d. Ü.).

internationale Probleme zu kümmern, mit denen er nicht vollständig vertraut zu sein schien.

Die Königinmutter starb in einem ungünstigen Moment. Während der Regierungszeit ihres Sohnes veränderte sich die politische Situation in Asien tiefgreifend, wie wir noch sehen werden. Echnaton scheint nicht fähig gewesen zu sein, die Lage treffend zu analysieren und daraus die notwendigen Schlüsse zu ziehen.

Die berühmte Königin Teje fand höchstwahrscheinlich in Theben ihre letzte Ruhestätte. Ihr Sarkophag war von einem Schrein umgeben, dessen Türen aus Libanonzeder bestanden und mit einem goldenen Riegel verschlossen waren. Das Dekor zeigte sie selbst in Begleitung ihres Sohnes unter den wohltuenden Strahlen des Aton. Truhen, Alabastergefäße, Schminktöpfe aus Fayence und Toilettenartikel begleiteten sie in die Ewigkeit. Tejes Mumie wurde leider nicht gefunden (oder nicht identifiziert), und auch wo sich ihr Grab befindet, bleibt bislang noch ein Rätsel.

Echnaton – Kriegsherr oder Pazifist?

Ein Großteil der ägyptologischen Literatur stellt Echnaton als Pazifisten dar, als gewaltlosen, sanften und schwachen Menschen, der den Krieg um jeden Preis vermeiden wollte. Darauf haben andere Forscher mit dem Einwand reagiert, auch dieser König sei immerhin in der traditionellen Haltung des Pharaos dargestellt worden, der seine Feinde erschlägt. Dieses Thema wurde aus der Ikonographie der Amarnazeit nicht verdrängt. Es ist sogar eine Version dieser Szene bekannt, bei der die Hände des Gottes Aton dem Gott ein Krummschwert und eine Keule reichen, mit denen er das Ritual vollziehen soll. Überdies wird auf vielen Reliefs Echnatons Armee gezeigt, es gibt auch Abbildungen von Kriegsgefangenen.*

Vermutlich im 12. Regierungsjahr begab sich die ägyptische Armee auf einen Feldzug nach Nubien. Stelen in Buhen und Amada belegen, daß das Heer in einem Sektor aktiv wurde, in dem sich Goldminen befanden, und daß es einen Stammesaufstand mit aller Strenge niederschlug.** Dabei handelte es sich jedoch weniger um kriegerische Auseinandersetzungen als vielmehr um eine Polizeiaktion. Im Neuen Reich war Nubien eine echte, den ägyptischen Gesetzen unterworfene Kolonie. Dort duldete der Pharao keinerlei Unruhen. Zahlreiche Ägypter lebten in Nubien, Tempel wurden dort unterhalten, darunter auch ein Atonheiligtum. Nubier dienten in der ägyptischen Armee. Die Söhne der Stammesoberhäupter wurden in Ägypten erzogen.

Echnaton war weder ein träumerischer Pazifist noch ein Befürworter des Krieges um jeden Preis. Er führte lediglich die von Amenophis III. und Teje betriebene Außenpolitik weiter und pflegte einen Frieden, der auf Abkommen mit den fremdländischen Mächten beruhte. Im Süden, in Nubien, griffen die ägyptische Armee und Polizei ein, um die Ordnung wiederherzustellen, sobald sie bedroht war. In dieser ägyptisierten Region hatte es jedoch seit vielen Jahren keine ernstzunehmenden Zwischenfälle mehr gegeben.

Im Nordosten dagegen, in den asiatischen Ländern, die nur teilweise unter ägyptischer Kontrolle standen, sah die Situation anders aus. Archäologische Funde haben uns einige

* Vgl. C. Traunecker, JSSEA 14, 1984, S. 60–69.

** Vgl. W. Helck, «Ein ‹Feldzug› unter Amenophis IV. gegen ‹Nubien›», SAK 8, 1980, S. 117–126, und A. R. Schulman, «Egyptologie in 1979» (CNRS), 1982, S. 299–316.

Belegstücke geliefert, dank derer wir rekonstruieren können, was in jener Epoche vor sich ging.

Im Jahre 1887 entdeckte man in den Ruinen von El-Amarna rund dreihundertfünfzig Tafeln aus luftgetrocknetem Ton. Die Keilschrifttexte auf diesen Tafeln weckten sogleich das Interesse der Gelehrten. Zunächst erschien dieser Fund zu schön, um wahr zu sein, und man erklärte die Tafeln für Fälschungen. Nach genaueren Untersuchungen mußte man sich jedoch dem Offensichtlichen beugen: Die Dokumente waren echt, und die Texte spiegelten die diplomatischen Beziehungen zwischen dem ägyptischen König und verschiedenen fremdländischen Herrschern wider. Leider handelte es sich um illegale Grabungen. Selbst die genauen Umstände des Fundes sind nicht bekannt. Es ist daher unmöglich festzustellen, wie viele Tafeln es ursprünglich gab. Antiquare und private Sammler interessierten sich sehr für diese unscheinbaren Fundstücke, die es zu einigem Marktwert brachten. Bislang sind 382 Tafeln inventarisiert worden. Die meisten Texte sind in Akkadisch geschrieben, der damaligen «lingua franca» (Verkehrssprache). Lange Zeit hielt man diese Tafeln für das Originalarchiv, das der Außenminister von El-Amarna sorgfältig geordnet aufbewahrt hatte. Dies erwies sich jedoch als Irrtum.

Der ägyptische König verständigte sich mit den fremdländischen Monarchen über Boten, deren Funktion als sehr wichtig betrachtet wurde. Sie übermittelten «Briefe» des Pharaos und brachten ihm Antwortschreiben oder neue Informationen zurück. Der Pharao war ein gebildeter und kultivierter Mann, der allmorgendlich von seinen Beratern die neuesten Informationen über die Angelegenheiten innerhalb und außerhalb der Landesgrenzen erhielt. Die Botschaften der fremdländischen Herrscher wurden ihm vorgelesen, damit er davon Kenntnis nehmen konnte; die Schreiber fertigten ägyptische Übersetzungen der Briefe in Keilschrift an und übertrugen eine oder mehrere Kopien auf Papyrus. Diese Kopien in Hieroglyphenschrift bildeten die eigentlichen Originalarchive, die nach den strengen Kriterien der ägyptischen Verwaltung klassifiziert und geordnet wurden. Die Tontafeln waren dann nur noch ein recht unhandlicher «Lagerbestand», dessen man sich schließlich entledigte.

Die ägyptischen Originalarchive der Atonstadt wurden höchstwahrscheinlich zerstört; ein Teil der Tontafeln wurde in den Ruinen der Stadt gefunden, gerade weil sie in den Augen des Staates nur noch unbedeutender Abfall waren. Diese außergewöhnlichen Dokumente geben uns einen faszinierenden Einblick in die Diplomatie jener bewegten Epoche und lassen uns die Ereignisse besser verstehen, die Echnatons Vermächtnis in Gefahr brachten. Allerdings ist nur ein kleiner Teil dieses offiziellen Briefwechsels erhalten, der mit Vorsicht gedeutet werden muß. Dennoch heben die Amarnatafeln den Schleier von jenem Drama, das sich während Echnatons Regierungszeit anbahnte.

A. Altman hat in seine Arbeiten dargelegt, daß die politische Stabilität der ägyptischen Protektorate wie Byblos oder Amurru kurze Zeit nach den Asienfeldzügen des Thutmosis IV. zusammenbrach. Der Zerfall, der Ägyptens Sicherheit gefährdete, begann also lange vor Echnatons Regierungszeit.

Der Hethiterkönig Suppiluliuma schließlich sollte das Kräftegleichgewicht im Vorderen Orient, das Ägypten noch dominierte, endgültig in Frage stellen. Bis zu Suppiluliumas Regierungszeit verfügte das Pharaonenreich über eine nahezu unantastbare militärische Übermacht. Doch Suppiluliuma war ehrgeizig und wollte sein Land in eine bedeutende Nation verwandeln. Zunächst unterwarf er die Stämme, die ihm innerhalb seiner eigenen Landesgrenzen im Weg standen; er setzte den inneren Auseinandersetzungen und den schweren Unruhen ein Ende, die die herrschende Ordnung zu zerstören drohten. Nachdem die Ruhe wiederhergestellt war, befriedete er seine Provinzen und hob Truppen aus, die er einer guten Führung unterstellte.

Das von Ägypten kontrollierte Syrien-Palästina war in drei Provinzen unterteilt, die ägyptischen Beamten unterstanden, den «Vorstehern der nördlichen Fremdländer». Der erste war in Gaza stationiert und für die Provinz Kanaan zuständig, also für Palästina und einen Teil der phönizischen Küste bis nach Beirut; der zweite residierte in Simyra und wachte über das Land Amurru, das sich von Byblos bis südlich von Ugarit und bis zum Orontes erstreckte; der dritte lebte in Kumidi. Ihm unterstand die Provinz Upe, die von Kadesch in Südsyrien bis nach Nordpalästina und Damaskus reichte.

Die fremdländischen Mächte verständigten sich mit Ägypten über Boten und Abgesandte, denen Passierscheine Sicherheit und Bewegungsfreiheit garantierten. Hier ein Beispiel für ein solches Dokument, das ein Sonderbeauftragter des Königs von Mitanni mit sich führte:

> «An die Könige von Kanaan, Diener meines Bruders, des Pharaos: Dies spricht der Herrscher von Mitanni. Hiermit sende ich meinen Boten eilig und dringend zu dem Pharao, meinem Bruder. Niemand darf ihn aufhalten. Stellt ihm einen Geleitbrief für Ägypten aus und übergebt ihn dem ägyptischen Festungskommandanten. Er soll unmittelbar weiterreisen und ist keine Geschenke schuldig.»

Die Beziehungen zu Assyrien waren distanziert, aber höflich.

«Wenn deine Absicht liebenswürdig und freundschaftlich ist», schreibt der König von Assyrien an den Pharao, «dann sende mir viel Gold. Dieses Haus ist dein Haus. Schreibe mir, damit wir suchen können, was du brauchst. Unsere Länder sind einander sehr fern. Sollen unsere Boten immer für solche Ergebnisse unterwegs sein?» (EA 16).

Tuschratta, der König des reichen Landes Mitanni, das mittlerweile zu einem Vasall Ägyptens geworden war, bemühte sich ebenfalls, den Frieden zu erhalten. «Amenophis ist nicht tot», schrieb er an Echnaton, «wenn du, sein großer Sohn, den Teje, seine große Gemahlin, geboren hat, die Macht an seiner Stelle ausübst.» Die Nachbarländer strebten danach, sich die Gunst des Pharaos zu sichern und dabei ihre Interessen möglichst weitgehend zu vertreten.

«Einst, zur Zeit deiner Ahnen», so schrieb der König von Mitanni an den Pharao (mit bemerkenswerter Gedächtnisschwäche in bezug auf die heftigen Konflikte einer noch nicht lange zurückliegenden Vergangenheit), «hatten sie immer Freundschaft für meine Ahnen. Jetzt hast du sie in Übereinstimmung mit unserer dauerhaften und gegenseitigen Freundschaft zehnmal größer gemacht als die Freundschaft mit meinem Vater.»

Doch ein ernster diplomatischer Zwischenfall weckte Tuschrattas Unzufriedenheit. Er hatte zwei Boten, Pirissi und Tulubri, mit einer kleinen Eskorte nach Äpypten geschickt. «Und nun», so beklagte sich der König von Mitanni, «hat mein Bruder sie nicht aufbrechen lassen, und er hat sie in strengen Gewahrsam genommen. Was sind meine Boten? Es sind doch keine Vögel, wie könnten sie dann davonfliegen? Warum darf nicht einmal der eine den anderen besuchen?» (EA 28).

Wir wissen nicht, welchen Ausgang dieses Drama nahm. Fest steht, daß die Beziehungen zwischen Mitanni und Ägypten sich drastisch verschlechterten, wie es der folgende Auszug aus einem Brief des fremdländischen Herrschers an den Pharao belegt: «Die Güter, die mein Bruder mir zu schenken pflegte, hat mein Bruder stark verringert. Darum bin ich wütend geworden … Ich bin sehr feindselig geworden.»

Der Hethiterkönig war ein kluger Stratege. Der Brief, den er Echnaton anläßlich des Todes von Amenophis III. schickte, ließ keinerlei Kriegsabsichten durchblicken:

> «Die Nachrichten, die ich deinem Vater geschickt hatte», erklärte Suppiluliuma, «und die Bitten, die ich an ihn gerichtet hatte, sollten wir zwischen uns erneuern. Wisse, König, von dem, worum mich dein Vater gebeten hat, habe ich ihm nichts verweigert. Ich habe ihm alles gegeben, und alles, worum ich deinen Vater gebeten habe, hat er auch mir gegeben. Nun, mein Bruder, hast du den Thron deines Vaters bestiegen, und so wie ich mit deinem Vater Geschenke ausgetauscht habe, so müssen auch wir gute Freunde sein. Da ich gegenüber deinem Vater einen Wunsch geäußert hatte, mißachte ihn nicht! Verwirklichen wir diese Wünsche.»

Und der Hethiterkönig erinnerte den König Ägyptens daran, daß er wertvolle Geschenke erwarte, goldene Statuen, Geschenke, die der Pharaonenmonarchie würdig seien.

Die beruhigenden Worte des Hethiterkönigs wurden durch seine Taten bald widerlegt. Als Tuschratta, König von Mitanni, ermordet wurde, eroberten Assyrer und Hurriter die Regionen, die unter seiner Vormundschaft gestanden hatten. Suppiluliuma, der ganz ohne Zweifel bei dem Verbrechen seine Hand im Spiel hatte, dehnte seine Vorherrschaft auf Mitanni aus und vergrößerte seinen Einflußbereich. Damit war das Werk des Eroberers Thutmosis III., der Mitanni unterworfen hatte, zerstört und das Ansehen des ägyptischen Reiches getrübt.

Dieser Gewaltstreich hatte jedoch keine nachteiligen Folgen für die Hethiter. Suppiluliuma beschloß, noch weiter vorzustoßen. Nachdem er in Syrien und Phönizien Unruhen angezettelt hatte, besetzte er Nordsyrien. Der Hethiterkönig vereinte Gewalt und List mit meisterhafter Strategie: Statt Ägyptens Verbündete direkt anzugreifen, baute er ein Netz von Spionen und Agitatoren auf, die die einflußreichen Männer in der ägyptischen Gesellschaft nach und nach überredeten, sich vom Pharao abzuwenden und sich den Hethitern anzuschließen. Suppiluliuma förderte überall Unruhen, die seiner Sache dienlich waren, und erzielte ausgezeichnete Ergebnisse.

Auch als die Hethiter begannen, offensiver vorzugehen, griff Echnaton noch immer nicht ein. Er hoffte wohl, daß Hethiter und Mitanni sich gegenseitig aufreiben würden und daß weder die eine noch die andere Streitmacht einen entscheidenden Vorteil würde erringen können. Damit beging der König Ägyptens einen folgenschweren Fehler: Er unterschätzte den Hethiterkönig völlig. Mitanni brach unter den Schlägen der Hethiter zusammen, und Äpypten sah tatenlos zu.

Der Brief EA 42 vom König von Chatti an den Pharao drückte so heftigen Zorn aus, daß er als Kriegserklärung verstanden werden mußte. Hier der Text nach unserem derzeitigen Verständnis:

> «Und nun zu der Tafel, die du mir gesandt hast, warum hast du deinen Namen über meinen Namen geschrieben? Und wer ist der, der die guten Beziehungen zwischen uns stört, und ist ein solches Verhalten etwa üblich? Mein Bruder, hast du mir in dem Gedanken geschrieben, mit mir vereint zu sein? Und wenn du mein Bruder bist, warum hast du meinen Namen gerühmt, während ich nicht mehr geschätzt werde als ein Leichnam! ... Doch deinen Namen ... Ich werde ihn ausmerzen ...»

Bei aller orientalischen Übertreibung – der Zerfall des ägyptischen Reiches schritt zweifellos fort.

Die phönizischen Städte sandten unterdessen Hilferufe an den ägyptischen Königshof; sie erwarteten in aller Dringlichkeit einen ägyptischen Heerführer, der die Ordnung wiederherstellen sollte. Doch Echnaton verweigerte sich der Maschinerie der Gewalt. Er zog Verhandlungen und Diplomatie dem offenen Konflikt vor.

In der gegebenen Situation schien eine Kontaktaufnahme der beiden Herrscher Ägyptens und Chattis unerläßlich. Darum teilte Echnaton dem Hethiterkönig seine friedlichen Absichten mit, forderte jedoch im Gegenzug eine ebensolche Haltung. Man gelangte zu einer Einigung, und beide Parteien stimmten dem Frieden zu.

Ohne Zweifel hielt Echnaton seinen Gegner für aufrichtig und verließ sich auf dessen Wort. Für den Hethiterkönig war diese Einigung ein voller Erfolg: Offiziell akzeptierte er den Frieden. Nichts hinderte ihn jedoch daran, sein Netz von Agitatoren auszuweiten, während er selbst sich sorgfältig im Hintergrund hielt.

Der König von Babylonien war sehr unzufrieden über das «Bündnis» zwischen Ägyptern und Hethitern und wandte sich von der ägyptischen Politik ab. Er hatte eine weitaus nachdrücklichere Reaktion von Echnaton erwartet und schloß aus deren Ausbleiben, daß der Pharao die künftige Vorherrschaft der Hethiter über bestimmte Regionen anerkannte. Darum verbündete sich der König von Babylonien wenig später mit dem Hethiterkönig.

Die Hethiter selbst verstanden es, ihren Vorteil auszubauen. Sie halfen einem ihrer Verbündeten, dem König von Amurru, sich phönizischer Häfen zu bemächtigen. Man nimmt an, daß ägyptische Truppen nach Phönizien gesandt wurden, jedoch bei ihrem Befriedungsversuch scheiterten.

Möglicherweise hatte auch ein Abgesandter Echnatons den Pharao verraten und war zum König von Amurru übergelaufen, indem er ihn zum legitimen Herrscher Phöniziens ausrief.

Dieser König von Amurru, ein gewisser Aziru, stiftete durch unzählige Intrigen heillose Verwirrung in einer ohnehin schon komplizierten Situation. Nachem er den ägyptischen Gouverneur der Stadt Simyra hatte ermorden lassen, tat er lauthals seine Treue zu Ägypten kund und plünderte in aller Seelenruhe die sich selbst überlassene Stadt.

Echnaton erfuhr von diesen Vorfällen und schickte dem Verräter eine Gesandtschaft. Ohne Zaudern ließ Aziru die Abgesandten hinrichten, er selbst blieb der unangefochtene Herrscher der Stadt. In einem seiner Briefe an Echnaton schreckte er nicht davor zurück zu schreiben: «Herr, immer habe ich die hohen Würdenträger des Königs, meines Herrn, geachtet; ich habe mir nicht die geringste Verfehlung gegen den König, meinen Herrn, vorzuwerfen.»

Da Echnaton, vielleicht aufgrund mangelhafter Informationen, keine Waffengewalt gegen Aziru einsetzte, gab dieser sich mit seinen Erfolgen noch nicht zufrieden. Er bedrohte den Gouverneur der bedeutenden Stadt Tunip, der, durch eine so unmittelbare Gefahr erschreckt, folgende flehentliche Nachricht an Echnaton sandte: «Deine Stadt weint, ihre Tränen fließen, und es gibt keine Hilfe für uns; wir senden Boten zu unserem Herrn, dem König, doch kein Wort von ihm hat uns erreicht, nein, kein einziges Wort.»

Aziru eroberte also Tunip, wodurch er seinen hethitischen Verbündeten neue Reichtümer bieten konnte. Sogleich richtete er sein Begehren auf eine noch berühmtere Stadt: Byblos. Der König von Byblos, Ribaddi, war ein bedingungsloser Verbündeter Ägyptens, dessen Kultur und Denken er leidenschaftlich bewunderte. Er erfaßte sofort, welche Gefahr von

Aziru ausging, und sandte mehrere Briefe an Echnatons Hof, in denen er den Pharao anflehte, er möge eingreifen und seine Stadt retten.

Um die Verräter abzuwehren, die sich gegen den ägyptischen König aufgelehnt hatten, erbat er fünfzig Pferdegespanne und zweihundert Fußsoldaten. Damit wollte er bis zur Ankunft der Bogenschützen standhalten (EA 71). Er erklärte, daß Ägyptens Feinde sich zusammengeschlossen hätten und daß er in Byblos sitze wie ein Vogel in der Falle (EA 74). Obwohl er dem Palast mehrfach schrieb, mußte er feststellen, daß dort niemand seinen Worten Aufmerksamkeit schenkte (EA 75). Der König hörte nur noch auf Lügner und Verräter. Die einzige Reaktion des Pharaos: Er beschwerte sich, daß Ribaddi ihm so häufig schrieb! Warum so viele Nachrichten? «Wegen des Bösen, das mir zuvor angetan worden war», erklärte der Gefragte, «und besonders, damit mir jetzt nicht dergleichen wieder geschehe» (EA 106).

Echnaton sollte schließlich Streitwagenlenker und möglicherweise auch Bogenschützen schicken, doch in zu geringer Zahl, unter schlechten Voraussetzungen und sogar gegen Ribbadis Rat, so schlecht war dieses Manöver vorbereitet. Die Soldaten scheiterten und wurden getötet. Und diese Katastrophe wurde Ribaddi noch zum Vorwurf gemacht!

> «Die Hethiter haben das Land in Flammen gesetzt», konstatierte der langjährige Getreue ernüchtert. «Sie haben sich des gesamten Landes des Königs, meines Herrn, bemächtigt, doch mein Herr hat ihnen nichts getan. Jetzt mobilisieren sie die Truppen der Hethiterländer, um sich der Stadt Byblos zu bemächtigen» (EA 126).

Um die Stadt zu retten, erbat Ribaddi vierhundert Soldaten und dreißig Streitwagen. Doch Aziru hatte seine Truppen bereits entsandt, und die Belagerung begann.

Das Ende war bereits nah. Ribaddi flehte noch immer:

> «Möge der König, mein Herr, an seinen Diener denken. Ich warte jetzt Tag und Nacht auf die Bogenschützen des Königs ... Wenn der König, mein Herr, die Launen seines Herzens nicht ändert, dann werde ich sterben (EA 136). Ich bin alt, und mein Körper ist von einer schweren Krankheit befallen ... Hiermit sende ich meinen eigenen Sohn, einen Diener des Königs ... Möge der König den Worten seines Dieners Gehör schenken, möge er Bogenschützen schicken, damit sie Byblos halten können!»

Echnaton beging nun einen weiteren Fehler und zog den Verräter Aziru zu Rate, der bereits mehrere treue Vasallen hatte umbringen lassen. Diesem Schönredner gelang es, Echnaton von seinen guten Absichten zu überzeugen und darzulegen, daß er Ägyptens Interessen in keiner Weise geschadet habe.

Ein letzter hoffnungsvoller Hilferuf von Ribaddi erreichte den König:

> «Möge der König, mein Herr, kommen, sein Land besuchen und alles wieder in Besitz nehmen. An dem Tag, an dem du kommen wirst, werden alle Länder sich dem König, meinem Herrn, anschließen. Wer könnte den Truppen des Königs widerstehen?» (EA 362).

Die so dringend erbetene Hilfe kam nicht. Trotz der Drohungen des nach Eroberungen gierenden Aziru weigerte sich Ribaddi, dem Feind die Stadttore zu öffnen. Er bezahlte seinen Mut mit dem Leben, und Ägypten verlor Byblos.

Die Serie von Unglücken setzte sich fort in blutigen Beutezügen von Völkerstämmen wie den Sutu oder den Habiru; letztere wurden gelegentlich mit den Hebräern gleichgesetzt. Diese Nomadenstämme konzentrierten ihre Aktionen auf

Palästina, und die hilflosen palästinensischen Fürsten sandten Echnaton zahlreiche Botschaften.

Ein dramatischer Brief erreichte den König von Abdi-Heba (EA 286). Dieser bekräftigte zunächst seine Treue zum König und beklagte sich sodann bitter darüber, daß er vor dem Monarchen verleumdet werde, obwohl ihm doch der «mächtige Arm» des Pharaos sein Amt verliehen habe.

> «Möge der König die Bedürfnisse seines Landes erfüllen!» mahnte er. «Alle Länder des Königs, meines Herrn, sind abgefallen ... Jedesmal, wenn die Gesandten gekommen sind, habe ich ihnen gesagt: ‹Verloren sind die Länder des Königs›, doch sie haben nicht auf mich gehört. Verloren sind alle Ortsvorsteher. Nicht ein Ortsvorsteher bleibt dem König, meinem Herrn.»

Die Plünderer versetzten das Land in Unruhe und beeinträchtigten die Handelsbeziehungen zwischen Ägypten und seinen Vasallen. In den ländlichen Gebieten erlitten die Bauern wiederholte Angriffe, und viele von ihnen verließen ihre Ländereien, um in Ägypten Zuflucht zu suchen. Babylonische Händler wurden ausgeraubt, und ihr Herrscher sandte dem Pharao seine Klagen, die ungehört verhallten.

In seinem 12. Regierungsjahr hatte Echnaton noch wie üblich die Tribute der Fremdländer entgegengenommen, besonders die der asiatischen Regionen. Im Gegenzug verlieh er ihnen den «Lebenshauch». Zumindest offiziell waren diese Länder dem Pharaonenreich unterworfen. Der König erklärte deutlich, daß diese Völker «Besitztümer» seien und daß Gott sie ihm anvertraut habe, «damit er seine Glut in ihnen kühle» und sie durch die Kraft seiner Hand befriede.

Doch nach dem 12. Regierungsjahr entsprachen diese Erklärungen nicht mehr der Wahrheit, denn die Fremdländer sandten die üblichen Tribute nicht mehr an Echnatons Hof.

Plötzlich schien das Gleichgewicht ins Wanken zu geraten, und die offiziellen Redewendungen konnten nicht mehr darüber hinwegtäuschen, daß sich bei Ägyptens Vasallen ausgeprägter Unmut ausgebreitet hatte.

Mehrere Indizien weisen darauf hin, daß Echnaton den fremdländischen Herrschern nicht genügend Geschenke gesandt und damit die protokollarischen Pflichten vernachlässigt hatte, deren Bedeutung ein Herrscher Ägyptens nicht hätte unterschätzen dürfen. Dies war unbestreitbar ein schwerer Fehler. Echnaton war sich der Tatsache bewußt, daß die ägyptische Politik auf Schwierigkeiten stieß. Er hatte eine strenge Haltung angenommen, die sich auch in einem kurz vor dem Angriff der Hethiter verfaßten Brief an einen syrischen Fürsten ausdrückte:

> «Mir geht es gut, mir, der Sonne am Himmel; meine Streitwagen und meine Soldaten sind sehr zahlreich; von Oberägypten bis nach Unterägypten, von der Region, in der die Sonne aufgeht, bis zu der Region, in der sie untergeht, ist das gesamte Land in guten Umständen und zufrieden.»

Mit anderen Worten, Ägyptens Macht blieb groß, und die Armeen des Pharaos waren noch immer schlagkräftig. Der König glaubte offenbar, allein schon diese Erklärung werde die Kriegsgelüste seiner Gegner dämpfen und den Frieden sichern. Echnaton wollte seine Armee nicht direkt einsetzen. Er hielt seine Streitmacht für beeindruckend genug, um eventuelle Gegner schon aus der Ferne einzuschüchtern. Der König und Richter glaubte, daß eine auf soliden Grundlagen basierende Friedenspolitik langfristig gute Ergebnisse zeitigen könnte, während ein militärisches Eingreifen die Situation nur verschärfen würde.

Echnatons Vater, Amenophis III., hatte diese Ansicht geteilt, dabei aber eine sehr flexible «Taktik» praktiziert. Er hatte es verstanden, die Stämme gegeneinander auszuspielen, die Verfeindung der Clans aufrechtzuerhalten und das Entstehen bedrohlicher Bündnisse zu verhindern. Indem er auf bewundernswerte Weise die inneren Streitigkeiten der Duodezfürsten für seine Zwecke genutzt hatte, war es Amenophis III. gelungen, die Nachbarländer unter strenger Kontrolle zu halten.

Echnaton setzte jedoch die spirituelle Dimension an erste Stelle und war vor allem damit beschäftigt, die Grundlagen für einen neuen Glauben zu legen. Darüber vernachlässigte er dieses System von Intrigen, das ein gewisses bisher ungefährliches Maß an Spannungen erhielt. Wie es scheint, überwachte Echnaton sein Spionagenetz nicht selbst, sondern überließ diese Verantwortung Männern, deren Redlichkeit angezweifelt werden mußte. Der König war schlecht informiert und hatte nur beschränkten Einblick in die Gesamtsituation.

Außerdem hatte Echnaton mit einer wirtschaftlich schwierigen Lage zu kämpfen und verfügte nicht mehr über die unermeßlichen Reichtümer seiner Vorgänger. Amenophis III. hatte Ägyptens Vasallen viel Gold versprochen, Echnaton konnte dieses Versprechen nicht halten. Bei seinen Geschenken an fremdländische Herrscher, die Ägypten treu ergeben waren, beging er schwere Fehler. So warf der König von Babylonien Echnaton vor, dieser habe ihm Gold sehr schlechter Qualtität geschickt:

> «Möge mein Bruder», so beschwerte sich der König von Babylonien, «das Gold, das mir mein Bruder schicken wird, keinem Beamten anvertrauen, sondern möge mein Bruder es mit eigenen Augen ansehen, es versiegeln und es entsenden. Denn das Gold, das mein Bruder mir zuvor gesandt hat, das mein Bruder nicht selbst geprüft hatte und das ein Beamter meines Bruder versiegelt und entsandt hatte, war minderwertig;

und als es in den Tiegel getan wurde, stellte sich heraus, daß es nicht das rechte Gewicht hatte.»

Trotz seiner Freundschaftsbeteuerungen und der Anrede «Bruder» brachte der König von Babylonien seine Enttäuschung offen zum Ausdruck. Zwar beschuldigte er höflich den Beamten, dem der Königsschatz unterstand, und nicht Echnaton selbst; doch ein Pharao, der seine Verpflichtungen nicht erfüllte, schadete dem Ansehen Ägyptens.

Ägyptens Verbündete waren in unterschiedlichem Maß befremdet über Echnatons Haltung. Sie ahnten nichts von den internen Problemen Ägyptens, und die Gefahr, die von den Hethitern ausging, war ihnen noch nicht bewußt. Vor allem empörten sie sich darüber, wie wenig Eile der Pharao an den Tag legte, ihnen die Reichtümer zu senden, die er ihnen schuldete. Vermutlich war dies der Grund dafür, daß die Tribute aus den Fremdländern nicht mehr an den ägyptischen Hof gebracht wurden.

Unbestreitbar hatte jedoch die ägyptische Armee nichts von ihrer Schlagkraft und ihrer Macht verloren. Es steht fest, daß die ägyptischen Truppen sich nicht aufgelehnt hatten und den erhaltenen Befehlen nach wie vor gehorchten.

Echnaton glaubte an die Vorteile der Diplomatie und der Verhandlung. Dennoch verhielt er sich nicht wie ein weltfremder Träumer, der unfähig gewesen wäre, die Krise zu erkennen, die sich vor seinen Augen abspielte und die er selbst mit ausgelöst hatte. Es ist zu vermuten, daß Echnaton einige Briefe, wenn nicht sogar die Mehrzahl, niemals vorgelegt wurden.

Sicherlich war die Polizei von El-Amarna auch aus dem Grund so stark und gut organisiert, weil nicht alle Personen im unmittelbaren Umfeld des Königs ihm die Liebe entgegenbrachten, die sie zur Schau stellten. Namentlich kann man den Fall eines Würdenträgers namens Tutu anführen, dem im

Amt für fremdländische Angelegenheiten in El-Amarna wichtige Verantwortlichkeiten oblagen; seine Aufgabe war es, die Briefe der Vasallen und Verbündeten Ägyptens zu studieren und zu ordnen, darunter auch die verzweifelten Hilferufe an Echnaton, die ohne Antwort blieben.

Möglicherweise war Tutu ein persönlicher Freund von Aziru, jenem verräterischen Vasallen, der so viele heimtückische und verheerende Intrigen gegen den ägyptentreuen Fürsten anzettelte.

Wir vertreten die Hypothese, daß Echnaton von einzelnen Mitgliedern seines Hofes verraten wurde und aufgrund absichtlicher Verschleierungen nur über verstümmelte Informationen zur Machtübernahme der Hethiter verfügte.

Alexandre Moret argumentiert, Echnaton habe einen Sonnengott verherrlichen wollen, der ein heiliges Band zwischen den Ägyptern und den anderen Völkern bilden sollte. Ein aggressiver, nationalistischer und kriegerischer Gott hätte, selbst im Falle eines Sieges, ein ausschließlich ägyptischer Gott sein müssen; ein friedliebender und toleranter Gott dagegen hätte dadurch, daß er Konflikte vermied, das Herz aller Menschen erobern können.

Außerdem hatte Echnaton den Bau dreier großer Städte geplant, die Aton gewidmet sein sollten: eine in Ägypten, eine in Nubien und eine dritte, deren Standort noch nicht mit Sicherheit identifiziert werden konnte. Diese drei Städte standen, wie Moret meint, symbolisch für die gesamte bekannte Welt, die sich den Strahlen der göttlichen Sonne zuwandte. Gott selbst sollte die freundschaftlichen Bande zwischen den Nationen knüpfen, nicht die Waffen oder die Reichtümer. Als spiritueller Vater aller Wesen löschte Aton die Rassenunterschiede aus zugunsten der «Parzelle des Lichts», die allen Lebewesen gemeinsam war.

Tatsächlich verherrlichte Echnaton zwar Aton, doch ohne

den Willen einer universellen Bekehrung zu einer Doktrin, denn schon der Gedanke eines religiösen Anschlusses anderer Völker war dem ägyptischen Denken völlig fremd. Unstrittig ist, daß Echnaton von der politischen und militärischen Entwicklung der Regionen Asiens überrollt wurde, weil er sie nicht gut kannte und nicht wie einige seiner Vorgänger bereist hatte.

Die Bilanz war niederschmetternd: Byblos war verloren. Mitanni, ein wichtiger Verbündeter Ägyptens, existierte nicht mehr. Syrien war von den Hethitern annektiert worden. Plündererbanden zogen durch Palästina.

Durch seine zögerliche Haltung hatte Echnaton die Möglichkeit zu agieren verloren. Er bemühte sich weiter um eine Politik der Bündnisse und der Verträge, doch es gelang ihm nicht, dem Ehrgeiz der Hethiter Grenzen zu setzen. Sie eroberten Mesopotamien, Nordsyrien, zerstörten Mitanni, bedrohten den Südlibanon. Keine ägyptische Armee stellte sich ihnen entgegen.

Die Spezialisten der ägyptischen Militärgeschichte glauben, daß Echnaton dem Vorrücken der Hethiter hätte Einhalt gebieten können. Doch eine ausreichend schlagkräftige Armee auszuheben wäre sehr aufwendig gewesen. Diese zugleich gesellschaftliche und wirtschaftliche Anstrengung wollte Echnaton offenbar nicht erbringen.

Neuere Studien weisen darauf hin, daß Echnaton in den letzten Jahren seiner Regierungszeit nicht völlig inaktiv blieb. Er soll Truppen nach Syrien entsandt haben. Doch zu welchem Zweck und mit welchem Erfolg? Echnaton war für den Niedergang der ägyptischen Macht sicherlich nicht allein verantwortlich. Aber er konnte ihn auch nicht aufhalten.

Ein bescheidener, doch aufschlußreicher Fund stammt aus

diesem zwölften Regierungsjahr: zwei Weinkrüge, deren Beschriftung den Namen Amun enthält. Daraus ist zu schließen, daß der ehemalige Reichsgott nicht absolut verdrängt worden war. Atons Frieden gründete sich also offenbar nicht auf einen Krieg gegen Amun.

26 Das Jahr der Tragödien

14. Regierungsjahr

Zwei tragische Ereignisse prägten das 14. Regierungsjahr des Pharaos Echnaton. Das eine ist belegt, das andere hypothetisch.

Der Tod eines Kindes

Im Jahr 14 erkrankte Maketaton, die zweite Tochter des Herrscherpaares. Ihr genaues Alter kennen wir nicht, doch sie war mindestens zwölf. Trotz der sorgfältigsten Pflege starb sie schließlich. Sie wurde im Königsgrab beigesetzt, das Echnaton für seine Familie hatte vorbereiten lassen.

Ausnahmsweise erhielten die Künstler den Befehl, die rituellen Trauerszenen darzustellen, und so können wir noch heute Echnatons und Nofretetes abgrundtiefen Kummer nachfühlen. Die Flachreliefs im Grab in El-Amarna zeigen uns den König und die Königin weinend. Des weiteren sieht man eine Frau, die sich bemüht, ein Kind zu trösten. Dieses Motiv führte zu der Annahme, daß Maketaton im Kindbett gestorben war.

Auf all diesen Bildern herrscht eine Verzweiflung, die uns heute noch anrührt. Der Schicksalsschlag traf Echnaton aufs heftigste und verstörte ihn tief. Warum war Aton, der Gott des Lichts, der Gott, den er von ganzer Seele liebte, so grausam und verletzte ihn dort, wo er mit aller Zuneigung liebte?

Auf den Grenzstelen des heiligen Bezirks der Sonnenstadt waren die Töchter des Königspaares Nofretetes unmittelbarem Schutz unterstellt. Ihnen hätte ein langes Leben vergönnt sein sollen. Doch Maketaton starb. Die drei jüngsten Töchter tauchten in den Annalen nicht mehr auf. Waren sie ebenfalls gestorben?

Möglicherweise suchte auch zu jener Zeit eine Pestepidemie den Vorderen Orient heim, die auch den ägyptischen Königshof nicht verschonte. Die Tragödie muß das Königspaar tief erschüttert haben. Ein Kind zu verlieren, das unter Atons Schutz stand, war ein Unglück, das das gesamte Volk als eine Art göttliche Mißbilligung deuten mußte.

Von diesem Datum an wird die Dokumentation spärlich und immer schwieriger zu deuten. Es ist unmöglich, die weiteren Geschehnisse in eine gesicherte chronologische Reihenfolge zu bringen.

Das Verschwinden Nofretetes

Sicher war der Tod ihrer zweiten Tochter für Königin Nofretete eine harte Prüfung. Nach dem Jahr 14 ist unklar, ob sie weiter an den offiziellen Zeremonien teilnahm oder ob sie durch ihre älteste Tochter Meritaton vertreten wurde, der ihre Schwester Anchesenpaaton zur Seite stand.

Im Tempel «Fächer», der allein Nofretete vorbehalten war, wurde ihr Name durch den ihrer ältesten Tochter ersetzt, die bei den Kultpraktiken die Rolle ihrer Mutter übernahm.

Im zwölften Regierungjahr, vielleicht auch gegen Ende des vierzehnten, bezog Nofretete einen Palast im Norden der Sonnenstadt. Nach einer Theorie wurde sich Nofretete zu dieser Zeit darüber klar, welche ernsten Gefahren Echnatons Politik für Ägypten nach sich zog. Deshalb gab sie die Aton-Religion mehr oder minder auf, um das Land vor dem Ruin zu retten. Weiter sei es der Königin gelungen, mit den Amunpriestern in Kontakt zu treten, und im Laufe ihrer Gespräche hätten diese der Königin dargelegt, wie schädlich die von ihrem Gatten eingeleiteten Neuerungen seien. Von der Warnung der Priester überzeugt, habe sich Nofretete gemeinsam mit dem jungen Tutenchaton, der später unter dem Namen Tutenchamun regieren sollte, in einen eigenen Palast zurückgezogen.

Vom «Gottesvater» Aja unterstützt, soll Nofretete den Jungen darauf vorbereitet haben, die Macht zu übernehmen und Echnaton zu ersetzen, der krank gewesen sei und sich durch die Entwicklung der Dinge mehr und mehr habe in die Enge treiben lassen. Dies soll Nofretete für die einzige Möglichkeit gehalten haben, die Kontinuität der Monarchie zu bewahren und die dringend notwendige Wiederherstellung der Ordnung zu gewährleisten.

Als sie sah, wie es mit der Gesundheit des «Ketzerkönigs» bergab ging, soll Nofretete auch versucht haben, eine grausame Rache der thebanischen Priesterschaft an Echnatons Anhängern zu vermeiden. Durch ihre eigene Person habe Nofretete somit einen Übergang zwischen Echnatons Revolution und dem Konservatismus der Anhänger von Theben ermöglicht. In der Folge hätten sich die Tatsachen den Erwartungen der Königin entsprechend entwickelt. Echnaton sei gestorben, sie habe den jungen Tutenchaton ihren Vorstellungen gemäß erzogen und ihn den Amunpriestern als Thronanwärter präsentiert. Diese hätten ihn akzeptiert, und der junge Mann habe als legitimer König Tutenchamun die Macht des Amun wiederhergestellt.

Diese Version der Dinge wirkt doch sehr konstruiert und impliziert eine Art Verrat durch Nofretete, die die Jahre des gemeinsamen Glücks vergessen und der Aton-Religion den Rücken gekehrt hätte.

Um die Theorie von John R. Harris und Julia Samson zu erläutern, die von anderen Ägyptologen kritisiert wird, müssen wir ein wenig ausholen. Ihrer Meinung nach wurde nicht Nofretetes Name durch den ihrer ältesten Tochter ersetzt, sondern der Name der Zweitfrau Kija. Dieses Detail soll zusammen mit einigen anderen belegen, daß ein Koregent namens Semenchkare niemals existierte. Tatsächlich handele es sich dabei lediglich um einen anderen Namen von Nofretete selbst. Da sie schon von Beginn der Regierungszeit an weitreichende Machtbefugnisse hatte, soll sie sich nach dem Tod ihres Gatten einfach selbst zum Pharao gemacht haben – eine wenig überzeugende Interpretation.

Eine weitere Annahme erklärt die Ereignisse so: Der Zwist des Königspaares sei nicht von Nofretete ausgegangen, sondern von Echnaton, der nach dem Scheitern seiner «revolutionären» Pläne beschlossen habe, sich den Amunpriestern wieder anzunähern und sich mit ihnen zu verbünden.

Nofretete dagegen sei dem Atonglauben treu geblieben, habe sich diesem Umschwung heftig widersetzt und ihren Gatten verlassen, um zurückgezogen ihren Glauben an die schöpferische Sonnenscheibe weiterzupflegen.

Um die Verhandlungen mit den Amunpriestern zu eröffnen, habe Echnaton seinen Mitregenten Semenchkare nach Theben entsandt. Diese Unterredung sei ohne Zweifel heftig verlaufen. Die Amunpriester hätten den Abgesandten des «Ketzers» gedemütigt und gezwungen, all ihre Bedingungen zu akzeptieren.

Nofretete habe unterdessen bemerkt, daß der junge Mitregent Semenchkare sie selbst in Echnatons Herz verdrängt hatte. Die Liebe, die König und Königin verbunden hatte und es ihnen ermöglicht hatte, gemeinsam alle Prüfungen zu überstehen, sei unwiederbringlich erloschen gewesen. Als Nofretete von der Entscheidung ihres Gemahls und den jämmerlichen Ergebnissen der Verhandlungen mit den Amunpriestern erfahren habe, sei sie vor Zorn außer sich geraten und habe Semenchkare ermorden lassen. Nach Pendlebury, einem der berühmten Ausgräber von El-Amarna, soll Nofretete erst in Tutenchamuns drittem Regierungsjahr gestorben sein und zuvor eine dem Atonkult treue Regentschaft ausgeübt haben. Die Königin habe den jungen, etwa zehnjährigen Tutenchamun daran gehindert, auf das Drängen der Amunpriesterschaft einzugehen und nach Theben zurückzukehren. Das «Ketzertum» habe also tatsächlich erst nach dem Tod der Königin ein Ende gefunden.

Nach dieser Version hätte Echnaton selbst sein Ideal verraten, aus Entmutigung oder aus Feigheit. Der König habe nicht mehr die notwendige Kraft gehabt, seine Pläne fortzuführen, doch Nofretete sei nicht bereit gewesen, das gemeinsame Werk aufzugeben. «Die Schöne ist gekommen» habe die Zügel der Macht selbst ergriffen, außerordentliche Energie aus ihrem Glauben an den Sonnengott geschöpft und jedes Zugeständnis an die thebanische Priesterschaft verweigert.

Sie habe nach Echnatons Tod weiterregiert, seine durch die Amarna-Revolution vorgegebene Verhaltenslinie beibehalten und die Reinheit des neuen Glaubens bis zu ihrem letzten Atemzug erhalten. Sie habe sogar noch mehr geleistet, indem sie den jungen Tutenchaton erzogen und versucht habe, das Vermächtnis an ihn weiterzugeben.

Diese Rekonstruktion der Ereignisse erscheint uns ausgesprochen weit hergeholt und basiert durchweg auf einem falschen Postulat: der Notwendigkeit, mit der Amunpriesterschaft zu verhandeln, die sich gegen das Regime gestellt haben soll.

Die Wahrheit war vermutlich weitaus einfacher und weitaus tragischer. Im vierzehnten Regierungsjahr oder wenig später starb Königin Nofretete, erschüttert vom Tod einer oder mehrerer ihrer Töchter, im Nördlichen Palast von Achetaton, in den sie sich aufgrund ihres Gesundheitszustands zurückgezogen hatte.

In Ägypten war der Tod kein Ereignis, das durch eine amtliche Sterbeurkunde belegt wurde. Er war eine Transformation des Wesens, eine Verwandlung wie viele andere auch. Deshalb wurden beim Tod einer wichtigen Persönlichkeit bestimmte rituelle Handlungen vorgenommen, die ihrem unsterblichen Wesen das Fortleben sicherten. Die materielle Erinnerung an sie war jedoch bedeutungslos. Darum glichen die Bildhauer von El-Amarna nach dem Tod der Königin mehrere ihrer Darstellungen an ihre Tochter Meritaton an, die nun zur ersten Dame des Reiches aufstieg.

Daß Nofretetes Name in ihrem Tempel «Schattiger Pavillon» ausgemerzt und durch den Meritatons ersetzt wurde, beruht nicht darauf, daß die Königin in Mißgunst gefallen wäre oder sich aufgelehnt hätte; dieses Ersetzen der Namen war symbolischer Natur. Wie Aldred betont, diente der «Schattige Pavillon» dazu, Tag für Tag die Lebenskraft und die Schöpfermächte der Königin zu erneuern. Nachdem Nofretete gestorben war, «übertrug» man das Heiligtum ihrer Tochter, die es rechtmäßig in Besitz nahm und nun entsprechend den geheimen Riten der weiblichen Religionsgemeinschaften in El-Amarna in den Genuß täglicher Regeneration kam.

Innerhalb weniger Monate verlor Echnaton seine Gemahlin und ein oder mehrere Kinder. Schon vom Tod Maketatons tief getroffen, mußte der König auch noch die Vereinsamung in seiner Machtposition ertragen. Seit Beginn des Amarna-Abenteuers war Nofretete an seiner Seite gewesen. Sie hatte seine Pflichten und seine Befehlsgewalt geteilt. Zu allen Belangen hatte sie ihn ihre Meinung wissen lassen.

Das Licht des Aton drückte sich durch ein Herrscherpaar aus. Ohne Nofretete konnte Echnaton die theologische und symbolische Funktion, die der Kult des Sonnengottes erforderte, nicht mehr erfüllen. Er mußte also einen Mitregenten ernennen.

27 Das Ende einer Herrschaft

15. bis 17. Regierungsjahr

Echnatons letzte Regierungsjahre liegen weitgehend im dunkeln. Die Dokumentation ist dürftig und lückenhaft. Kein Fundstück ist mit unzweifelhafter Genauigkeit zu datieren, was jede kontinuierliche historische Rekonstruktion unmöglich macht.

Gegen Ende des 14. oder zu Beginn des 15. Regierungsjahres ernannte Echnaton einen gewissen Semenchkare zum Mitregenten, dessen Name bedeutet «Der *Ka* des Re ist beständig»*. Bemerkenswert ist der Bezug zu Re und nicht zu Aton. Diese Mitregentschaft dauerte etwa drei Jahre, bis zu Echnatons Tod.

Die Wahl eines Mitregenten war eine wichtige Regierungshandlung. Echnaton mußte gute Gründe haben, um Semenchkare zu wählen.

Möglicherweise war Semenchkare ein Sohn Amenophis' III. mit einer Nebenfrau, der Bruder Tutenchatons oder der Sohn der Kija. Wir wissen jedoch nichts über seine Herkunft. Es gibt keinen Hinweis auf seine Familie und seine Eltern.

Auf Kalkstelen, die aus El-Amarna stammen und im Museum zu Berlin aufbewahrt werden, sieht man zwei Könige Seite an Seite. Man vermutet, daß es sich um Echnaton und

* Oder «Der, dem der *Ka* des Re Beständigkeit verliehen hat».

seinen Mitregenten handelt. Leider muß es bei diesen Vermutungen bleiben, da die Monumente unvollendet sind. Der Umriß der Kartuschen ist eingraviert, doch die Namen der Personen sind nicht in die Ovale eingefügt.

Im symbolischen Bereich erhalten wir eindeutigere Angaben. Politisch gesehen waren Echnaton und Semenchkare Koregenten, doch symbolisch bildeten sie ein regelrechtes Paar, in dem der erste das männliche und der zweite das weibliche Prinzip verkörperte. Semenchkare wurde ganz eindeutig als «Geliebte des Echnaton» bezeichnet; überdies erhielt er einen der Namen der Nofretete, und zwar Nefer-Neferu-Aton («Vollkommen ist die Vollkommenheit des Aton»), und übernahm symbolisch die Rolle der verstorbenen Königin.

Julia Samson stützt sich unter anderem auf diesen Hinweis, um eine extreme These zu vertreten: Für sie hat Semenchkare niemals existiert. Sie unterstellt, daß hier Fehler von Forscher zu Forscher weitergegeben worden seien. Ein Beispiel: Auf einem im Jahre 1854 in Memphis gefundenen Block waren zwei nicht identifizierbare Personen zu sehen, die Nicholson als «Anbeter der Scheibe» bezeichnete. Doch auf diesem Block sind weder eine Scheibe noch ihre Strahlen dargestellt, noch wird Aton erwähnt. Es gibt also keinerlei eindeutigen Bezug zur Amarnazeit. Dennoch nannte Newverry diese beiden Figuren im Jahre 1928 nach Borchardt «Echnaton» und «Semenchkare». Dies wurde für eine endgültige Wahrheit genommen. Julia Samsons Schlußfolgerung: Semenchkare sei niemand anders als Nofretete selbst, die zur Mitregentin ihres Gemahls ernannt worden sei.

Redford und andere Ägyptologen halten diese Folgerung für inakzeptabel. Nefer-Neferu-Aton war nicht Nofretetes Name, sondern ein theologisches Epitheton, das übrigens, auf Semenchkare bezogen, mit einer anderen Orthographie geschrieben wurde. Echnaton hatte lediglich eine symbolische Übertragung von der verstorbenen Königin auf seinen Mitregenten vorgenommen, so daß ein Teil von Nofretetes Wesen in der weiteren Ausübung der Macht präsent blieb. Während seiner gesamten Regierungszeit betonte Echnaton das Thema der ursprünglichen Doppelgeschlechtlichkeit und den göttlichen Charakter des Königspaares, das allein fähig war, das göttliche Prinzip in seiner ganzen Wirklichkeit zu erfassen.

Auch die genaue Rolle der Meritaton, der ältesten Tochter des Herrscherpaares, läßt viele Fragen offen. Auf einigen Reliefs ist ihr Name über den der Kija und sogar der Nofretete graviert. Im fünfzehnten Regierungsjahr vollzog sie an der Seite ihres Vaters Kulthandlungen. Möglicherweise wohnte sie im «Haus der Favoritin», und man kann annehmen, daß sie nicht nur ihrer Mutter in deren religiösen Ämtern nachfolgte, sondern daß sie nach Echnatons Tod sogar allein regierte.*

Man vermutet, daß Semenchkare und Meritaton sich miteinander vermählten. Ein Grab in El-Amarna scheint sie gemeinsam als regierendes Herrscherpaar zu zeigen.** Echnaton wird in dieser Szene nicht dargestellt.

Im sechzehnten Regierungsjahr, also noch zu Echnatons Lebzeiten, begab sich sein Mitregent wahrscheinlich nach Theben. In der Amunstadt gab es einen Tempel des Semenchkare, der zwar seine «Aton-Namen» behalten hatte, dennoch aber Amun Opfergaben brachte. Ein Graffito aus Semenchkares drittem und letztem Regierungsjahr beinhaltet ein Ge-

* Zu all diesen Punkten vgl. R. Krauss, «Das Ende der Amarnazeit», Hildesheim 1978.

** Davis, op. cit., 2, S. 43 ff. Für Julia Samson jedoch gibt es keinen Beweis für die königliche Rolle der Meritaton und für ihre Vermählung mit einem jungen Mann namens Semenchkare.

bet an Amun, das von einem Priester und Schreiber der Opfergabe des Gottes Amun im Haus des Anch-Cheperu-Re in Theben rezitiert wurde, wobei der genannte Name Echnatons Mitregenten bezeichnete. Semenchkare reiste sicherlich nach Theben, um die Rückkehr des Königshofes nach Theben vorzubereiten. Echnaton muß entweder schwer krank oder bereits verstorben gewesen sein. Die Stunde war gekommen, der Aton-Erfahrung ein Ende zu setzen, und zwar möglichst ohne besondere Zusammenstöße.

Der Umzug des Hofes, der Ministerien und der hohen Würdenträger erforderte einen großen Verwaltungsaufwand. Man kann sich vorstellen, daß diese Aufgabe dem Mitregenten übertragen wurde. Nachdem dies alles geleistet war, verschwand Semenchkare von der Bildfläche. Verstarb er ebenfalls, oder wurde er lediglich seines Amtes enthoben?

Im 16. Regierungsjahr griff die ägyptische Armee auf Echnatons Befehl in Nordsyrien ein.* Der Pharao regierte also noch. Er urteilte, daß die Hethiter zu weit gegangen seien, und entschloß sich endlich zu reagieren. Vielleicht griffen die Truppen des Generals Haremhab sogar Karkemisch an.

Dieser Feldzug wirkte sich auf Ägyptens Sicherheit sehr günstig aus. Falls die Hethiter ernsthafte Eroberungspläne gehegt hatten, so gaben sie sie auf, als sie feststellen mußten, daß des Pharaos Soldaten bereit waren, zu kämpfen.

Dies war die letzte uns bekannte Amtshandlung aus Echnatons Regierungszeit.

* Vgl. A. R. Schulman, JARCE 15, S. 43–48, und A. J. Spalinger, «Egyptian-Hittite Relations at the Close of the Amarna Period and Some Notes on Hittite Military Strategy in North Syria», BES 1, S. 55–89.

28 Echnatons Tod und die Nachfolge

Nach Redford verstarb Echnaton friedlich in seiner Hauptstadt im Jahre 1359 v. Chr. Das Datum ist zwar strittig, doch es ist sehr wahrscheinlich, daß Nofretetes Gemahl in das göttliche Licht zurückkehrte, aus dem er hervorgegangen war, ohne daß in Achetaton Unruhen ausgebrochen wären.

Kein Dokument erwähnt Echnatons Tod, denn das körperliche Verschwinden eines Königs wurde in den ägyptischen Texten äußerst selten festgehalten. Was statt dessen zählte, war sein Eingehen in die Unsterblichkeit durch die Riten.

Höchstwahrscheinlich wurde Echnaton im Königsgrab von Achetaton beigesetzt, das vermutlich bereits die Überreste von Maketaton und Nofretete enthielt. Daß deren Tod weder in Texten noch in Darstellungen thematisiert wurde, ist allerdings eigenartig.

Nach drei Jahren der Mitregentschaft verschwand Semenchkare aus dem Geschehen. Meritaton, die älteste Tochter des Königspaares, wurde ebenfalls nicht mehr erwähnt.

Statt dessen erschien in der Geschichte eine neue Gestalt, der junge Tutenchaton, «Lebendiges Symbol des Aton», der wahrscheinlich etwa zehn Jahre alt war. Er war in der Sonnenstadt aufgewachsen, vermutlich unter Nofretetes Obhut. Dieser Junge also sollte unter dem Namen Tutenchamun,

«Lebendiges Symbol des Amun», der nächste Pharao werden.

Nun wurde der magische Akt in umgekehrter Richtung vollzogen: Echnaton hatte einst seinen Namen geändert, um Amun zugunsten des Aton aufzugeben. Der neue König gab Aton zugunsten des Amun auf, denn er würde in Karnak gekrönt werden und dann in Theben residieren.

Wir wissen nicht, wer Tutenchamun als Nachfolger des «Paares» Echnaton-Semenchkare wählte. Vielleicht war es Echnaton selbst, vielleicht aber auch ein Rat von Weisen, der bei dem jungen Mann die Fähigkeit zu regieren entdeckt hatte. Vielleicht war es auch Nofretete, die als «Große Königliche Gemahlin» Tutenchamun noch vor ihrem Tod ernannt hatte.

Die Rückkehr nach Theben und zum Amunkult vollzog sich nicht plötzlich. Eine Stele aus Berlin zeigt Tutenchaton vor seiner Namensänderung bei der Anbetung des Amun-Re. Man darf sich also keinen Streit der Götter vorstellen, keine Rache Amuns an Aton. Der in Achetaton ebenso wie in Theben sorgfältig vorbereitete Übergang verlief nach einem rituellen Prozeß, der sich in der Wiederholung der alten Kulte vollendete.

In einem berühmten Edikt werden jedoch schwerste Beschuldigungen gegen Echnaton vorgebracht:

> «Die Tempel der Götter haben schreckliche Zeiten hinter sich, ihre Höfe waren zu Straßen geworden, die jedermann betreten durfte. Das Land war erschöpft durch die Plagen, und die Götter waren vernachlässigt. Seine Majestät [also der neue König Tutenchamun] suchte nach dem, was Amun nützlich sein konnte … Die Götter hatten dem Land den Rücken gekehrt, die Götter und die Göttinnen kamen nicht, wenn man sie um Rat fragte.»

Hier handelte es sich weder um historische Wahrheit noch um Progaganda. Während Echnatons Regierungszeit, während dieser Jahre der Aton-Herrschaft, waren die Heiligtümer der traditionellen Götter nicht zerstört worden und hatten keinerlei Beschädigung erlitten. Doch durch den Tod eines Königs geriet das Gleichgewicht der Zwei Länder in Gefahr. Das Land war vom Chaos bedroht. Es war, als würde ein Wind der Zerstörung über Ägypten wehen. Um diese Gefahr abzuwenden, gab es nur eine Lösung: Ein neuer König mußte die Herrschaft übernehmen. Die Thronbesteigung des Tutenchamun vertrieb entsprechend dem üblichen symbolischen Prozeß die Unordnung aus dem Land, und es konnte wieder zur anfänglichen Zeit, zum Goldenen Zeitalter, zurückkehren. Jeder Regierungsbeginn entsprach so dem «Ersten Mal», dem Beginn allen Lebens, der unverfälschten Manifestation der Harmonie.

Die thebanische Priesterschaft führte keinerlei Religionskrieg gegen die Anhänger des Aton. Tutenchamun selbst hatte ja auch zu ihnen gehört. Der Herrscher, dessen Regierungszeit die Rückkehr des Amun als Reichsgott kennzeichnete, war schließlich in der Atonstadt aufgewachsen.

«Die, deren Name bekannt ist», also die angesehenen Mitglieder der reichen und einflußreichen thebanischen Familien, erhielten wieder verantwortungsvolle Posten in der zivilen und religiösen Verwaltung. Die Männer, die Echnaton in wichtige Ämter erhoben hatte, fielen jedoch in die Masse zurück.

Es gibt noch einen weiteren Beweis für den zivilen und religiösen Frieden, der zwischen Echnatons Hauptstadt und Theben herrschte: Als Tutenchamun nach einigen Regierungsjahren starb, hätte man erwarten können, daß der neue Pharao ein Thebaner sein würde, der weder direkt noch indirekt an der Aton-Erfahrung teilgehabt hätte.

Doch genau das Gegenteil geschah. Der Mann, der den Thron nun bestieg, war Echnatons engster Vertrauter, Aja, der Höfling, in dessen Grab die «Große Hymne» an Aton eingraviert wurde.

Einige Forscher sehen in Aja das vollkommene Beispiel des Opportunisten, der sich den schwierigsten Situationen anzupassen vermochte und dem es gelang, auch die Gunst der Thebaner zu erringen, nachdem er schon Echnatons Vertrauen genossen hatte. Er habe geschickt und skrupellos taktiert und ausgeklügelte Intrigen eingefädelt, damit sein Ansehen während der Amarnazeit kein Hindernis für eine Machtergreifung war.

Dies ist jedoch eine eher modern anmutende und politisierende Deutung. Aja war alt und erfahren und wurde als Weiser angesehen, weil er während seiner gesamten «Laufbahn» das Gesetz der *Maat* geachtet hatte. Er wurde zum Nachfolger eines jungen Mannes und hatte bereits jeden persönlichen Ehrgeiz abgelegt. Er war ein geschickter Vermittler, bedacht und ein vollendeter Kenner der Verwaltung und des Hofes. Aja war eine kurze, aber friedliche Regierungszeit von etwa zwei Jahren vergönnt. An Tutenchamuns wie auch an Ajas Seite stand stets General Haremhab. Nach Ajas Tod bestieg er den Thron und setzte die Amarnalinie fort.

General Haremhab hatte bereits Echnaton treu gedient. Nachdem er auf dessen Befehl hin in Asien Krieg geführt hatte, galt Haremhab als «starker Mann», der sich lange auf die Ausübung der Macht hatte vorbereiten können. Als Pharao verkörperte er weniger den Feldherrn als vielmehr den Juristen. Er erließ ein umfangreiches Dekret, das traditionelle Gesetze reformierte, die inzwischen veraltet und ungerecht geworden waren.

Haremhab war vermutlich mit einer Schwester Nofretetes vermählt und hegte keinerlei Groll gegen seinen einstigen

König. Er ließ einen ehemaligen Würdenträger aus Amarna zum Hohenpriester des Re in Heliopolis ernennen und erhielt damit die solare Tradition aufrecht.

Es ist nicht zu leugnen, daß Haremhabs Regierung in der ägytischen Chronologie der Ereignisse direkt an die Amenophis' III. angebunden wurde, womit Echnaton, Tutenchamun und Aja aus der Geschichte ausgelöscht wurden. Allerdings verdanken wir diese «Korrektur» den Annalisten der Ramseszeit. Sie wurde also erst viele Jahre später vorgenommen.

Haremhabs Haltung gegen die Hethiter war unnachgiebig, doch er führte keinen Krieg gegen sie. Allerdings ließ er einen Sohn des Hethiterkönigs ermorden. Der hatte sich auf den Weg nach Ägypten gemacht, um Anchesenpaaton, Tutenchamuns Witwe, eine Tochter Echnatons und Nofretetes, zu ehelichen. Durch ihre beabsichtigte Vermählung mit einem Fremdländer beging sie Verrat.

Echnatons Nachfolge verlief absolut friedlich. Es gab weder einen Bürgerkrieg noch Auseinandersetzungen zwischen den Anhängern des einen oder des anderen Gottes. Noch mehrere Jahre hindurch wurde Ägypten von engen Vertrauten des Königs regiert.

29 Zwei geheimnisvolle Gräber

Die Gräber der Sonnenstadt waren in dem Felsmassiv angelegt, das Echnatons Hauptstadt überragte. So konnten deren Inhaber in alle Ewigkeit das heilige Territorium des Gottes Aton betrachten.

Die Stätte ist vergleichbar mit Beni Hassan, El-Bersche oder Meir: Sie erweckt den gleichen Eindruck von Größe und Erhabenheit. In Amarna wurden jedoch nur zweiundvierzig Gräber angelegt, sehr wenige im Verhältnis zur Zahl der Adligen, die in der Sonnenstadt lebten. Dieses Rätsel kann nur durch die Annahme gelöst werden, daß sich lediglich eine von Echnaton ausgewählte Elite in Amarna bestatten lassen durfte und daß der König die übrigen Würdenträger anwies, ihre Häuser der Ewigkeit anderswo anzulegen.

Barsanti fand das Königsgrab im Jahre 1891 weit von der Hauptstadt entfernt in einer Felsschlucht, sechs Kilometer östlich der Mündung des Wadi Abu Hasa el-Bahari.

Das Grab ist so schwer zugänglich, daß es Jahre dauerte, bis ein englischer Ägyptologe, Geoffrey Martin, eine wissenschaftliche Veröffentlichung darüber schreiben konnte, die vor kurzem erst erschienen ist.

Die Texte geben uns keinen Hinweis darauf, weshalb Echnaton einen solchen Ort wählte. Muß man annehmen, daß die Königsfamilie, für die dieses seltsame Grab bestimmt war, sich bewußt von ihren Untertanen und der Hauptstadt der Lebenden fernhielt? Galt es ein Geheimnis zu bewahren? Oder gehörte dieser geographische Ort zu einer symbolischen Anordnung, deren Verständnis uns verschlossen bleibt?

El-Amarna bestand aus drei klar voneinander abgegrenzten Elementen: aus der eigentlichen Hauptstadt am Westufer des Flusses und dem Territorium des Aton, das sich am anderen Ufer, in Tuna el-Gebel, fortsetzte; aus den Gräbern der Adligen im Felsmassiv oberhalb der Stadt; schließlich aus dem Königsgrab weitab der Wüste, geschützt vor den Blikken der Lebenden, im Herzen der «Roten Erde».

Seit Beginn der XVIII. Dynastie hatten sich die Pharaonen im berühmten Tal der Könige beisetzen lassen. Dieses Tal hing untrennbar mit den thebanischen Tempeln zusammen. Das Allerheiligste dieser Tempel, der «Häuser der Millionen Jahre», war das Grab selbst. Die Elemente Königstempel und Königsgrab waren zwar geographisch voneinander getrennt, bildeten jedoch eine symbolische Einheit.

Nachdem Echnaton die neue Hauptstadt Achetaton gegründet hatte, konnte er nicht das Tal der Könige als letzte Ruhestätte wählen. Sein Haus der Ewigkeit mußte in den symbolischen Westen der Stadt der Lebenden gegraben sein. Möglicherweise bildete es auch das Allerheiligste des Großen Atontempels.

Leider fand Barsanti kein intaktes Grab vor. Plünderer hatten die Stätte schrecklich zugerichtet. Nach einer minutiösen Studie konnte Geoffrey Martin Hypothesen bezüglich der beinahe völlig zerstörten Grabdekoration vorlegen.

An den Grabwänden entfalteten sich die wichtigsten Themen der Aton-Religion, deren Kern die Verehrung des Gottes Aton durch die Königsfamilie war. Auf einer bemalten Kalksteinplatte, die in einer Kammer dieses weitläufigen

Grabes gefunden wurde, sieht man den König, gefolgt von der Königin und zwei Töchtern, der strahlenden Sonnenscheibe ein Blumenopfer darbringen. Gesichter und Körper sind stark deformiert, ja häßlich. Nofretete ist völlig entstellt. Sie wirkt beinahe wie eine Karikatur. Handelte es sich um ein Bildhauermodell, um eine Weihgabe?

Dieses abgelegene Grab gehörte nicht allein dem König. Es enthielt mehrere Kammern, die für die königlichen Kinder bestimmt waren. Hier wurde auch der Leichnam der Prinzessin Maketaton beigesetzt. Ein Raum war für sie vorbehalten. Trauerszenen an den Wänden zeigen die Verzweiflung des Königspaares.

Wie es scheint, gab es hier keine traditionellen Darstellungen aus der mit Osiris verbundenen Totenmythologie. Dieses Haus der Ewigkeit war ganz und gar Aton gewidmet und bildete tatsächlich einen architektonischen Komplex, eine sakrale Ganzheit, in der die Königsfamilie durch das göttliche Licht verwandelt wurde.

Noch eine Überraschung erwartete Geoffrey Martin: Hinter dem Königsgrab fand sich ein zweites. Das Monument ist zu stark zerstört, um daraus einen endgültigen Schluß zu ziehen. Dennoch kann man annehmen, daß dieses zweite Grab für Nofretete gedacht war. Das Aton geweihte Haus der Ewigkeit bestand also aus zwei Elementen und war damit ein architektonisches Abbild des Königspaares, dessen Aufgabe es war, gemeinsam den Lebenden das göttliche Licht zu vermitteln.

Das Grab Nr. 55

Das Grab Nr. 55 im Tal der Könige steht im Mittelpunkt eines der finstersten Ereignisse der ägyptischen Archäologie. Dort fanden im Jahre 1907 ganz in der Nähe des Grabes von Ramses IX. und dem heutigen Rest House Ausgrabungen unter der Leitung von Th. Davis statt.

Die Ausgräber stießen auf einen Korridor, der durch allerlei Schutt versperrt war, unter anderem auch durch empfindliche Teile von Goldschreinen. Die Decke wies Risse auf. Das eingedrungene Wasser hatte vergoldete Tafeln zerstört.

Die Durchführung der Grabungen war leider sehr unprofessionell. Trotz der Anwesenheit qualifizierter Ägyptologen wurde kein korrekter und genauer Grabungsbericht geführt. Die Schilderungen verschiedener Personen, die das Grab betraten, sind widersprüchlich. Objekte scheinen entwendet worden zu sein. Für die unerläßlichen Restaurierungsarbeiten wurde kein Spezialist hinzugezogen. Bevor die Fotografen kamen, wurde das Grab «aufgeräumt», so daß wir die ursprüngliche Anordnung der Gegenstände nicht kennen.

Das Grab Nr. 55 war offenbar keiner systematischen Plünderung zum Opfer gefallen, denn es wurden mehrere Objekte aus Gold gefunden. Außerdem war die Gruft sorgfältig wieder mit einer Steinmauer verschlossen worden, die auch intakt geblieben war. Dieses Grab hätte uns viele Informationen über die Amarnazeit liefern können, wären die Grabungen nicht auf so bedauerlich unseriöse Weise durchgeführt worden.

Viele allgemeine Studien und Detailstudien sind dieser geheimnisvollen Gruft gewidmet worden. Sie enthielt ebenso ungewöhnliche wie vielfältige Grabbeigaben, die in der Antike sicherlich mehrfach neu eingeordnet wurden.

Auf einer Tafel des vergoldeten Totenschreins findet sich

eine Anbetungsszene des Aton mit Echnaton und seiner Mutter Teje. Die Gestalt des Königs wurde bis auf seine Umrisse getilgt. Dieser Schrein mit kupfernen Kanten ließ Echnaton zur Beisetzung seiner Mutter gestalten. Daneben fand man vier Kanopengefäße, die Teje, Meritaton oder Semenchkare zugeschrieben wurden. Tatsächlich tragen sie keinen Namen. Lehmziegel waren mit Tutenchamuns Kartusche versehen, magische Ziegel mit der Kartusche des Echnaton. Das Grab enthielt einen Sarkophag, der auf einer mit Löwenköpfen verzierten Bahre stand. Sie brach zusammen, und der Sarkophag fiel zu Boden. Die Namen, die er als Inschriften trug, waren zerstört worden. Ein Dieb hatte die Goldmaske entwendet.

Das Studium der Texte scheint jedoch zu ergeben, daß der wahre «Besitzer» des Grabes kein Mann, sondern eine Frau war! Die Mumie konnte also nicht Echnaton sein. Ein Spezialist identifizierte auch den Körper als den einer Frau. Die Folgerung drängte sich geradezu auf: Man hatte die letzte Ruhestätte der Königin Teje entdeckt.

Im Jahre 1907 bewies Elliot Smith, ein anderer Spezialist, daß sich sein Kollege getäuscht hatte. Seine Untersuchungen ergaben, daß die Mumie dennoch die eines Mannes war, der bei seinem Tod etwa fünfundzwanzig Jahre alt gewesen war und an Hydrokephalie gelitten hatte. Der unausweichliche Schluß: Man hatte die Mumie Echnatons vor sich, man hatte endlich einen Körper gefunden, dessen Deformationen mit denen der Amarnakunst übereinstimmten!

Doch ein dritter Spezialist, Derry, belegte nach einer erneuten gründlichen Untersuchung, daß die Mumie keine Spur von Hydrokephalie aufwies. Der Tote konnte nicht Echnaton sein, da auch das ungefähr festgestellte Todesalter nicht mit den Erkenntnissen der Ägyptologie übereinstimmte. Der Gründer von Achetaton war mit Sicherheit erst mit über dreißig Jahren verstorben.

Die Grabinschriften erwähnen nur Echnaton und Teje. Es scheint also unbestreitbar, daß dieses Grab ursprünglich vom König für seine Mutter angelegt worden war. Doch ob sie tatsächlich dort beigesetzt wurde, wissen wir nicht.

Die Mumie ist höchstwahrscheinlich die des Mitregenten Semenchkare. Der «feminine» Kontext des Sarkophages darf uns nicht irreführen, denn Semenchkare wurde, wie wir gesehen haben, als die «mystische Gemahlin» des Echnaton angesehen. Die rituelle Haltung der Mumie ist in dieser Hinsicht sehr aufschlußreich, denn ihr linker Arm ist über der Brust angewinkelt, und der rechte Arm liegt ausgestreckt neben dem Körper: die traditionelle Haltung der Königinnen von Ägypten.

Die Entdeckung der Mumie Semenchkares bestätigt die Wichtigkeit, die Echnaton dem Symbol des Königspaares zuschrieb; die Würdenträger aus Amarna, die den Mitregenten beisetzten, gestalteten eine entsprechende rituelle Anordnung, die trotz der verstrichenen Jahrhunderte keinen Zweifel offenläßt.

Der Sarkophag ist im Museum zu Kairo noch immer zu sehen. Er besteht aus vergoldetem Holz und trägt Einlegearbeiten aus Karneol und Glasmasse. Die Geißel, die der König hält, besteht aus blauen Glasperlen und vergoldetem Holz. Hier die Übersetzung des Textes auf dem Sockel:

> «Worte des ... [der Name, der in der Kartusche stand, wurde ausgemeißelt]. Möge es mir vergönnt sein, den süßen Hauch aus deinem Mund zu atmen, möge es mir vergönnt sein, deine Schönheit täglich zu sehen; mein Wunsch ist es, deine liebliche Stimme zu hören, die dem Wind gleicht, und daß meine verwandelten Gliedmaßen leben mögen, dank der Liebe zu dir. Mögest du deine Arme, die deine spirituelle Macht tragen, nach mir ausstrecken, damit ich sie entgegennehmen

> und von ihr leben kann. Mögest du mich in alle Ewigkeit bei meinem Namen rufen, für immer! … du, der du … bist, der ewig lebt, wie die Sonnenscheibe … Der König von Ober- und Unterägypten, der von der Jugend lebt, der Herr der Zwei Länder …, du, das vollkommene Kind des Aton, das ewig leben wird …»

Nicht an einer einzigen Stelle ist der Name des Pharaos, dem diese Inschrift galt, intakt geblieben. Statt dessen sind nur irritierende Lücken erhalten. Der Text beschäftigt sich ausschließlich mit der Ewigkeit, nicht mit historischen Details.

Wären die Ausgrabungen korrekt geführt worden, so hätte das Grab Nr. 55 die letzte Zeit der Amarnaphase erhellen können. Nun müssen wir uns mit spärlichen Hinweisen begnügen. Die einzige Gewißheit nach unserem Verständnis: Die erhaltene Mumie ist tatsächlich die des Semenchkare, jenes Mannes, der sich um die Rückkehr des Königshofes nach Theben verdient gemacht hatte.

Der Engländer Sayce erwähnt in seinen Berichten über die Ausgrabungen im Königsgrab von El-Amarna den Leichnam eines Mannes, der nach der Mumifizierung verbrannt worden sein soll. Der offizielle Grabungsbericht schweigt sich zu diesem Thema jedoch aus. Natürlich gibt es keinen Beweis dafür, daß es sich dabei um Echnatons Mumie handelte. Wenn dies der Fall war, dann war diese Schändung das Werk von Plünderern, die im 19. Jahrhundert die Mumien einzuäschern und die Gräber, nachdem sie sie verwüstet hatten, in Brand zu setzen pflegten.

Das Grab Nr. 55 im Tal der Könige, das zunächst für die Königin Teje bestimmt war, wurde dann zum Haus der Ewigkeit des Königs Semenchkare. So ruhte er ganz in der Nähe seines Nachfolgers Tutenchamun.

30 Eine Hauptstadt verschwindet

Im Gegensatz zu dem, was oft geschrieben wurde, folgte auf Echnatons Tod keine unmittelbare Rückkehr zur Orthodoxie, und zwar aus dem einfachen Grund, weil es im alten Ägypten niemals eine religiöse Orthodoxie gegeben hatte. Keine Stadt verfügte über ein absolutes Dogma, kein Priesterkollegium war im Besitz der alleinigen Wahrheit. Die göttliche Einzigartigkeit formulierte sich in einer Vielfalt von Verehrungsformen und Tempeln, die alle gemeinsam wiederum die Einheit bildeten.

Nachdem Echnaton und Nofretete verstorben waren, war die Atonperiode abgeschlossen. Die neue Hauptstadt hatte ausgedient. Die Tatsache, daß in Theben ein Tempel des Mitregenten Semenchkare stand, belegt, daß die Rückkehr des Königshofes in die ehemalige Hauptstadt langfristig geplant war.

Handwerker arbeiteten in den Atontempeln zu Karnak, in denen Aton auch weiterhin verehrt wurde. Nach Redford wurden drei Jahre nach Echnatons Tod sämtliche Atontempel noch betrieben. Die Priesterkollegien dienten weiterhin dem Sonnengott. Mindestens zehn Jahre lang wurde der Atonkult in Theben, in Memphis und in Heliopolis, also in den drei wichtigsten theologischen Städten Ägyptens, weiter vollzogen.

Die religiöse Gesamtsituation hatte sich allerdings durchaus verändert. Aton war wieder eine Gottheit wie alle anderen geworden. Der Reichsgott war Amun. Des Pharaos Name wurde nicht mehr durch Aton magisch geschützt, sondern durch Amun: Tutenchamun. Auch die Große Königliche Gemahlin änderte ihren Namen: Anchesenpaaton, «Die für Aton lebt», wird zu Anchesenpaamun, «Die für Amun lebt».*

Es fand also keinesfalls unmittelbar nach Echnatons Tod eine Welle der Verfolgung gegen das Andenken des Sonnenpaares und gegen die Verehrer Atons statt. Es gab keine Atonsekte am Rande der ägyptischen Gesellschaft und keine Minderheit, die für diese Gottheit kämpfte. Die ägyptische Religion dachte nicht in Begriffen der Glaubensrichtungen oder des Kräfteverhältnisses zwischen verschiedenen Überzeugungen. Aton war der Geist einer Regierungszeit gewesen, nicht jedoch eine ein für allemal offenbarte Wahrheit.

Die Atontempel wurden einige Jahre nach dem Tod des Herrscherpaares geschlossen, und zwar weil sie keine Daseinsberechtigung mehr besaßen. Aton, Echnaton und Nofretete hatten eine göttliche Triade gebildet, die das traditionelle Kollegium der alten Gottheiten ersetzt hatte. Nachdem diese Triade zerbrochen war, wurden sämtliche traditionellen Kulte wiederbelebt.

Haremhab wurde oft beschuldigt, Achetaton zerstört und seinen einstigen Herrscher verraten zu haben, indem er Echnaton als Ketzer und schlechten König verleumdet habe.

Nachdem Haremhab rund zehn Jahre nach Echnatons Tod den Thron bestiegen hatte, widmete er sich wie jeder Pharao der XVIII. Dynastie bei seiner Machtübernahme zunächst

* Vgl. R. Hari, «La ‹Damnation memoriae› amarnienne», Mélange Gutbub, 1984, S. 95–102.

seiner Funktion als Baumeister. Er begann eine Reihe großer Projekte in Karnak, unter anderem errichtete er den neunten Pylon. Der Tradition entsprechend verwendete er architektonische Elemente aus vorangegangenen Regierungszeiten in seinen eigenen Monumenten wieder. Diese Elemente lieferten ihm die Steine der Atontempel in Karnak.

Die von Echnaton in Theben erbauten Tempel wurden also abgebaut, Block für Block in Einzelteile zerlegt, und zwar mit Ordnung und Methode. Es handelte sich keinesfalls um eine willkürliche Zerstörung durch Fanatiker und Hitzköpfe, sondern um einen sorgfältig durchgeführten Abbau mit rituellem Charakter. Die bereits mehrfach erwähnten Talatat-Blöcke wurden im Inneren des zweiten und des neunten Pylonen als Füllung aufgeschichtet.

Die Archäologen, die diese Blöcke fanden, erkannten leider nicht, worum es sich handelte. Sonst hätten sie bemerkt, daß die alten Ägypter sie in der umgekehrten Reihenfolge des Abbaus wieder aufgeschichtet hatten. Wenn man sie nicht ungeordnet, sondern entsprechend der Logik des Systems herausgenommen hätte, wäre es ein leichtes gewesen, die ursprünglichen Wände zu rekonstruieren. Leider wurden einige Blöcke der Witterung ausgesetzt, dann anderswo gelagert, dann hier und dort hingeräumt, kurz: Heute sehen sich die Gelehrten gezwungen, die Stücke eines gigantischen Puzzles mühevoll zusammenzusuchen. Mehr Aufmerksamkeit und Einsicht hätten den Ägyptologen eine Titanenarbeit erspart, deren Ende noch lange nicht abzusehen ist, um so mehr, als jeder Rekonstruktionsversuch zwangsläufig Kritik nach sich zieht.

Haremhab trug in seinem Namen den des Gottes «Horus», unter dessen Schutz er stand. Er hielt sich ebenso häufig in Memphis auf – wo sein erstes Grab angelegt wurde, als er noch General war – wie in Theben. Er unternahm keinerlei

Verfolgung gegen Echnaton oder Aton, sondern praktizierte eine «Baupolitik», die der Tradition der Pharaonen entsprach.

Zu Beginn der Regierung Tutenchamuns war Achetaton, die Stadt, die das Sonnenpaar gegründet hatte, noch bewohnt, ihre Aktivität ließ jedoch allmählich nach. Der Umzug der Ministerien und der verschiedenen Verwaltungsabteilungen nahm sicherlich mehrere Monate in Anspruch. Mit Redford kann man vermuten, daß die Atonstadt erst mindestens drei Jahre nach Echnatons Tod vollständig aufgegeben wurde.

Weigall, der sich auf die Entdeckung von Hundeknochen im königlichen Zwinger und von Tierkadavern in den Stallungen bezog, nahm an, daß Achetaton von einem Tag auf den anderen verlassen wurde. Überdies waren nahezu sämtliche Gräber unvollendet gewesen. Nur wenige unter ihnen, wenn überhaupt eines, hatten Mumien beherbergt.

Doch diese Feststellungen beweisen nicht unbedingt, daß es einen massiven und übereilten Exodus gab. Die Honoratioren und die hohen Beamten brachen als erste auf, Handwerker und Arbeiter als letzte. Unter Tutenchamuns Herrschaft war die Fayenceherstellung in Amarna noch in Betrieb. Die Adligen ließen vorsorglich die Zugangswege zu ihren prachtvollen Liegenschaften zumauern.

Dann kam der letzte Tag, der letzte Sonnenaufgang über einer sterbenden Hauptstadt, die vom letzten Konvoi verlassen wurde. An Bord von Schiffen reisten die einen nach Norden, nach Memphis, die anderen nach Süden, nach Theben.

Eine Periode der ägyptischen Geschichte war unwiderruflich abgeschlossen.

Miriam Lichtheim, eine Spezialistin für ägyptische Literatur, hat eine entscheidende Erklärung zur Atonzeit und zur unausweichlichen Aufgabe der Stadt des Sonnengottes formuliert. Um nach dem Tod weiterzuleben, so ruft sie ins Gedächtnis, war ein Ägypter auf die Kenntnis und die Lehre der Götter, vor allem des Osiris, angewiesen. Doch diese Götter waren in Achetaton nicht präsent. Wen konnte er also um Unsterblichkeit bitten? Die Königsfamilie. Sie war befugt, ihren Untertanen das ewige Leben zu schenken. Der *Ka* eines jeden bestand weiter durch seine Kommunion mit der Königsfamilie, die Aton verehrte.

Als Echnaton starb, starb auch seine Hauptstadt Achetaton. Sie war ihm wesensgleich, untrennbar verbunden mit seiner Existenz. Aton, die Stadt und der Pharao waren eins.

Nachdem die Königsfamilie, Atons konkrete Verkörperung, nicht mehr bestand, konnte auch seine heilige Stadt nicht mehr existieren. Eine Rückkehr zu den anderen Göttergestalten und Lebensformen war vorprogrammiert.

Echnaton, der Verfluchte?

Einigen Autoren zufolge kam etwa fünfzig Jahre nach dem Tod des Königs eine kraftvolle Anti-Echnaton-Strömung auf. Echnaton wurde zum «Schurken», zum «Verbrecher» gebrandmarkt. Sein Name wurde aus den offiziellen Dokumenten getilgt und an den Monumenten ausgemeißelt. Die Sonnenstadt wurde vollständig zerstört.

Nach einer aufmerksamen Überprüfung der Dokumentation müssen wir diese Analyse modifizieren. Tatsächlich machten es sich zwei berühmte Pharaonen der XIX. Dynastie, Sethos I. und Ramses II., zur Aufgabe, das Aton-Vermächtnis zu vernichten. Dabei handelte es sich jedoch um eine Aktion des Pharaos, nicht um einen Volksaufstand oder eine Massendemonstration gegen Aton.

Die Begriffe «Schurke» und «Verbrecher» können irreführen. Die Dokumente bezeichnen Echnaton als «Den Gefallenen (*Cheru*) von Achetaton», mit anderen Worten als den, der aufgehört hatte zu existieren. Dieser Begriff enthielt per se in keiner Weise das Element der Feindseligkeit und noch weniger das der Verfehlung.

Die Angelegenheit ist um so schwerer nachzuvollziehen, als ausgerechnet Ramses II. in seinem Namen dem Sonnengott huldigt, nämlich Re. Aus den Königsannalen strich er, wie es zuvor bereits Haremhab getan hatte, Echnaton, Tutenchamun und Aja, als sei Haremhab der direkte Nachfolger des Amenophis III. Haremhab jedoch war eine der herausragendsten Persönlichkeiten der Amarnazeit.

Wahrscheinlich war es Ramses' Hauptmotivation, die eine Gestalt des Sonnesgottes, nämlich Aton, durch seine ältere Manifestation, nämlich Re, zu ersetzen.

Bemerkenswert ist, daß Echnatons Name nicht überall ausgelöscht wurde. Steine aus den Tempeln von El-Amarna wurden sogar im Pylon des Tempels Ramses' II. in Heliopolis wiederverwendet und damit geheiligt. Andere architektonische Fragmente wurden im Tempel des gleichen Ramses in Antinoë genutzt, einige von ihnen tragen sogar Darstellungen des Atonkultes.

Ramses II. verhielt sich wie Haremhab. Er ließ Atonmonumente abbauen, ohne sie zu zerstören, um die Blöcke in seinen eigenen Bauten weiterzuverwenden. Zahlreiche Blöcke wurden nach Hermopolis am anderen Nilufer transportiert. Doch einige wurden auch in verschiedenen Ramessidentempeln in Karnak und sogar in Abydos verwendet. Sämtliche Atontempel in ganz Äpypten ereilte das gleiche Geschick. Eigentlich handelte es sich dabei jedoch nicht um Zerstörung, sondern um einen rituellen und systematischen Abbau nach genauem Plan, wie es auch Redford bemerkt hat.

Die profanen Gebäude von Achetaton wurden bis auf die Grundmauern geschleift. Was an Ruinen übrigblieb, wurde als Steinbruch genutzt. Die Stadt war schon lange verlassen und hatte damit keine Existenzberechtigung mehr.

Die Geburt der Sonnenstadt war theologisch motiviert gewesen, ihr Tod war es ebenfalls. Doch es war ein ägyptischer Tod, also eine Transformation der alten Elemente, die in eine neue Gestalt integriert wurden.

In den Texten der Ramessiden blieben übrigens zahlreiche Aton-Formulierungen erhalten. Bilder und Symbole wurden von den Liturgisten übernommen. Die Hymnen an Thot, Osiris oder Ptah standen den amarnischen Formulierungen nahe.

Der historische Echnaton und seine materielle Hauptstadt verschwanden. Die Botschaft der göttlichen Sonne jedoch bestand weiter. Im Sinne Ägyptens wurde das Wesentliche bewahrt.

31 Echnaton und die Bibel

Echnatons spirituelles Vermächtnis und die Texte aus der Amarnazeit versetzten die christlichen Gelehrten, die sich mit dieser Periode beschäftigten, mehr als einmal in Erstaunen. Echnatons Glaube schien einigen von ihnen wie eine Vorwegnahme des Christentums, eine Vision der göttlichen Einzigartigkeit, die so tiefgründig war, daß sie sich nur durch eine monotheistische Auffassung äußern konnte.

Aton stellte sich als spirituelle Wesenheit dar, die Leben erzeugte. Daniel-Rops ist von der Reichhaltigkeit dieser Vorstellung so beeindruckt, daß er fragt: «Ist es die Gottheit, wie wir sie zu kennen glauben, ist es Gott?»

Wenn man davon ausgeht, daß die Religionen der Antike, besonders jene des Vorderen Orients, quasi unbewußt das Kommen Christi vorbereiteten, dann ist es unstrittig, daß Echnatons Gott auffällige Gemeinsamkeiten mit dem Gott der ersten Christen aufwies. Doch diese Interpretation beruht auf einer evolutionistischen Auffassung, die wir nicht teilen.

Nehmen wir die Tatsachen also unter anderem Blickwinkel in Augenschein. Möglicherweise beeinflußte die Aton-Religion das aufkeimende Christentum entfernt. Eine Übermittlung von Gedanken und Symbolen ist jedenfalls absolut denkbar.

Ein in Oxyrhynchos gefundener Papyrus überliefert folgende Worte Christi:

«Ihr fragt, wer die sind, die uns ins Königreich führen? Ihr fragt, ob das Königreich im Himmel ist? Die Vögel in der Luft und alle Tiere unter der Erde und auf der Erde und die Fische im Meer, die sind es, die euch führen, und das Himmelreich ist in euch.»

Dieser Auszug wirkt wie ein Widerhall der Amarnatexte. Hier predigt Christus keinen sentimentalen Naturalismus, sondern lehrt seine Schüler, daß die Geheimnisse der Gottheit in der Natur verewigt sind. Durch das Einswerden mit ihr entdeckt der Mensch, daß das Geheimnis des Lebens in seinem eigenen Herzen wohnt. Die Lehre Echnatons lief auf diesen Akt der Bewußtwerdung hinaus.

Man könnte noch weitere christliche Texte zitieren, die mehr oder minder unmittelbare Bezüge zu Echnatons Denken aufweisen. Wir wollen immerhin den berühmtesten unter ihnen nennen, den Psalm 104, von dem Teile sogar wie Übersetzungen der Großen Hymne an Aton klingen. Zu Beginn seines Werkes * bittet der Psalmist Jahwe, ihn zu segnen, Jahwe, der «mit Hoheit und Pracht bekleidet ist. Du hüllst dich in Licht wie in ein Kleid.» Dieser leuchtende Gott macht sich die Winde zu Boten und gründet die Erde auf Pfeiler, daß sie nicht wanke in alle Ewigkeit. Er versetzt das Universum in Harmonie, wie ein großer Schöpfergott des alten Ägypten. Wie Aton setzt Jahwe seinem Werk genau festgelegte Grenzen, so daß die Naturkräfte die Bestandteile eines Meisterwerks an Schönheit und an Strenge sein können.

Dann dichtet der Psalmist folgende Verse, die jedem Leser, der die Große Hymne an Aton kennt, vertraut erscheinen:

* Wir verwenden die Einheitsübersetzung der Neuen Jerusalemer Bibel von 1980 (Herder 1985).

«Du läßt die Quellen hervorsprudeln in den Tälern,
sie eilen zwischen den Bergen dahin.
Allen Tieren des Feldes spenden sie Trank,
die Wildesel stillen ihren Durst daraus.
An den Ufern wohnen die Vögel des Himmels,
aus den Zweigen erklingt ihr Gesang.

Du tränkst die Berge aus deinen Kammern,
aus deinen Wolken wird die Erde satt.
Du läßt Gras wachsen für das Vieh,
auch Pflanzen für den Menschen, die er anbaut [...]
[...]
Du hast den Mond gemacht als Maß für die Zeiten,
die Sonne weiß, wann sie untergeht.
Du sendest Finsternis, und es wird Nacht,
dann regen sich alle Tiere des Waldes.
Die jungen Löwen brüllen nach Beute,
sie verlangen von Gott ihre Nahrung.
Strahlt die Sonne dann auf, so schleichen sie heim
und lagern sich in ihren Verstecken.
Nun geht der Mensch hinaus an sein Tagwerk,
an seine Arbeit bis zum Abend.
Herr, wie zahlreich sind deine Werke!
Mit Weisheit hast du sie alle gemacht,
die Erde ist voll von deinen Geschöpfen.
[...]
Verbirgst du dein Gesicht, sind sie verstört;
nimmst du ihnen den Atem,
so schwinden sie hin
und kehren zurück zum Staub der Erde.
Sendest du deinen Geist aus, so werden sie alle erschaffen,
und du erneuerst das Antlitz der Erde.»

Es steht fest, daß die hebräischen Schreiber zahlreiche ägyptische Texte übersetzten, hauptsächlich die Weisheitslehren, und oft deren religiöses Gedankengut übernahmen.

Dem Verfasser dieses Psalms war die Spiritualität der Amarnazeit offenbar vertraut, und er befand ihr Ideal für würdig, in einem Text zu Ehren Jahwes festgehalten zu werden. So wurde Echnatons Denken durch die Bibel Unsterblichkeit verliehen.

Jeder kennt wenigstens in groben Zügen die Geschichte des Moses, der es noch mit achtzig Jahren wagte, sich gegen einen Pharao aufzulehnen, der seine hebräischen Brüder zu Sklaven erniedrigte. Der Konflikt zwischen dem Anführer der Söhne Israels und dem König Ägyptens endete mit dem Exodus: Die Juden verließen Ägypten und machten sich auf die Suche nach dem Gelobten Land. Moses überredete also die Hebräer, deren gesellschaftliche Situation tatsächlich wesentlich besser war, als es der polemische Bibeltext schildert, ihr einstiges Nomadenleben wieder aufzunehmen.

Moses mußte all seine Überzeugungskraft einsetzen, um seine Volksbrüder zu überzeugen, die «Zwei Länder» zu verlassen und sich ins Abenteuer zu stürzen; er erlitt dabei übrigens viele Enttäuschungen, um so mehr, als sich einige Gesetzlose und zweifelhafte Personen unter seine Anhänger gemischt hatten.

Nach langem Zögern ist man sich heute einig geworden, anzunehmen, daß der Exodus um 1220 v. Chr. stattfand, also unter der Herrschaft des Pharaos Merenptah, Sohn und Nachfolger von Ramses II. Die einzige andere Möglichkeit wäre es, den Exodus auf 1290 v. Chr. zu datieren. In jedem Fall vollbrachte Moses seine Heldentaten also im Ägypten der Ramessiden, die als «Liquidatoren» des Aton-Vermächtnisses gelten.

Nun hat es sich geradezu eingebürgert, Moses mit Echnaton zu vergleichen, so als hätte der erste Elemente des spirituellen Vermächtnisses des zweiten übernommen. Moses, so erfahren wir aus der Bibel, besaß alle Weisheit der Ägypter. Diese Weisheit betraf die Geheimnisse des Himmels und der Erde, die Gesetze der Schöpfung, die heiligen Wissenschaften, die in der Abgeschlossenheit der Tempel gelehrt wurden. Moses, dessen Name übrigens ägyptischer Herkunft ist, wurde wahrscheinlich am ägyptischen Hof erzogen. Die Legende will, daß eine Prinzessin ihn aus dem Wasser gerettet und an Kindes Statt angenommen hatte. Dazu muß man wissen, daß in der ägyptischen Symbolik der «aus dem Wassser Gerettete» derjenige ist, der die Unsterblichkeit erlangt. Moses wurde später von der jüdischen Tradition beansprucht als der Prophet, der das Bewußtsein der Hebräer weckte. Nach der Pharaonentradition war er auch ein weiser Verfechter der ägyptischen Wissenschaft. Zwei Papyri aus der Ramessidenzeit erwähnen eine Person namens Mose; dieser ungewöhnlich einflußreiche Mann hatte das Recht, einen Beamten zu bestrafen, der Fehler begangen hatte, und war sogar befugt, einen Wesir abzusetzen. Wenn Moses und dieser Mose identisch sind, stellt sich die Frage, ob der spätere Held des Exodus nicht die rechte Hand eines Pharaos war.

Eine andere Erzählung, bei der es allerdings schwierig ist, Folklore und Geschichte zu trennen, schildert, daß Moses an einem siegreichen Feldzug gegen die Äthiopier teilnahm. Er selbst soll den Aufstand niedergeschlagen haben, und die lobenden Berichte über ihn brachten ihm große Ehren ein. Dieser Erfolg soll sich sogar in einen Triumph verwandelt haben, als der Pharao entschied, ihn an der Macht zu beteiligen, indem er ihn zum Mitregenten ernannte.

Die jüdische esoterische Tradition scheint diese Tatsache zumindest im symbolischen Bereich zu bestätigen. Sie betrachtet Moses mitunter zugleich als Gott und als König, vergleichbar mit einem echten Pharao. «Als Gott ihn zum König ernannte, erhielt Moses einen heiligen Namen; er wurde von Licht gekrönt und streifte ein Gewand von Helligkeit über. Auf einem himmlischen Thron sitzend, wurde er zum Verwahrer eines Zepters von göttlichem Feuer.» Besser könnte man die symbolische Krönung eines Pharaos nicht beschreiben.

Wichtig ist, daß Moses, der Kriegsherr und Volksführer, der Kultur und dem Denken des alten Ägypten viel zu verdanken hatte. Als Vertrauter der Großen des Reiches kannte er die ägyptische Regierung aus eigener Erfahrung und wußte seine Kompetenzen und seinen Einfluß zu nutzen, um die Hebräer aus dem Land zu führen.

Echnaton und Moses sollen beide Anstifter einer sozialen Revolution gewesen sein. Doch im Falle Echnaton haben wir bereits gesehen, daß das nicht zutrifft. Beide sollen den direkten Kontakt zu Gott erlebt haben. Zu Moses sprach Gott unmittelbar und völlig klar. Wie es das Deuteronomium schildert, «stand hinfort kein Prophet in Israel auf wie Mose, den der Herr erkannt hatte von Angesicht zu Angesicht». Der Gott Aton hatte Echnaton die gleichen Privilegien eingeräumt. Der Pharao hatte eine unmittelbare Offenbarung erfahren, von der ausgehend er seine Religion gestaltete.

Moses, der Fürst der Propheten, lehrte das Wort, das er von Gott erhalten hatte. Als echter spiritueller Meister teilte er die Offenbarung zunächst dem Hohenpriester mit, dann seinen zwei Söhnen und dann den Ältesten. Danach sprach Moses zum Volk, um ihm die Weisheit zuteil werden zu lassen. Wir haben gesehen, welche Bedeutung auch Echnaton seiner Rolle als spiritueller Meister einräumte, indem er einen Großteil seiner Zeit damit verbrachte, seine Umgebung persönlich zu unterrichten.

Echnaton und Moses unterhielten also die gleiche direkte

Beziehung zur Gottheit und gaben die Offenbarung, die ihnen zuteil geworden war, auf gleiche Weise an andere weiter. Dennoch ist der Vergleich künstlich, denn jeder Pharao stand in direktem Kontakt zu der göttlichen Macht, die er auf Erden repräsentierte, und war ebenfalls ein spiritueller Meister für ganz Ägypten.

Auch hinsichtlich der Doktrin hat man Analogien zwischen Moses und Echnaton finden wollen. Gott sprach zu Moses, damit er in der Welt eine präzise Wahrheit verbreitete: «Ich bin der einzige Gott, ich zeige mich dir in meiner einzigartigen Herrlichkeit.»

Für André Neher ist Mose Vermächtnis die «Kenntnis eines Gottes, der sich von allen anderen unterschied, eines Einzigen Gottes, Schöpfer und Eigner der Erde und des Himmels, dessen klarer Wille mit einem Ideal der Gerechtigkeit und Aufrichtigkeit einhergeht». Neher, der die ägyptische Kultur verabscheut, muß dennoch einräumen, daß Echnatons Leben eine «leidenschaftliche Suche nach der Einheit ist, nach der Einheit des Guten und des Wahren, der Einheit der gegenläufigen Kräfte der Natur einzig und allein in der Sonnenscheibe, Einheit des Lebens und des Todes in der schöpferischen Macht dieser Scheibe». Die gesamte Theorie basiert auf der Annahme, Echnaton habe den Monotheismus erschaffen. Wir haben jedoch gesehen, daß es sich hierbei um einen Irrtum handelt. Das Konzept eines einzigen Gottes, das die Hebräer radikalisierten, existierte im ägyptischen Denken seit uralter Zeit.

Gott sprach zu Moses: «Ich bin der Gott aller Völker, doch mit Israel allein verbünde ich mich, damit es mich mit allen Völkern verbünden soll.» Hierin wollte man die Wiederaufnahme des großen universalistischen Projekts von Echnaton sehen. Schließlich sollte sich auch Aton mit allen Völkern «verbünden». Moses, der Herold des hebräischen

Gottes, stellte das gleiche Ideal auf anderen religiösen Grundlagen auf. Doch wir haben gesehen, daß Echnaton keine Pläne universalistischer Art hatte, denn er wollte keine Nation bekehren.

Nichts beweist die These, daß sich Moses von der Person und der Lehre Echnatons inspirieren ließ, auch wenn es heute feststeht, daß die Ursprünge des Christentums ohne den Bezug zur ägyptischen Spiritualität nicht zu begreifen sind.*

* Zu Moses und seinen Verbindungen zu Ägypten und Echnaton vgl. J. Lehmann, «Moses – Der Mann aus Ägypten, Religionsstifter, Gesetzgeber, Staatsgründer», Hamburg 1983.

Eine Sonne für die Ewigkeit

Echnaton war weder ein Humanist noch eine Christusfigur, ein humanitärer Romantiker oder wirklichkeitsfremder Mystiker. Er hatte keinen Kampf gegen sein Volk zu führen. Weder Echnaton noch Nofretete waren fanatische Apostel einer sektiererischen Religion. Sie führten keinen «heiligen Krieg» gegen die Priesterschaft des Amun. Das Herrscherpaar im Glanz der Sonne durchlebte eine friedliche Regierungszeit, während deren es die Treue der Priester, der Armee, der Polizei und der Verwaltung genoß.

Echnaton war von verehrten Meistern ausgebildet und in der Kenntnis der alten Symbole erzogen worden. Vor allem aber war er ein Pharao, also ein Erbe der ägyptischen Weisheit. Er veränderte nichts an der Struktur und am Status der pharaonischen Monarchie, die als irdischer Ausdruck der göttlichen Regel galt, er veränderte nichts an der Natur eines sakralisierten Staates, an der ägyptischen Gesellschaft, an der zentralen Rolle des Tempels und des Lebenshauses als Orte der Kenntnis. Wie die anderen Monarchen hatte sich Echnaton nur mit einer einzigen Frage beschäftigt: mit dem Ursprung des Lebens. Die Amarnakunst war eine Darstellung des Königtums als eine übernatürliche Kraft außerhalb der menschlichen Normen, verkörpert in geheimnisvollen Formen, die der Logik und dem Verstand unzugänglich blieben.

«Das Bild, das sich in der aktuellen Forschung abzuzeichnen beginnt», so schreibt Claude Traunecker, «ist das eines verantwortungsvollen und energischen Herrschers, eines mutigen und bedachten Königs, der, und vielleicht war dies sein einziger Fehler, seine Vision konsequent zu Ende dachte; eines Königs, der jene göttliche Macht wieder einrichten wollte, die zu Beginn der ägyptischen Geschichte existiert hatte.»

Mit B. G. Trigger kann man erklären, daß Echnaton niemals im Sinn hatte, eine monotheistische Doktrin zu etablieren, daß er mit der Bevorzugung des Atonkultes kein politisches Ziel verfolgte, daß er an keinem psychopathologischen Makel litt und daß er der Erfüllung seines Amtes voll und ganz gewachsen war.

Politisch gesehen war Echnaton ein starker Herrscher. Daß er innovativ wurde, indem er neue hohe Beamte ernannte, steht fest, ist jedoch durchaus nicht unüblich. Er bewahrte die Macht der Pharaonen in ihrem Absolutheitsanspruch und war ebenso wie seine Vorgänger ein Armeeführer.

Mehr noch: Echnaton war tatsächlich ein Gottkönig, und er nahm die symbolischen Vorrechte des Alten Reiches wieder auf. Er verherrlichte die pharaonische Macht als irdische Formulierung des Göttlichen. Die Sonnenscheibe war ein Symbol der spirituellen Schöpfung, aber auch der Garant für die heiligende Macht des Königs.

In einem Grab in El-Amarna ist dieses Gebet für Echnaton eingraviert:

> «Du, die göttliche Sonne, mögest du Echnaton ewig mit dir leben lassen, nach dem Wunsch deines Herzens, und ihm gestatten, deine Vollkommenheit zu betrachten. Gib ihm Leben, Heil und Gesundheit, Freude und Jauchzen, indem alles, was du umkreist, unter seiner Aufsicht steht, der sie deinem *Ka* zuführt,

er, dein Sohn, den du selbst gezeugt hast. Süden und Norden, Osten und Westen, die Inseln inmitten des Ozeans jubeln vor deinem *Ka*. Die südliche Grenze reicht, so weit der Wind weht, die nördliche Grenze, so weit die Sonne leuchtet. All ihre Großen sind geschlagen und ohnmächtig vor deiner Macht, der vollkommenen Lebenskraft, die die Zwei Länder in Freude versetzt und all das erschafft, was das ganze Land benötigt. Laß ihn in deiner Gemeinschaft sein in unendlicher Zeit, denn er liebt deinen Anblick. Gib ihm sehr viele Jubiläumsfeste in friedlichen Jahren. Gib sie ihm mit der Liebe deines Herzens, so viel Sandkörner am Ufer sind und so viel Schuppen an den Fischen im Fluß, so viel Haare am Vieh. Laß ihn hier sein, bis der Ibis schwarz wird und bis der Rabe weiß wird, bis die Berge aufstehen und fortgehen und bis das Wasser stromaufwärts fließt; und möge ich im Gefolge des guten Gottes [des Königs] sein, bis er mir das Grab zuweist, das er mir zugesteht.»

Nofretete und Echnaton, das Herrscherpaar im Glanz der Sonne, ein Symbol der Gottheit, waren Mittler zwischen dem uranfänglichen Licht und dem ägyptischen Volk. Tag für Tag zelebrierten König und Königin im Tempel den Atonkult, und ganz Ägypten kommunizierte mit ihnen. Sie luden jedes Wesen ein, eins zu werden mit allem, was lebte, sich das Erblühen der Blume zu eigen zu machen, die rhythmische Bewegung des Wassers, die instinktive Freude des Tieres; in allem war das Werk des Gottes zu erkennen.

Geboren aus dem Sonnengott und täglich von ihm erneuert, zelebrierte das Königspaar seine Liebe. Indem es diese Liebe manifestierte, die König und Königin in ihrem spirituellen Aspekt vereinte, bildete das Menschenpaar eine Fortsetzung der leuchtenden Schöpfung des ersten Tagesanbruchs der Welt.

Die Aton-Erfahrung war ganz grundlegend die eines Paares. Die Große Königliche Gemahlin Nofretete war keine passive Partnerin, sondern im Gegenteil stets eine Triebfeder der Regierungszeit. Wenn ihre Stimme erklang, wurden Freudenrufe laut. Die Worte, die sie sprach, erfreuten die Herzen der Lebenden. Ihre schönen Hände zeichneten die rituellen Gesten, die Gott gefielen, in den Raum. Sie glich einem funkelnden Stern. Das lebendigste Bild der Nofretete gibt uns ein Text von den Grenzstelen:

> «Das Antlitz klar,
> Fröhlich geziert durch die Doppelfeder,
> Gebieterin des Glücks,
> Eignerin aller Tugenden,
> Mit einer Stimme, an der man sich erfreut,
> Herrin der Anmut, reich an Liebe,
> Deren Gefühle den Gebieter der Zwei Länder beglükken …
> Die Erbprinzessin,
> Groß an Gunst,
> Herrin des Glücks,
> Strahlend mit ihren zwei Federn,
> Die mit ihrer Stimme alle erfreut, die sie hören,
> Die das Herz des Königs bezaubert,
> Zufrieden mit allem, was man sagt,
> Die Große und vielgeliebte Gemahlin des Königs,
> Herrin der Zwei Länder,
> ‹Schön-sind-die-Schönheiten-des-Aton›,
> ‹Die-Schöne-ist-gekommen›,
> Sie lebe ewiglich.»

Ein Licht für die Ewigkeit: das ist das Vermächtnis der Atonzeit, die nach unserem Verständnis vollkommen in den Rahmen der ägyptischen Spiritualität paßt.

«Gestatte mir», so bat Aja den König, «Geschöpf des Aton, mich von deinem Anblick stets beglücken zu lassen.» Die Sonne zu betrachten im Bewußtsein der Tatsache, daß sie das Göttliche übermittelte, war eine heilige Handlung. Im Atonkult wurde diese Dimension der Meditation gepflegt. Wer die Amarnazeit nachvollziehen will, muß sich in gewissem Sinn ebenfalls auf diese Meditation über ein Licht ewiger Natur jenseits aller historischen Dimensionen einlassen.

Alphabetische Liste der wichtigsten genannten Personen

Aja, hoher Würdenträger unter Echnaton. Wurde nach Tutenchamuns Tod zum Pharao.

Amenophis III., Pharao, Vater des Echnaton, Gemahl der Teje.

Amenophis IV., Pharao, Sohn des Amenophis III. und der Teje, Gemahl der Nofretete. Änderte seinen Namen in Echnaton.

Anchesenpaaton, dritte Tochter von Echnaton und Nofretete. Sie heiratete Tutenchamun.

Bek, Bildhauermeister des Echnaton.

Echnaton, «Wirkender Geist des Aton», Name, den der Pharao Amenophis IV. in seinem sechsten Regierungsjahr annahm.

Haremhab, General, hoher Würdenträger am Hofe des Echnaton. Wurde nach Ajas Tod zum Pharao.

Kija, Zweitfrau Echnatons.

Maketaton, zweite Tochter von Echnaton und Nofretete. Starb in Echnatons 14. Regierungsjahr.

Meritaton, älteste Tochter von Echnaton und Nofretete.

Semenchkare, Mitregent des Echnaton. Etwa drei Jahre gemeinsame Regierungszeit.

Teje, Große Königliche Gemahlin des Amenophis III., Mutter Echnatons.

Tutenchamun, trug in Amarna den Namen Tutenchaton, Nachfolger des Echnaton und seines Mitregenten Semenchkare unter dem Namen Tutenchamun, regierte in Theben.

Alphabetische Liste der wichtigsten genannten Orte

ACHETATON, «Lichtregion des Aton», ägyptischer Name der von Echnaton in Mittelägypten gegründeten Hauptstadt. Ihr arabischer Name ist El-Amarna.

CHATTI, Name des Königreiches der Hethiter.

EL-AMARNA, arabischer Name von Achetaton.

HELIOPOLIS, älteste heilige Stadt Ägyptens, einem Sonnengott geweiht, auf der Höhe des heutigen Kairo, beinahe völlig zerstört.

HERMOPOLIS, heilige Stadt des Gottes Thot, am Ostufer gelegen, etwa gegenüber von Achetaton.

KARNAK, moderner Name der Stätte, an der der große Tempel des Amun-Re errichtet wurde.

MALKATA, Palast des Amenophis III. am Westufer von Theben, in dem Echnaton zur Welt kam.

MEMPHIS, die «Waage der zwei Welten», heilige Stadt des Gottes Ptah. Befand sich südlich des heutigen Kairo.

MITANNI, Land in Ostasien.

THEBEN, bedeutende Stadt Oberägyptens. Karnak und Luxor wurden am thebanischen Ostufer errichtet. Das Westufer war von Tempeln und Gräbern geprägt.

Zeittafel

Die Daten der Herrschaftsepochen sind Annäherungen.

Neues Reich: 1552–1070 v. Chr.

XVIII. Dynastie: 1552–1306 v. Chr.

Ahmose: 1552–1527 v. Chr.
Amenophis I.: 1527–1506 v. Chr.
Thutmosis I.: 1506–1494 v. Chr.
Thutmosis II.: 1493–1490 v. Chr.
Hatschepsut: 1490–1468 v. Chr.
Thutmosis III.: 1490–1436 v. Chr.
Amenophis II.: 1438–1412 v. Chr.
Thutmosis IV.: 1412–1402 v. Chr.
Amenophis III.: 1402–1364 v. Chr.
Amenophis IV. / Echnaton: 1364–1347 v. Chr.
Semenchkare: 1350–1347 v. Chr.
Tutenchamun: 1347–1338 v. Chr.
Aja: 1337–1333 v. Chr.
Haremhab: 1333–1306 v. Chr.

XIX. Dynastie: 1306–1186 v. Chr.

Ramses I.: 1306–1304 v. Chr.
Sethos I.: 1304–1290 v. Chr.
Ramses II.: 1290–1224 v. Chr.

Bibliographie

Die zahlreichen Detailforschungen über die Amarnazeit haben sich zu einem regelrechten Zweig der Ägyptologie entwickelt. Dies belegt auch die vom *Centre national de la recherche scientifique* vorgenommene Publikation der Beiträge vom Kongreß für Ägyptologie in Grenoble im Jahre 1973. H. A. Schlögl hat unter dem Titel *Echnaton-Tutanchamun* eine umfangreiche Bibliographie über diese Zeit vorgelegt, die ergänzt wird durch E. K. Werner, *The Amarna Period of Eighteenth Dynasty,* in mehreren Nummern des *Newsletter of the American Research Center in Egypt* (95, 97 / 98, 101 / 102, 110, 114, 120, 126). In den Fußnoten des vorliegenden Werkes wird weitere Literatur genannt. Deshalb beschränken wir uns hier auf einige Standardwerke und Artikel, die die Forschungsgeschichte zur Amarnazeit geprägt haben.

ALDRED, C., *Akhénaton, le pharaon mystique*, Paris, 1973 (neue englische Ausgabe 1988, Thames and Hudson).

ASSMANN, J., «Die ‹Häresie› des Echnaton. Aspekte der Amarna-Religion», in *Saeculum* 23, 1972, S. 109–126.

ASSMANN, J., «Die ‹Loyalistische Lehre› Echnatons», *SAK* 8, 1980, S. 1–32.

BADAWY, A., «Le symbolisme de l'architecture à Amarna», in *L'Egyptologie* 1979 (Beiträge des C. N. R. S.), 2, S. 187–194.

BEHRENS, P., *Nofretete*, Lexikon der Ägyptologie IV, S. 519–524.

BOURIANT, U., LEGRAIN, G. und JEQUIER, G., *Monuments pour servir à l'étude du culte d'Atonou*, I, Institut français d'archéologie orientale, Kairo, 1903.

COONEY, J. D., *Amarna Reliefs from Hermopolis*, Brooklyn Museum, 1965.

Davis, N., de Garis, *The Rock Tombs of El-Amarna*, 6 Bde (1903–1908), The Egypt Exploration Fund, London.

Doresse, M. und J., «Le culte d'Aton sous la XVIIIe dynastie avant le schisme amarnien», *Journal asiatique*, 1945.

Engelbach, R. E., *Material for a Revision of the History of the Heresy Period of the XVIIIth Dynasty*, Annales du service des Antiquités égyptiennes, Band XL, Kairo, S. 133 ff.

Giles, F. J., *Iknaton, Legend and History*, London, 1970.

Gunn, B., «Notes on the Aten and his Names», *Journal of Egyptian Archaeology* IX, S. 168–176.

Hanke, R., *Amarna-Reliefs aus Hermopolis*, Hildesheim, 1978.

Hornung, E., *Echnaton. Die Religion des Lichtes*, München, 1995.

Kemp, B. J. et al., *Amarna Reports* I, London, 1984.

Kemp, B. J., *Ancient Egypt, Anatomy of a Civilization*, London und New York, 1989, S. 261 ff. («Egypt in microcosm: the city of El-Amarna»).

Kemp, B. J., *Tell el-Amarna*, Lexikon der Ägyptologie VI, S. 309–319.

Krauss, R., *Das Ende der Amarnazeit*, Hildesheim, 1978.

Lettres d'El-Amarna (les). Correspondance diplomatique du pharaon. Französische Übers. W. L. Moran unter Mitarbeit von V. Haas und G. Wilhelm, Paris, 1987.

Manniche, L., «A la cour d'Akhénaton et de Néfertiti», *Dossiers de l'archéologie*, Nr. 142, 1989, S. 24–31.

Martin, G. T., *The Royal Tomb of El-Amarna*, Egypt Exploration Society, London.

Peet, T. E., Wooley, C. L., Frankfort, H., Pendlebury et al., *The City of Akhenaton*, Teil I bis III (1923–1951), Egypt Exploration Society, London.

Pendlebury, J. D. S., *Les Fouilles de Tell el-Amarna et l'époque amarnienne*, Paris, 1936.

Petrie, W. M. F., *Tell el-Amarna*, 1894, Neudruck 1974, Warminster.

Redford, D. B., *Akhenaton, The Heretic King*, Princeton University Press, New Jersey, 1984.

Règne (le) du soleil, Akhénaton et Néfertiti, Ausstellung in Brüssel, 1975.

Reeves, C. N., «A Reappraisal of Tomb 55 in the Valley of the Kings», *Journal of Egyptian Archaeology* 67, 1981, S. 48–55.
Roeder, G., *Amarna-Reliefs aus Hermopolis*, Hildesheim, 1969.
Samson, J., *Amarna, City of Akhenaten and Nefertiti: Nefertiti as Pharaoh*, Warminster, 1978.
Nefertiti and Cleopatra, London, 1985.
Sandman, M., *Texts from the Time of Akhenaten*, Brüssel, 1938.
Schafer, H., *Amarna in Religion und Kunst*, Leipzig, 1931.
Traunecker, C., «Akhénaton et sa légende», in *Egypte* (Paris, Bordas), 1984, S. 159–187.
Traunecker, C., «Aménophis IV et Néfertiti: le couple royal d'après les talatates du IXe pylône de Karnak», *Bulletin de la société française d'égyptologie* 107, 1986, S. 17–44.
Trigger, B. G., «Akhenaton and Durkheim», *Bulletin du centenaire del'I. F. A. O.*, S. 165–184.
Trigger, B. G., Kemp, B. J., O'Connor, D., und Lloyd, A. B., *Ancient Egypt. A Social History*, Cambridge University Press, 1983.
Vandersleyen, C., *L'Egypte et la Vallée du Nil*, Bd. 2, Paris, 1995, S. 409–465.
Wenig, S., *Amenophis IV.*, Lexikon der Ägyptologie I, S. 210–219.